U0069138

# 黑暗之後是光明

紀念宗教改革五百週年與華人教會前瞻學術研討會論文集

雅和博傳道會 策劃
王志勇、余杰 主編

作者（按目錄順序）
陳佐人・劉仲敬・余杰・王志勇・楊鳳崗・孫毅・徐頌贊・戴耀廷・邢福增・郭明璋・施瑋・郝青松・阿信

# 前言
# 宗教改革與社會轉型

1517 年，馬丁・路德貼出《九十五條論綱》，揭開宗教改革運動之序幕。繼而慈運理、加爾文、墨蘭頓、歐文等宗教改革之星前仆後繼， 真理征戰。這場偉大的宗教改革運動，打破了天主教的大一統格局，結束了長達一千年的中世紀歷史，也徹底改變了歐洲乃至全球的政治、經濟和文化，引領人類社會大步邁入近代文明。

五百年後的今天，上帝祝福海內外華人，使得基督教真理不斷廣傳，教會不斷建立，越來越多的靈魂歸向上帝。但是，不容諱言，無論在信徒的數量上，還是在信仰的深度上，尤其是在對社會的影響上，基督新教在華人社會中始終處於邊緣狀態。轉眼宗教改革五百周年已經過去，我們確實應當訪問古道，通達時務，追問宗教改革的真精神是什麼？宗教改革所推動的世界觀和文明論是什麼？華人教會如何繼往開來， 公正、公義的社會制度的建立作出貢獻？這是一切愛主愛人的基督徒都應當迫切關注的主題。

## 華人教會承擔治理全地的使命

在教會歷史上，英美清教徒既注重純正的教義，也強調敬虔的生活，更把信仰和生命落實在對社會公義的追求上，代表著宗教改革的精華。我們深信，注重秩序、公義和自由的英美保守主義政治哲學保留了宗教改革之世界觀與文明論的基本原則，清教徒神學與英美保守主義政治哲學的結合，是人類文明發展的正道。故而，華人教會尤其需要補上這一課，承擔「治理全地」的使命，讓教會成為世界的光與鹽。今天，華人社會面臨千年未有之變局。中國大陸的社會轉型困難重重，台灣在民主化三十年之後在轉型正義方面仍然舉步維艱，香港的自由和法治傳統面臨巨大的挑戰和危機，北美及海外華人及基督徒也需要思考自身的處境——新移民如何在新土地上開花結果？

基於以上負擔，美國長老會維吉尼亞主恩基督教會經長老會決定於 2017 年 9 月 21 日至 24 日在美國首都華盛頓召開「宗教改革與社會轉型」學術與靈命研討會。會議特邀中國、台灣、香港和北美地區在基督教神學及相關人文社會科學領域有相當造詣的專家、學者、牧者參加，希望此次會議成為教會與學術界對話的平臺，成為兩岸三地及海外基督徒公共知識分子建立連接、分享經驗、思想碰撞、彼此激勵之良機。本書《黑暗之後是光明》就是這次研討會的論文集。

## 宗教改革的偉大遺產

論文集第一卷首先回顧了「宗教改革的偉大遺產」，這一卷的三位作者在公共或政治神學方面的思考非常深刻。美國西雅圖大學神學系教授陳佐人牧師以文本比較和分析的方式，闡明了路德《論世俗權力》與加爾文《基督教要義》最後一章「論公民政府」中的政權論述。路德沒有談及政府的形式與法治的問題，1530 年《奧斯堡信條》在政治立場上也是軟弱無力的。後來路德宗教會在德國雖然成為國教，但卻沒有解決國家政權和教會的關係，致使路德宗在德國納粹統治時期全軍覆沒，耶穌基督的十字架變成了希特勒的十字架，這是令人不得不深思的。路德和路德宗在政教關係上的弱項恰恰是加爾文的強項，是他以最大篇幅集中論述的部分。加爾文詳盡地闡明了公民政府和教會的關係、公民政府的必要性和神聖性，甚至論及戰爭和稅收的問題，當然也論及對付暴政的問題。更加重要的是，加爾文明確主張「貴族政體，或貴族政體與民主政體的配合，遠優於君主政體」！因此，毫無疑問，加爾文被人稱為近現代憲政民主之父，甚至是美國建國的精神之父。當然，加爾文反對激進的革命，他激烈反對宗教改革中的激進者再洗禮派，對改革宗內部的法國胡格諾派也提出了嚴厲的警告。今日改革宗教會在中國大陸的發展也同樣面對激進革命與漸進改良之爭，教會如何在社會轉型中忠心地傳講悔改與和解之道，仍然是巨大的挑戰。

劉仲敬弟兄考察了「長老會在蘇格蘭和海外的共同體構建」。他把社區稱為「基礎共同體」，把民族國家稱為「政治共同體」，而長老會的共同體建構就是圍繞社區建構和政治建構同時進行的。「國家作為政治共同體，高度依賴基礎共同體的穩固，然而教會作為基礎共同體，其初衷註定會妨礙國家的政治目的。」因此，教會和國家之間始終存在一種張力，而「政教分離」就是「宗教改革和國族建構的博弈平衡態」。當然，教會對國家的影響關鍵在於教會的「建制化程度」，如此教會才有群體性、制度性的力量建構政治共同體，甚至參與「民族發明」，創建新的文明載體。在這個方面，台灣長老會對於台灣民族的建構發揮了至關重要的作用，「在基礎共同體和政治共同體兩個層面，都發揮了類似蘇格蘭長老會和波蘭天主教會的核心和導向作用。」他也注意到聖約神學在蘇格蘭宗教改革和國族建構中發揮的關鍵性作用，其「歷史價值主要在於為蘇格蘭長老會提供了扭轉政局的武器」。今日教會能否在社區建構中塑造基礎共同體，並且在政治建構中影響到政治共同體的轉型，這也是教會不得不面對和思考的問題。

余杰弟兄從「城市、共和與普世」三大角度闡明了「加爾文的神學與實踐及其對華人世界的啟示」。這個「城市」當然是加爾文所在的改教重鎮日內瓦了，加爾文通過闡明聖經真道，為教會造就了訓練有素的牧師隊伍，為家庭培養了通達教義的受過教育的子民，為整座城市造就了一種英雄精神，使得日內瓦成為諾克斯所說的「使徒時代以來，最優良的基督教學校」。「共和」則是指向加爾文所提倡的神學體系和長老制治理奠定的瑞士、荷蘭、英國和美國的共和制度。至於「普世性」，路德的教訓具有極強的民族主義色彩，主要停留在德國和德語文化區，而加爾文更是一個「天國公民」，受其影響的改革宗神學和長老會建制擴展到與日內瓦大相徑庭的歐洲與美國。非常重要的是，加爾文繼承並擴大了中世紀的美德論，「貧窮不是美德，真正的美德是用堅韌的勞動訓練自己的品格，讓自己投身於能為上帝接受的事業。」因此，與其說加爾文主義或清教徒神學是「權利的運動」，不如說是「品格的革命」。沒有攻克己身、效法基督的內在美德和聖徒品格，人一切所行的都不過是宗教、道德、政治等等的表演，此類的假冒偽善在上帝和人面前都沒有任何長存的價值。

## 中國教會的現狀及展望

第二卷集中探討「中國教會的現狀及展望」。王志勇牧師「改革宗神學與長老會之反思」一文從內部實踐者和觀察者的角度，為中國大陸蓬勃興起的改革宗神學的傳播和長老制教會的建立提出了一些現實性的分析和前瞻性的勸告。越是寶貴和精純的東西，越是多有假冒偽劣的贗品，越是容易被人偷梁換柱，甚至挪作他用。今日改革宗神學在中國大陸的濫用之一就是在教會內部「以理殺人」，把其他不符合自己所理解的改革宗神學的教會都視為假教會；其次就是利用改革宗神學和長老制教會搞「憲政」、「維權」和「民運」。當然，「憲政」、「維權」和「民運」都有其自身的價值，但建制性教會的全職牧師還是應當專心以祈禱和傳道為念，注重自身和教會內部的更新，使教會確實成為教會。「沒有世界觀的更新，沒有聖徒品格的塑造，教會內外對於憲政、民主、法治的嚮往和學習，不過是東施效顰，徒增其丑而已」！當然，我們並不排除基督徒和教會對於政治的參與，基督徒應當堅決捍衛上帝的主權和個人的尊嚴，包括宗教信仰自由，但目前中國大陸最最需要的仍然是聖經啟示、基督教導的悔改之道，「通過個人和教會的真誠悔改為中國文化打破千年來以暴易暴的傳統，開創和平轉型、走向共和的新路。」

普渡大學楊鳳崗教授從社會歷史的角度分析了「處在十字路口的中國基督教」的何去何從。他認為目前中國基督教走向的重要性「堪比西元四世紀羅馬帝國的基督教在歷史上的地位」。他根據目前中國大陸基督徒在人數上的增長從 1949 年不到一百萬新教徒到 2010 年保守的估計數字五千八百萬，估測今後的二十至三十年之間，中國的基督徒佔總人口的比例很有可能在 16%-33% 之間。按照比較低的年增長率 6%，中國將在 2035 年成為世界上基督徒最多的國家，約有 2.47 億的新教徒。基督徒人口在中國的增長必然給中國以致全世界都帶來深遠的社會和政治影響。楊教授將當代中國大陸教會的現狀與四世紀羅馬帝國時期的景象相比，認為二者在帝國擴張、市場經濟、交通發達上都有相似之處，而共同面對的挑戰就是在這種轉型過程中到底是「和平革命」，還是「暴力革命」？中國會走向「神權政治」嗎？中國會成為基督教國家嗎？這些都涉及到政教關係的問題，是中國基督徒普遍缺乏思考的。2014 年在普渡大學發表《宗教自由共識》強調「宗教自由」，這是目前政界、學界和教界在公共領域中都普遍接受的立場。中國基督教到底走向何方？這個問題確實需要一種「天下神學」或「大公神學」來處理。

孫毅教授既是中國人民大學的資深教授，也是北京守望教會的長老，他「從宗教改革傳統反思家庭教會的公開化之路」。在教會與社會關係的模式上，孫毅教授闡明了宗教改革時期出現的兩種模式，一種是路德的「兩個國度」的模式。路德一開始強調兩個國度的對立，認為所有基督徒都屬於上帝的國度，所有其他人都屬於世界的國度，而世界就是伏在撒但許可權下的罪惡的世界。後來路德的觀點有所調整，把這兩個國度變成了上帝主權之下的兩種治理，一是通過教會的治理，這是上帝用他的右手來管理的屬靈治理；一是通過國家的治理，這是上帝用左手來管理的屬世治理。在這兩個領域中，基督徒都有愛的職分去參與。另一種模式就是極端改革派的模式，就是後期重洗派的模式，他們認為基督徒如果想要按照基督的教導生活，就要離開這個世界，不要與這個世界交往，不要參加這個世界中的各種機構，特別是不要參加國家政權，更不要在其中擔任任何職分。這兩種模式也直接影響到中國大陸的教會。早期以倪柝聲為代表的基要派教會都傾向於把世界視為隨時都要沉底的「破船」，已經破舊，百無一用，教會只要能夠拯救人的靈魂就好。以北京守望教會為代表的新興家庭教會則受改革宗神學的影響，強調基督的國度就是上帝的國度，復活的基督同時在教會和社會中作王掌權，基督徒也當在兩個領域中盡自己的本分。因此，在這種神學的指導下，中國家庭教會開始自覺地走向公開化，進入社會公共領域，要使教會發揮「山上之城」的功用。孫毅教授所解析的這種神學思考確實在很大程度上代表了今日中國大陸家庭教會的思考和走向。

徐頌贊先生從「密契和聖約」兩大角度分析了「華人敬虔傳統的民主化」，他自覺地把靈修神學和公共神學結合在一起，強調「基督教推動中國民主化」的作用。他從個案和田野調查的角度分析了傳統家庭教會本土宗派、五大家庭教會宣教團隊和新型改革宗家庭教會三大類型的教會，認為前兩者因為在神學上的基要主義傾向，具有反智、甚至「屬靈專制」的特色，不利於民主的發展，而後者則通過平信徒治會、長老制制度、神學教育等促進了公民品格和民主制度的成型。在密契默觀之中，基督徒由外及內，注重的是與上帝之間位格性的互動和對話，並通往聖愛和恩典中的合一。這種密契默觀使人與上帝相遇，領受恩典，裝備人由內及外走向教會和社會，承擔道化世界的使命。因此，徐頌贊為中國教會在轉型時期指出了「由內及外」的「內在更新的理路」，強調「基督徒從治理自己的靈魂身體甚至密契經驗開始，在家庭、教會、社會、政府之中，由內而外實踐聖約」。這種靈修神學與公共神學的有機結合確實能夠幫助教會同時避免神秘主義和理性主義兩大極端傾向。神秘主義注重靈修與密契，有逃避世界和文化的傾向；理性主義凸顯研究與行動，但卻忽略心靈的體驗與內在的根基。因此，改革宗神學大家范泰爾強調正統基督教是在神秘主義和理性主義之間保持平衡。

## 轉型激盪的港台社會與教會

第三卷從中國大陸家庭教會轉向「轉型激盪的港台社會與教會」。第一篇文章就是香港大學法律系副教授戴耀廷先生提交的「香港教會與香港民主運動」。戴教授本來答應與會，但卻因為香港政局變化而未能成行，就特別發來這篇「戰地」論文，在此特別向他致謝。我在 2014 年香港「和平佔中」時曾在中環遇見他，並把自己寫的《公義與慈愛彼此相親：寫給華人教會的公共神學》一書送給他。首先，身為基督徒法學學者，戴教授強調「民主化就是要把人民從專制的統治中釋放出來，並由人民建立起由人民選舉產生、向人民問責的政府來肩負管治社會的責任。」作為基督徒，公民抗命的普遍性原則就是：「順從上帝，不順從人是應當的」（徒 5:29）。作者深信，儘管教會內部對於「和平的民主抗爭」有著不同的看法，但「一群基督徒堅定地本著基督信仰走在香港的公義路上，他們是會為香港帶來改變的」。戴教授雖然身為「佔中三子」之首，深信當時推動佔中和公民抗命是順從上帝而作的，但他謙卑地承認：「我也不敢說我的領受必然是對，不是因神有錯，而是我的領受或許有誤。我也不敢說反對佔中的信徒是不順從神，或許我們在各自的崗位，都在做合乎信仰的事，只是以我有限的智慧，還未能明白神如何成就他要行的大事。」筆者特別為戴教授這種立場堅定又不失溫柔、勇往直前又顧恤他人的仁愛與博大之心獻上感恩，他的深刻反思代表了香港教會在公共神學和參與上的掙扎與成熟。

香港中文大學邢福增教授從歷史神學的角度談及「十字路口的抉擇 ---- 六七暴動與香港基督教」。其實，1967 年香港六七暴動不僅受中國大陸 1966 年開始的「文化大革命」的影響，自始至終都在大陸中央政權的直接操縱之下，因此六七運動中的香港左派人士攻擊基督教宣教士為「披著宗教外衣的豺狼」，教會傳播「精神鴉片」，藉著醫院、學校及辦報而進行「文化侵略」！在暴動中首先受到衝擊的就是教會學校，左派人士在學校中成立「斗委會」、「戰鬥隊」，指控校方「利用宗教害人」。可惜，當時只有天主教香港教區指明並譴責「左傾分子」企圖「破壞本港法治制度」，並直接用「暴政」來形容中共政權，甚至直接以社論形式呼籲教友「認清共產主義的本質」。基督徒也當通過悔改和社會行動「為自己所宣講的基督化愛德作見證」，但真正的愛德絕不是「放任歹徒為非作歹，逍遙法外」，而是「繩之以法，不讓歹徒再有犯罪的機會」。六七暴動使得香港教會進一步面對工業化和世俗化所帶來的社會問題，基督徒學校也開始更多地注重德性培養和社會參與。目前的香港已經從英國人統治下相對的文明殖民地變成了中華新帝國下的「再殖民」，教會若非更加主動地進入世界，改變文化，必會更加被動地受到周圍異質文化的侵擾和顛覆。為香港教會禱告！

台灣郭明璋牧師回顧了「時代與信仰脈絡中的台灣校園團契」。台灣校園事工的強勁在很大程度上與內地會的宣教策略有關。1943 年 10 月內地會在重慶開會，探討了差會與中國教會合作與中國福音化的關係，訂出了以後在中國發展事工的原則與方向：「內地會宣教士轉變成為教會的助手、輔助者，往後的宣教，不走設立教會與教堂的路線，而採行與當地教會或機構配搭、成全他們。」因此，台灣校園福音團契從其開拓期就維持兩個重要原則：本地同工主導和學生自主承擔使命。因此，在台灣校園團契事工中，宣教士和當地同工、當地同工和校園學生、校園團契和地方教會之間保持了很好的配搭成全關係。當然，更重要的是校園團契同工所繼承的老一輩宣教士「生命影響生命」的敬虔傳統，以及理性思辨與社會見證並重的特色。更難得的是，在 1980 年以後，校園團契面對台灣社會的多元化與世俗化的發展確立了以福音派改革宗所提倡的「文化使命」之承擔來回應文化挑戰，以專業侍奉來實踐文化使命，實現福音使命。這種神學轉型必然使得校園團契更加能夠應對全球化與在地化的挑戰。

第四卷的主題是「基督信仰與文化使命」。基督徒詩人、作家、畫家和學者施瑋博士考察了「宗教改革與基督教文學藝術」這一主題。基督教真正對社會直接產生影響就是文學藝術，但今日教會過於注重教會內命題式教義字句的精確度，卻輕忽以文學藝術為載體向社會傳達上帝的言說。施瑋博士特別指出，受西方理性主義思潮影響的神學愈來愈代替聖經本身，成為教會的基石和框架之後，當代基督教教會對聖經的詮釋和上帝話語的傳遞，乃至對信仰的表達都呈現出教條、割裂、蒼白之狀。這就「造成了教會內宗派教義紛爭中的『唯我獨正』，和對社會的『失語』狀態」。因此，我們在釋經上不僅應當把聖經視為史學和神學典籍，也當視為文學典籍，從語言文學的角度予以解讀。另外，施瑋博士強調，人文精神中的「確立個人價值，肯定現實生活意義，促進世俗文化發展」，並非一定就形成與宗教神權對立的思想，教會應當給予從聖經出發的神本主義的解釋與引領。加爾文教義中對德行的重視，極大地影響了清教徒文化和之後的基督教文學藝術。但是，為宣講教義而服務的基督教「福音文學」、「文字事工」強調的是文學藝術的功用性，最終卻喪失了文學藝術！教會外部基督徒個人性的創作在神學和靈性上失去基督身體的保護，無法形成整體的力量，更不可能形成復興和潮流。最終，施瑋博士深刻地總結說：「缺乏文學素養，我們的神學就變得枯燥乏味，成為邏輯遊戲，和死的標本；缺乏神學，我們的文學就變成了語詞的遊戲、感情的宣洩、任性的表達。」進一步把神學與文學有機地結合在一起，使得基督教神學能夠有血有肉，有情有義，基督教文學能夠文以載道，道化世界，確實是關涉到基督教的有效傳播和社會影響的大事。

郝青松是中國大陸著名的藝術評論家和策展人，他的論文直接面對「基督教藝術的復活與現當代藝術史的重寫」，揭示了 16 世紀宗教改革對藝術的影響：「一方面宗教改革推動了社會變革，直至英美這些新教國家的建立，世界由此進入現代文明；另一方面，除了聖樂繼續在新教教堂中響起，視覺藝術在反偶像崇拜的名義下幾乎被完全驅離出新教教堂，現代藝術因此完全開始了一條藝術自義的道路。」因此，整體而言，當代藝術正在陷入人權至上的思想危機，在中國大陸更是陷入國家主義「超極權」之暴政黑暗中。拋棄了宗教改革精神的藝術史，需要重新從宗教改革中獲得啟發，喚醒靈性，開啟新路。非常難得的是，郝青松對於藝術的分析上升到「神權神法」的高度，直接回到聖經啟示和宗教改革的精粹。康德重新劃分了世界的疆域，為上帝退隱之後的人間世界重新立法，他在自然科學和社會道德領域之外特別開闢了心靈與藝術的領域。他自以為理性地發現了藝術非理性的本質，因此為心靈領域單獨立法。自康德以來，藝術成為可以在自己的領域中為自己立法的超驗性存在，藝術的目的就是藝術。這種藝術的自法性源自於個人對於上帝的主權的篡奪：「神權指唯獨上帝的掌權，而不是泛神論的崇拜。即便現代社會驕傲地遺棄神權，神權也會隱性地存在，被人權和政權替代，成為它們德不配位的秩序錯亂問題。由此隱含了極權藝術和當代人權藝術共有的致命盲點——對神權絕對性的忽略以及各自對神權的篡奪。」

「沒有神權秩序，人權以及人權藝術只是一個烏托邦。」當代中國藝術的出路，正如中國社會的轉型一樣，需要宗教改革的大光，藝術領域也當自覺地降服在上帝的主權和法度之下，這對於極端張揚自我的現當代藝術而言確實需要上帝特別的恩典才能達成這樣的轉化。

## 基督信仰與文化使命

最後一篇論文來自中國大陸基督徒作家阿信，他考察了「新教傳入與中國近現代活字印刷術的發展」。中國人都曉得作為「四大發明」之一的「活字印刷」，這是早在 11 世紀宋朝畢昇就已有之的發明。但很少有人知道，這種技術從未在中國大規模地投入使用，直到清末鴉片戰爭前後，中國流行的一直是雕版印刷。阿信從歷史的角度考察了為何畢昇發明的活字印刷術沒有在中國大規模使用的原因，以及 1807 年新教傳入中國對中國現代印刷業產生的革命性影響，中國近現代使用的金屬活字都是出自外國人生產的字模，主要是由傳教士製造的。阿信這一研究有力地證明基督教在中國的傳播絕不是摧毀中國文化，而是促進和成全中國文化，使得中文金屬活字印刷徹底取代上千年的雕版印刷，成為強有力的教育工具。

這次會議還得到了美國雅和博傳道會、豐收華夏基督教會的贊助。許多弟兄姊妹開放自己的家庭，接待講員和與會者，求主特別紀念。余杰弟兄在本書之編輯上多有心血傾注；主流出版社鄭超睿社長支持本書出版，特約編輯曾雪蘋辛勤校閱，求主祝福。非常感恩的是，本書出版之際，正值主恩基督教會創辦二十周年紀念之際，感謝上帝差派來自台灣長老會的邱東陽牧師來美開拓華人教會，感謝楊敦興牧師在主恩教會中十七年之久的忠心侍奉。求主繼續保守主恩基督教會，使其在「個人靈修、家庭敬拜和文化宣教」上更加蒙恩成長。

求主特別祝福中國大陸、香港、台灣、北美以及世界各地的華人教會，帶領我們華人基督教在全球化、多元化的大潮中立定根基，更多領受聖經啟示和宗教改革的正傳，在各地社會與文化的急劇轉型過程中發揮光與鹽的作用。榮耀歸於上帝（*Soli Deo gloria*）！

王志勇　牧師

二〇一九年元月二十三日於主恩基督教會

# 目錄

# 第一卷
# 宗教改革的偉大遺產

# 比較路德《論世俗權力》與加爾文《要義》中的政權論述

陳佐人

比較路德與加爾文的政治觀是英美教會史的老生常談，是基督教神學學報中常見的主題，一般討論都集中從文本，歷史與神學三方面比較二人的異同。文本的方法是聚焦在路德的《論世俗權力》與加爾文《基督教要義》最後一章，但此方法很快因其自身的限制便超越了文本的範圍，進而探討他們二人的生平事蹟。從敘事體的角度來看，生平是行動的文本，使我們可以更全面地詮釋他們政治觀的言與行。最後在神學上則是集中在路德的兩個國度論，有關兩個國度論的在英美與德語中的專著不計其數。但近年的焦點不再是這兩位改教家的政治著作，進而包括了他們的聖經注釋及無數的私人通信。經過了五百年的改教研究，我們不太可能找到新的史料，所有路德與加爾文的生平檔案都被後人反覆翻查，好像是沒有一塊石頭留在石頭上。專家學者可以產生的不是新的史料，而是新的觀點或是新的猜臆，當然負責任的學者應該作出的是有根據的揣測，而傑出的歷史家更會在被人窮究的塵封檔案庫中，以其豐沛的歷史想像力，為我們展現一幅幅傳神的路德與加爾文之圖像。

## 文本的比較

從現代的觀點看，路德的《論世俗權力》與加爾文的《基督教要義》最後一章〈論公民政府〉均是直接論及政教議題的名篇。路德在 1523 年寫成《論世俗權力》，全文長過加爾文的《論公民政府》，但論述的範圍卻小於加爾文。路德沒有包括的主題有政府的形式與法制的問題，而這正是加爾文最大篇幅的部分。[1] 路德的說詞是「在此我不願說到俗世的事務，和政府的法律，因為這題目很大，而且法律已經是汗牛充棟」。[2] 這話讀來像是推諉，而不是有意的解釋。但路德卻在文首說明他的重點：因著「事實的需要，大眾的請求，尤其是你的盛意，又使我不得不執筆討論俗世的權力和他們所佩的劍，即討論他們當怎樣以基督徒的方式去運用劍，以及人們應該服從權力到什麼限度」。[3] 簡言之，路德要處理的中心主題是基督徒如何運用劍的問題，即武力抗爭與革命的問題。接著的問題是基督徒是包括了什麼人？路德在他的獻辭中說本文是「希望使君主們和一切掌權者仍為基督徒，而基督也仍為主」的貴族，得以明白基督的誡命。[4]

當時的德國貴族在統治上是陽奉陰違。他們假借皇帝之名發佈告示來媒私，但「如果皇帝奪去了他們的一個堡壘或城市，或把別的不公道的事加在他們身上，我們就要看到他們將怎樣迅速地抵抗皇帝」。但另一方面，「他們劫奪窮人的財物，隨意對待上帝的話時，他們就要藉口說，這是為服從皇帝的命令」。最後是路德的哀歎：「今天治理德意志全境的諸侯，就是一批這樣的人物，因此，全境就必定有像現在我們所看到的情形啊。」[5]

---

1 路德的《論世俗權力》的中譯共長二萬六千字，加爾文《要義》最後一章共有二萬字。加爾文《基督教要義》卷四第十二章共分為三十二段，論政府制度是最長的部分，由八至十三段。#8-13

2 路德「論俗世的權力」，頁 470。馬丁路德，《路德選集》，基督教歷代名著，徐慶譽、湯清譯。香港基督教文藝出版社，1960，頁 436-479。另有簡體字版，宗教文化出版社，2010 年。Martin Luther's Basic Theological Writings. Ed. by Timothy F. Lull. Minneapolis: Fortress Press, 1989. pp.655-703.

3 同上書，頁 439。

4 同上。

5 全段引文都是出自同上書，頁 441。

路德視世界的秩序是基於上帝的旨意和命令，因此他反對貴族向國王開戰，這是《論世俗權力》第一條的要旨：「我們必須堅立法律和武力，叫人不懷疑它們得以存在於世界，乃是出於上帝的旨意和命令。關於這一點，有以下的經文為證」，[6] 羅馬書十三章與彼得前書二章。第一條要旨固然是包括了所有的德國基督徒，但他的優先關注是針對當時蠢蠢欲動的德國諸侯，他們結盟想向查理五世發動全面戰爭。路德的反對是否部分表露了他對查理五世敵意的減少？就是那位在沃木斯大會上有意或無意放走他的皇帝，這是許多路德傳的作者在此的猜測。[7] 不論路德的複雜動機為何，剛逃生兩年的路德是有一切的理由來反對另一場翻天覆地的大戰。

1520 年代是路德改教事業的內部時期。這十年始於沃木斯國會大會，終於 1529 年瑪律堡會談。其間他與凱薩琳・馮・波娜結婚（1525），寫了富爭議的《斥謀財害命農民暴眾》。路德的新約聖經在 1522 年面世，這十年也是路德著作出版的活躍時期。《論世俗權力》是一篇早期的作品，其觀點因著奧斯堡信條引致施馬加登同盟的危機而改變。在政治上軟弱無力的奧斯堡信條（1530），未能保障改教派地區的權益，引致改教諸侯組成了施馬加登同盟，同盟的首領是撒克遜公爵約翰，《論世俗權力》的前身是路德向撒克遜公爵約翰的講道，出版後也是獻給這位公爵。

如果說《論世俗權力》的重點是在其分句：對俗世權力服從的限度，其焦點是諸侯不能做的事。那在 1530 年後，路德開始說及貴族可以作的事。路德在《詩篇》第 82 篇中列出了貴族的三樣該作之事，「他們可以為敬畏神的人伸張正義，壓制那些無神的人」，「幫助窮人、孤兒和寡婦，為他們伸張正義，保護他們」。[8] 路德在此對履行職責的貴族推

---

[6] 同上書，頁 440。

[7] Andrew Pettegree, Brand Luther. Penguin Press, 2015, pp.281ff. 安德魯・佩蒂格裡，《品牌・路德》，參頁 281 及其後。此書的副題別具心思：默默無聞的修道士如何將他的小城鎮變成出版中心，使自己成為歐洲最有名的人，開始新教改革。How an unheralded monk turned his small town into a center of publishing made himself the most famous man in Europe and started the Protestant Reformation.

[8] Luther's Works, Vol. 13:52-53。詩篇 82:6：「我曾說：你們是神，都是至高者的兒子」。西方傳統以此節來描述貴族，路德跟隨此傳統，但這不是將統治者神化。"In a word, after the Gospel or the

崇備至：「總而言之，在福音或傳道之後，世上沒有更好的寶石，沒有更大的寶藏，也沒有更豐富的施捨，沒有更公平的稟賦，也沒有比統治者更能維持公正的法律。這樣的人被正確地稱為神。」在《詩篇》第101篇，路德同樣肯定行公義的君王，甚至是外邦的君王。雖然從現實地看，「如果上帝建一座教堂，魔鬼便會在旁蓋一間小禮拜堂」，教會與社會的改革都是混雜的，但傑出的君主卻朝向一幅成熟的政治遠景：

**屬靈的政府或權威應該引導人民向上帝垂直的關係，以致他們可以做正確的事，並且得救；因此世俗政府應該把人們引向水準的方向，彼此互相的關係，使大家都看到我們的身體，財產、榮譽、妻子、孩子、房子、家庭和所有的財物都得保平安與安全，在地上蒙福。上帝希望世上的政府是一個真正的救贖和他的天國的象徵。**[9]

這裡的圖像不再是《論世俗權力》中偏偶一方的諸侯，而是有偉大正義感的統治者。由此開展了路德晚期的政治觀，他傾向賦予貴族有更主動的政治角色，更強調以政治力量來保護宗教，這些都有別於早期路德的看法。如果我們認為路德一生的政治觀可以約化為兩個國度的理論，那我們應該承認路德對此的理解不是一成不變的，兩個國度的關係是隨著不同的階段與處境而有不同的詮釋。路德一生思想上的變遷，非但不是他的缺陷，更反映了他六十載人生的活力。正如早期與晚期的奧古斯丁一樣，為後世提供了豐沛的思想遺產。

最後值得一提是《論世俗權力》中著名的一段說及異端的文字：

**你們又說，俗世的權力並不強制人相信，僅是防止人受異端的引**

ministry, there is on earth no better jewel, no greater treasure, nor richer alms, no fairer endowment, no finer possession than a ruler who makes and preserves just laws. Such men are rightly called gods."

9 Luther's Works, Vol. 13:159. The spiritual government or authority should direct the people vertically toward God that they may do right and be saved; just so the secular government should direct the people horizontally toward one another, seeing to it that body, property, honor, wife, child, house, home, and all manner of goods remain in peace and security and are blessed on earth. God wants the government of the world to be a symbol of true salvation and of his kingdom of heaven.

**誘，否則，怎能禁止異端分子的宣傳呢？我答覆說，這是主教的責任，而不是君主的責任。異端決不是武力所能防止的。那樣的事，當用別的方法來反對，不能靠刀劍來反對。……異端是一個心靈的問題，不是鐵打火燒和水淹所能克服的。只有上帝的道才是有效的。**[10]

後世常有人以此來聯想及加爾文燒死塞爾維特（1553），將一篇三十年前的文章選擇性地關聯一件後世事件是不必要的。但此種時代誤置的說法仍有其剩餘價值，重要的不是要營造虛擬的吵架，而是以歷史想像力來促使我們再思宗教容忍的問題。《論世俗權力》的重點是限制俗世權力的範圍，而非討論異端的問題。若真的要比較路加二人，那路德的塞爾維特是他斥責為謀財害命的農民暴亂（1525）。兩位改教巨人都有他們人生不可磨滅的污點。他們是英語中的有瑕疵的天才（tainted genius），與我們是一樣性情的人，觸發我們不斷的歷史反思。

## 加爾文論世俗權力

一般人談及加爾文的政治觀都會以《基督教要義》最後一章作為文本。我們若細察此章的歷史源流，比較加爾文《基督教要義》的首版（1537）與最後的確定版（1559），在第四卷二十章上，二者的差別並不明顯。[11] 這是符合加爾文研究學者的一貫看法，加爾文是一位早熟的思想家，他在早期形成的神學體系，終其一生並無作出大規模的改動。加爾文是沒有晚期轉向的神學家，他不同於奧古斯丁與路德。我們若以歷史的幻想來重構 1519 年的萊比錫辯論會，設若參加者是加爾文而非路德，很難想像執著傳統的加爾文會以路德式的十架神學來抗拒艾克特，更進一步，會否加爾文與艾克特是如此的合而不同，以致辯論會的火花只會如同孩童的鞭炮？《答沙杜裡多書》的加爾文在氣質與策略均有異

---

[10] 路德「論俗世的權力」，頁 466-467。

[11] John Calvin, Institutes of the Christian Religion, 1536 Edition. Translated by Ford Lewis Battles. Eerdmans, 1995.

於路德，但他們二人在最關鍵的藉信稱義的教義上卻達一致的立場，由此成為了勢如破竹的神學矛尖，對中古天主教產生了摧枯拉朽的破壞。路德與加爾二人是如此的相異，卻又如此的統一，真是思想史上的異數。

從外部來看，加爾文是一位猛烈的改革家，但這是與他對傳統的熱愛產生了難以調和的矛盾。牛津大學改教史家爾梅德・麥卡洛克（Diarmaid MacCulloch）如此說：

**加爾文真是他們（四位拉丁教父）的繼承人，他也許是 16 世紀最奧古斯丁式的神學家。他創立的教會，以奇特的時尚極力為他時代大公性的真實聲音。我甘冒不韙地說，新教（Protestantism）不是對約翰加爾文有很大吸引力的一個字，大公性（Catholicity）反倒會更引起他的興趣。讓我們來探討為什麼加爾文可以被放在四位拉丁教父之一，如果羅馬要在梵諦岡的一個角落裡建立像日內瓦的宗教改革紀念碑，藉此來紀念天主教的神學英雄的話。**[12]

一般被稱為《論政府》或《論公民政府》，加爾文的第四卷二十章可分為兩個主題：公民和屬靈的政府是如何聯繫（#1-2）；民事政府的必要性和其神聖的根據（#3-7）；政府的形式和裁判官的職責，戰爭和稅收問題（#8-13）；公共法律和司法程式（#14-21）；服從與敬畏，甚至不公義的統治者（#22-29）；專司憲法的裁判官要制裁暴政，以對神的順服為優先（#30-31）。[13] 其中最長的段落是第三段，論及政府的形式和裁判官的職責，與戰爭和稅收的問題，這亦是馬丁路德在《論世俗權力》中完全沒有說及的題目。

在這六節中最教人觸目的是以下的著名句子：「我就無法否認：

---

[12] Diarmaid MacCulloch, All Things Made New: The Reformation and Its Legacy, OUP, 2017, p.55. Originally published in Calvin and His Influence, 1509-2009. Edited by Irena Backus and Philip Benedict. Oxford University Press, 2011. The four Latin Fathers are Ambrose, Jerome, Augustine, Gregory.

[13] Ford Lewis Battles, Analysis of the Institutes of the Christian Religion of John Calvin. Baker Publication, 1980.

貴族政體，或貴族政體與民主政體的配合，遠優於君主政體」。[14] 這是中英語版《要義》中用「民主」一詞的地方。民主的拉丁語是 democratiam，但加爾文沒有用此字，他用的是一普通字 politia，可譯為公民、政體、政府、政權。今天英語之 police 也來自此字根。所以此句最簡單地譯為「我就無法否認：貴族政體，或貴族與政體（politia）的配合，遠優於君主政體。」。而拉丁字 politia 重複出現於同一段落，在下文：「因為他在以色列民中建立了政體（politiae）」。

加爾文對民主或政體的看法，遠不止於民主一詞。即使他沒有在《基督教要義》中援用此字並不抹殺其有民主概念的含義，反之若他有引用此詞也不等同他有現代民主的觀念。約定俗成的字是沒有跨時代的固定性。但愈來愈多的研究都指向一可能事實：16 世紀的加爾文應無分享任何現代的民主觀。他對暴君專權的批判絕不對等他有現代的民主觀。加爾文心儀的政體是貴族政體，正如他在此的告白，是他「無法否認」的事實。

加爾文在《基督教要義》卷四第 20 章最激烈的一句是：「既然君主和國家有時必須執干戈，為公眾除害，照樣我們可以推知，那為此一目的而有的戰爭，也是合法的」。[15] 但此句不是現代意義的造反或平民革命，即使君王和人民有時可以拿起武器來革命，這仍然是在中古的君主制的框架中。要瞭解加爾文或路德對君主制與抗爭理論的看法，我們需

---

[14] 《基督教要義》IV 20:8, 歷代名著集，下冊，頁 247-249。For if the three forms of government which the philosophers discuss be considered in themselves, I will not deny that aristocracy, or a system compounded of aristocracy and DEMOCRACY, far exceeds all others. [Inst. IV 20:8, McNeill, p.1493.] 在同一段落中出現了拉丁字（politiae），巴特爾斯在兩處均譯了民主（democracy）。但歷代名著集的譯本只將第一處譯為民主：「或貴族政體與民主政體的配合」。似乎當時眾中譯者與章文新、湯清是覺察到英譯本的問題。另在中譯本有：「政體共可分為三種：君主政體，由一人掌權，不管他是稱為君王，還是稱為公爵或其他；貴族政體，由國中的主腦人物掌權；民主政體，或平民政治，政權屬於全體民眾。」但卻不見於 Battles 譯本，編輯墨尼爾加上 (c) 的編注，表明此段是根據 1543 年版，而非 1559 年版，編注是 (e)。為何墨尼爾與 Battles 不在此根據 1559 年版則沒有交待。加爾文曾用拉丁語的民主（democratiam）：《評辛尼加的寬仁論》（CO 5,32），《但以理書釋義》（但以理書 2:44, CO 40,604）。

[15] 或譯：君王和人民有時必須拿起武器來執行這樣的公眾報復。在此基礎上，我們可以判斷戰爭具有合法性。But kings and people must sometimes take up arms to execute such public vengeance. On this basis we may judge wars lawful which are so undertaken.《基督教要義》卷四 .20.11

要以寬廣的角度來檢視改教家的世界觀。

加爾文的君主式思維最清楚地見於他的《基督教要義》的獻詞。該書是獻給法王法蘭西斯。加爾文終其一生來修訂《要義》，但法王法蘭西斯於 1547 年去世，喀爾文卻仍然保留了原來的獻詞，直至 1559 年的最後版本。調換獻詞是當時常見之事，為什麼加爾文如此地執著？《基督教要義》首度面世時，二十七歲的加爾文仍然是法蘭西斯王的子民，但到了他去世之後，《基督教要義》仍然是獻給他，教人困惑。英國牛津大學的爾梅德．麥卡洛克如此評論：為什麼要保留這篇對 16 世紀的改革者來說是最令人失望的君主的熱情呼籲呢？[16]

法王法蘭西斯一世在位時期是 1515-1547 年，是法國天主教與改教派衝突日漸升溫的時代。在 1534 年 10 月從巴黎到奧爾良的街道上出現了宣傳新教與攻擊天主教的標語，史稱標語事件（Affair of the Placards），同年重洗派占據了德國的明斯特（Munster），該年是多事之秋。加爾文應該在之前已經逃離了巴黎。標語事件及其後的發展導致法蘭西斯在 1540 年頒佈楓丹白露敕令，使對改教派的逼迫成為合法。法蘭西斯一世的楓丹白露敕令不同於另一個更有名的楓丹白露敕令（法語：Édit de Fontainebleau），就是法蘭西國王路易十四在 1685 年所簽署頒佈的敕令，由此廢除了容許胡格諾教徒信仰自由的南特敕令（1598）。這段由 1572 年聖巴多羅買大屠殺開始的一百多年的悲慘世紀。在此暴風世紀，加爾文是站在風口的人物。

改革派在法國境內所受的逼迫由來已久，所以加爾文在第一版便因此寫了獻詞。傳統的說法是視獻詞為向法王的申訴，其次是為法國的更正教徒辯屈，另外獻詞也表露了加爾文的愛國情懷與他對本國信徒的關心。但這些觀點往往忽略了加爾文在第一段便開宗明義地申明他的投訴對象：

**為恐有人認為我們的申訴沒有根據，你自己從每日所聽到的許多虛偽報告和誹謗，可為明證；他們說我們想奪取王權，推翻司法上的程**

[16] Diarmaid MacCulloch. All Things Made New, p.58.

**式，破壞秩序，傾覆政府，擾亂人民治安，藐視國家法律，耗散所有資財，一言以蔽之，就是要使一切陷於混亂。**[17]

加爾文的筆鋒所指，既非為上帝服役法王本人，亦非天主教的對手。他的奇特寫作方式是向法王投訴「國中到處搗亂殺人放火的那班狂人」。他要向法國中攻擊改教派的申辯：「所以如果我在同一著作中，一方面教導他們，一方面對你表示我的信仰」，他甚至不是為自己：「請不要以為我現在完全是為個人辯護，不要以為我的目的在求完全回到自己故鄉」。而他的首要資訊是要昭告天下，真正的改教運動不是極端的改革派，要使一切陷於混亂的狂熱分子。加爾文最後以舊約的先知作為佐證：「以利亞已經告訴了我們，即是說：這一切錯誤的散播與紛亂的造成，我們都不能負責。惟有那些反抗上帝權能的人，應該負責。」[18]

總的來說，加爾文在這篇獻詞中是一箭三雕：向法王申訴，安慰法國中受苦的改教派，最後是產生一種奇妙的外交作用，這是藉著對極端改教派的攻擊，而歷史性的例子便是被重洗派占據了的德國明斯特，其領袖是萊頓的約翰（John of Leiden）。[19] 二十七歲流亡巴塞爾的加爾文仍沒有國際名聲，但他當時發展的基本觀念卻始終未改：打擊重洗派，為自己的一方力辯。由此觀之，加爾文常被譽為系統神學家，但他的神學思想的形構過程中，卻經常出現一些反擊點，例如加爾文基督論中的米格爾・塞爾韋特，三一論中的撒伯流主義（Sabellianism），政治神學中的極端改教派與重洗派。將加爾文想像為一位在書房中思想的神學家是與事實不符的。

正因為加爾文是一位密切觀察處境的神學家，他的思想在晚年出現了轉變，加爾文於 1563 年完成《出埃及記》，1564 年去世，似乎他有時不我予的無力感。他在《出埃及記》中以法老王與以色列人的衝突來評論與勸說胡格諾派的內戰。足證晚年的加爾文在解經上的急速政治

---

[17] 《基督教要義》獻詞。

[18] 同上。

[19] 麥格拉思，《宗教改革運動思潮》。蔡錦圖，陳佐人譯。頁 263。

化。在《基督教要義》中他只能想到世俗歷史中的政治抗命，他用的例子是：斯巴達人，羅馬民眾法官與行政長官的政治不順從。但在法國形勢急轉直下時。最後他在《出埃及記》注釋中，似乎找到了聖經中唯一平民抗命的例子：收生婆敬畏神，不照埃及王的吩咐行，竟存留男孩的性命。（出 1:17）但時不我予，加爾文已走向人生的終點。

## 結論

馬丁・路德強調對世俗權力的順從，更有著名的被後世簡化為政教分離的兩個國度論，但貌似保守的路德卻在個人的政治活動上異常活躍，他被稱為貴族的老朋友。[20] 相比之下，許多人均聲稱加爾文的著作常提及制衡權柄與抗爭，但學者卻說：加爾文在抗命行動上卻是極度地緘默。在結論中，我們要檢視改教家在書寫文本與行動文本之間的一致性，並嘗試理解二者之間的矛盾。

路德於 1546 年過世，1547 年法王法蘭西一世與英國的亨利八世去世。接著的十年，1553 年英國經歷了愛德華六世至瑪麗，都鐸的朝代。同年，塞爾維特在日內瓦被燒死。改教派的命運在英國被逆轉，在歐陸也不教人樂觀。1558 年查理五世與瑪麗，都鐸同年去世。1559 年是加爾文再次修訂《基督教要義》，是他六年後去世前最後一次的大改動。同年，法王亨利二世去世，法國的胡格諾派如箭在弦，覺得機不可失，計畫綁架十五歲的法蘭西斯二世，並對付攝政的凱薩琳・德・美第奇。結果是一敗塗地。後來加爾文在給海軍上將加斯帕爾・德科利尼信中解釋自己並沒有參與陰謀，並指責密謀者。信中有他的名言：「因為我斷言，不可避免的結果將是，從一滴血馬上血流成渠，淹沒整個法國」。[21] 德科利尼（Gaspard de Coligny）是法國胡格諾派的首領，他是聖巴多羅買大屠殺（1572）的第一批被殺者。他被暴徒刺殺，再被丟出

[20] Andrew Pettegree, Brand Luther, pp.283. 安德魯・佩蒂格裡，《品牌・路德》，參頁 283。

[21] Letter to Coligny in April 1561。帕爾克（T. H. L. PARKER），《加爾文傳》。王怡方與林鴻信譯，道聲出版社，2001 年。pp.182-183（English）

窗，屍體被暴徒殘害。兩年後（1562），胡格諾派在里昂戰爭獲勝，結果便將里昂的大教堂搗毀，加爾文在怒中寫了一封信給里昂的牧師們，他指責他們：「這是一個不得體的行為，牧師扮演士兵或隊長，更糟的是你們為了武器而放棄講臺」。[22]

有些加爾文傳的學者如帕爾克，他們會將上述的兩封信並列，營造出一個保守與退縮的加爾文形象，但這只是一方面的解讀。在致德科利尼海軍上將的信，加爾文的用意是為自己辯護，他的信中出現批評行動的話是不意外的。但是「如果嫡系的王子要求維護他們的權利，藉此為了共同的利益。如果議會支持他們的爭論，那正當的臣民以武裝來援助他們是合法的」。[23] 這句看似激烈的話對應了《基督教要義》同樣的著名引句：「既然君主和國家有時必須執干戈，為公眾除害，照樣我們可以推知，那為此一目的而有的戰爭，也是合法的」。[24] 另外，帕爾克與耶魯大學的哥頓布朗，另一位持負面批評的學者，他們二人均仔細地描述了加爾文如何不遺餘力地為胡格諾派的雇傭兵籌款。似乎加爾文是在事前批評，但一旦局勢成為了既成事實（fait accompali），他會作出相應的戰「略」性的調整。英國布裡斯托大學的巴色萊克教授（Jon Balserak）提出了一種漸進的看法，他基於詳細的檔案研究，認為加爾文對當時的法國情勢的掌握是深刻的，細緻入微的與徹底的（deep, nuanced, and thorough），因此加爾文的計畫是與時並進的，而不是投機取巧。我們在書信中看見的加爾文是一位努力調和軍事與神學，君主的教會的思想型改教家。[25]

我們若將進退失據的加爾文對比於路德，彷似從小調歌曲一下轉為快板的交響樂。晚年的路德雖然疾病纏身，但他絲毫沒有減慢腳步，繼續延伸其獨特的毀譽參半的路德式的名聲，難怪路德的門生菲力浦・梅蘭希頓稱他為以色列的戰車。晚年的路德是非之多不下於他的早期，他

---

[22] Letter to Pastors of Lyon, May 1562. John Witte, Jr. The Reformation of Rights. Cambridge University Press, 2007, p.117.

[23] Letter of John Calvin.

[24] 見上文注 15。《基督教要義》卷四 .20.11。

[25] Jon Balserak, John Calvin as Sixteenth-Century Prophet. Oxford University Press, 2014, p.121.

最被人垢病的其中三件事：路德晚年的三樁壞事：未能阻止施馬卡登聯盟向皇帝的開戰，贊成黑森伯爵菲力浦一世的重婚（1540），《關於猶太人和他們的謊言》（1542）。

我們若客觀地比較路德與加爾文二人的政治觀與政治活動，可以得出以下公允的結論：他們二人在著作中幾乎是互相重疊，二人都強調順服權柄，二人都說這包括了不義的君王，二人都提及在非常情況下的不順從，但二人都沒有申明什麼才是特殊情況。在著作的出版上，二人都是暢銷的作者，路德在德國，加爾文在法國都是洛陽紙貴，這些是拜古騰堡的技術。但在政治行動上，二人卻採取不同的進路。相比於在幕後周旋的加爾文，路德永遠是在舞臺上的主角。不論是作為正義之師的統帥，或是丟臉的事件的主角，路德吸引整個德國的目光。

在歷史的詮釋上，我們可以說路德的前景式（foreground）行動，使後世更容易透視他的言與行，他縮短了書寫文本與行動文本之間的距離。雖然加爾文的著作是更有系統性，但正因如此我們卻不易看出他的言與行的具體處境與明顯的轉向。

在路德與加爾文的異同之後是他們二人所代表的傳統的相互影響。1546 年路德去世，施馬加登戰爭爆發，翌年施馬加登同盟大敗。奧格斯堡中期合約（1548）。1550 年在德國東北部的馬格德堡，有九位路德派的牧師起草了一分信仰告白，稱為《施馬加登信條》（Magdeburg Confession）。這份被後世稱為「史上第一份更正教對反抗不義主權的宗教申辯」。[26]

《施馬加登信條》是一部有意識，有針對性，致力要達到全面理論性的信仰宣告。像其他當代的信條，《施馬加登信條》大量援引聖經經文，特別是那些傳統上用來支持順服權柄的經文：該撒的物當歸給該撒；神的物當歸給神。但《施馬加登信條》卻辯稱當該撒要拿上帝的物時，那我們便要保護上帝的物。傳統說抗拒掌權的就是抗拒神的命，但《施馬加登信條》卻聲明：如果掌權者抗拒神，那我們就要抗拒他們。

美國埃默里大學的政治神學教授小韋特總結了《施馬加登信條》與

[26] Carter Lindberg, The European Reformations. John Wiley & Sons. 2011, 2014. Revised. p.199.

改教家貝紮在歷史上的美妙對稱：

**1550 年的馬格德堡信條將三十年的零散的路德派知識籌成一個令人難忘的政治抵抗宣言，最終拯救了路德的城市，也最終造福了一點聖羅馬帝國。1574 年，貝紮《統治者的權利》是將四十年來改革宗對反抗權的反思，籌成一個強有力的新的政治權力和個人自由的建設性理論。**[27]

## 給教會的結語

這是一篇學術報告，但我想在結束時簡要地為中國教會界作一些關連的結語：究竟我們可以從政治與神學的角度來瞭解路德與加爾文的重要性？我扼要地提出三點：第一，他們二人是彼此重疊與相互影響。任何將路德與加爾文過分對比的說法都是在歷史上站不住腳。他們二人的世界觀是「不可毀謗神；也不可毀謗你百姓的官長」（出 22:28；徒 23:5）。他們二人是時代之子，都是囿於中世紀晚期，我們是無法單單在他們的著作中找到一絲的現代性的影子。

第二，他們二人在聖經上的教導是傳統的，但他們卻得出與天主教對手完全相異的結論，這是詭異的。但在政治神學上，改教家與天主教都是分享了同樣的君主制的世界觀。但後來是在改教派與國王的對立中，才刺激了路德派發展出普通人可以違命的教訓，接著再由後世的加爾文派發揚光大。

第三，他們二人有劃時代的洞見。從思想史的角度來看，我們可以跳越歷史的脈絡，追尋思想上的家譜淵源。路德與加爾文二人不是政治思想人物，但他們致力以信仰來言說政治。路德的政治思維具有馬基維利的色彩，他是以現實為思考的出發點。加爾文與霍布斯都是體系性的思想家，但《基督教要義》不是《利維坦》，加爾文在其政治神學的思

[27] John Witte, Jr. The Reformation of Rights: Law, Religion and Human Rights in Early Modern Calvinism. Cambridge University Press, 2008, p.106.

考中，其文本是聖經：從《出埃及記》中的接生婆到使徒彼得的不順從，或千夫長用銀子買賣羅馬民籍的故事（徒 5:29，22:28），這些故事都有別於馬基維利《君主論》中切薩雷・波吉亞的歷史。前者是神聖的敘事，後者是政治哲學的分析。從奧古斯丁《上帝之城》到路德和加爾文，整個基督教神學史的焦點之一就是要將這兩重的故事合而為一。在啟示文學中常出現書卷，將天上人間所有的故事都記敘下來，但這在人類的歷史中仍然是遙不可及的末世式盼望，而路德與加爾文固然是其中的努力者。

**陳佐人**畢業於香港中文大學，並獲美國芝加哥大學神學博士。現為美國西雅圖大學神學系教授，基督教與廿一世紀歸正學院教務長及教務主任，香港漢語基督教文化研究所學術委員，美國西雅圖塔可馬華人證道堂顧問牧師等，並著有多部中英文神學著作。

# 長老會在蘇格蘭和海外的共同體構建

劉仲敬

共同體包括兩層意義。第一是基礎共同體，即能夠維持最低限度以上互信和協調行動能力的社區或社團。第二是政治共同體，即能夠維持最低限度以上有效統治和強制行動能力的行為主體。狹義的近代社會，就是宗教改革以後首先在西歐出現的新體系。其基礎共同體通常是新教社區，其政治共同體通常是民族國家。西歐以外的近代化，通常伴隨著以上兩種模型在海外的複製和擴張。其間關係雖然複雜，但並非毫無脈絡可察。長老會在蘇格蘭和海外的共同體構建，提供了若干可以分析的樣本。

長老會的社區構建和政治構建，分享了所有基督教會都始終存在的雙重二元張力：基督與世界，上帝與凱撒。教會作為基礎共同體，成員全都是有限的人。教會成立和存在的根本目標，一開始就註定不可能完全實現，然而個人放棄或迴避教會的紐帶，同樣是不可能和不可欲的。教會和國家之間的張力，比個人和教會之間的張力更加突出，然而教會放棄或迴避政治的紐帶，同樣是不可能和不可欲的。國家作為政治共同體，高度依賴基礎共同體的穩固，然而教會作為基礎共同體，其初衷註定會妨礙國家的政治目的。任何人論證任何具體的教會有悖初衷，都不患無詞，然而如果雙方易地而處，同類的論證同樣不患無詞。教會反對統治者時，自然會想到反對以色列君主的先知；服從統治者時，自然會想到服從羅馬皇帝的使徒。同樣的教會在面對不同的政治環境和政治任務時，會發展和強調不同的神學理論。啟蒙知識份子所謂的「政教分離」，從歷史上看其實是宗教改革和國族構建的博弈平衡態，本身就是教會領袖過去所做政治決斷的意外結果。

長老會的組織管理模式接近共和主義，有利於平民當中的精英，從封建主義的角度看，民主的因素過於濃厚，從馬克思主義的角度看，顯系地主資產階級統治無產階級的隱蔽機制，不同教區之間的關係接近聯邦主義，有利於精英和資源（兩者是不可分的）保存在基層。國教會認為他們民主得太過分，公理會認為他們民主得不夠多。加爾文在斯特拉茨堡和日內瓦，都是地域狹窄的城市共和國。基礎共同體（教區）和政治共同體（城市共和國）的層次差距較小，同構性較強。教會的長老和城邦的元老雖然政教有別，但階級地位相似。諾克斯在蘇格蘭構建基礎共同體，對政治共同體的衝擊就要大得多。教會自身的命運，也受到教會領袖政治決斷的直接影響。

諾克斯的傳教活動開始時，長老會只佔蘇格蘭低地人口的少數。長老會社區即使本身繁榮昌盛，對外傳教工作沒有遭遇政治障礙，在蘇格蘭占據主流地位，至少也需要幾代人的時間。諾克斯在從事社區建設和神學研究的同時，並沒有迴避政治活動。他最初的策略和歐洲大陸的同道相去不遠，都是在貴族階級當中培養反對天主教的黨派。「貴族受諾克斯的影響，聚集立約，成立了『主的聖會』（The Congregation of the Lord），主的聖會（中國一般譯為『盟約』）與古伊茲家族（注：中國通常譯為吉斯家族）的瑪麗鬥爭中，即是以聖約的觀念，作為他們的理論基礎，而蘇格蘭的改教運動，在改教時期與改教後一段很長的時間，聖約神學也一直是改教的核心思想。」（周宜中：《諾克斯的聖約觀對蘇格蘭政教關係的影響》）

諾克斯的憲法理論以「聖約」為基礎，並不意味著他的神學研究偏重《舊約》，而是他所在黨派政治生態位的自然體現。「在廢黜統治者方面，《舊約》提供了大量的先例。」（周宜中：《諾克斯的聖約觀對蘇格蘭政教關係的影響》）16 世紀中葉，長老會在蘇格蘭的聲勢尚不及法蘭西的胡格諾派和波蘭的加爾文主義者。阿蓋爾伯爵、洛恩伯爵、默頓伯爵皆非等閒之輩，但他們的財富、國際人脈和左右蘇格蘭政局的力量，遠不能與波蘭－立陶宛聯合王國的拉齊維爾家族相比，更不用說法蘭西的納瓦爾國王和寇里尼海軍大將了。法國和波蘭的加爾文主義者在其政治保護人失敗以後，社區也沒有維持多久。「聖約」有神學依據，但歷史價值主要在於為蘇格蘭長老會提供了扭轉政局的武器。「盟約」創始人堅信，只有鬥爭的勝利才能保證教會的純潔性。

「我們察覺到：撒但及其門徒、當代敵基督恣意肆虐，企圖顛覆和毀滅基督的福音和教會。我們責無旁貸，必須為吾主基督的事業奮鬥、保證其勝利；即使犧牲生命，也在所不惜。因此我們向全能上帝及其教會承諾：運用我們的一切力量、資源乃至生命，維護、促進、落實上帝及其教會的真言；在任何情況下勉為基督福音與教民聖禮的不二忠僕。我們要維護、供奉、保衛基督福音和教民聖禮。由此，吾輩全體會眾不遺餘力、不憚危難，反對撒但及一切邪惡勢力。這些邪惡勢力企圖殘害、擾亂上述會眾。我們矢忠聖言，結為聖會；棄絕撒但的教會及其所有可憎的迷信和偶像崇拜；公開宣佈與他們勢不兩立。我們在上帝面前信誓旦旦；簽署本文，見證結社。愛丁堡。1557 年 12 月 3 日。」

攝政太后拒絕了「盟約」的請願。蘇格蘭長老會邀請諾克斯回國，導致鬥爭進一步激化。佈道壇在當時發揮的作用，比較接近第二次世界大戰時期的短波收音機。「改革派的首腦邀請他（諾克斯）返回蘇格蘭，在柏斯開壇講道。此時民情洶湧；他照樣慷慨陳詞，怒叱羅馬教會的偶像崇拜和其他種種弊端，極力煽惑聽眾犯上作亂的熱忱。這次佈道後，一位教士膽大妄為、公開他的聖像和聖骸收藏，準備親自舉行彌撒。狂熱的聽眾和漠不關心的旁觀者都怒不可遏。他們忿怒地攻擊教士，打碎聖像，撕毀圖像，推倒祭壇，把聖骸扔得到處都是；正如他們自己所說，偶像崇拜的器物掃地並盡、片甲不留。從此，他們人數日增、鬥志更盛，立刻將灰衣和黑衣修道院掠劫一空。加爾都西修道院遭遇了同樣的命運。民眾不以搶劫和驅逐修道士為滿足；恨烏及屋，片刻間化廣廈為殘垣。法夫郡庫柏的居民不久就如法炮製。」

「盟約」的宣言《耶穌基督在蘇格蘭的盟會致敵基督在蘇格蘭的黨

羽、罪該萬死的教會長老及其禿驢》充滿了「漢賊不兩立」的激烈情緒，將信仰的純潔置於封建的忠誠之上：「你們施行暴政；不僅想毀滅我們的肉體，還想讓我們的靈魂受惡魔奴役、屈從於偶像崇拜。因此，我們運用上帝賜予的全部力量和權力、對你們施行公正的報復和懲罰。是的，上帝命令以色列人滅絕迦南人；我們就要開始同樣的戰爭。只要你們不肯放棄偶像崇拜，就永遠不可能議和。我們信仰永恆上帝和上帝之子耶穌基督，向福音書祈禱，正確行聖餐禮。我們以祂們的聖名為見證，將我們的意圖告知汝輩。只要有上帝的幫助，我們就能抵抗你們的偶像崇拜。汝輩接受這個警告吧，不要欺騙自己。」（休謨：《自尤利烏斯・凱撒征服到 1688 年革命的英格蘭史》第四卷）相反，天主教王室的宣傳傾向於淡化宗教分歧，強調長老會漠視君臣大義，以耶穌基督的權威庇護危險的共和主義思想。這種宣傳頗有依據，亦有實效。長老會對英格蘭女王伊莉莎白的干涉寄予厚望。伊莉莎白的態度卻相當微妙。原因就在於她既想支持長老會反對天主教大國，又想壓制長老會的共和主義。詹姆斯一世「沒有主教就沒有國王」的理論，實肇於伊莉莎白一世的政治直覺。

如果「盟約」沒有自己的武力，諾克斯是不大可能有機會修改蘇格蘭憲法的。「他們（盟約派）自以為有充分資格、無須君主權威，立刻召集國會。改革派向本屆國會請願；他們不以確立自己的信條為滿足，還要求懲罰羅馬天主教徒。他們稱天主教徒為羅馬娼妓的臣僕。他們聲稱：所有烏合教士沒有一個是合法的傳道士；全都是盜賊和兇手，世俗當局的亂臣賊子。因此，經過改革的邦國沒有他們的容身之地。國會似乎受到同樣忿激和迫害的精神驅使。他們首先核准信仰告白，然後通過了禁止彌撒的法案。法案不僅取消了所有教堂的彌撒；還禁止任何人在任何地方住持或參加彌撒。第一次犯禁，由法官判處沒收動產、施以體罰。第二次犯禁，流放。第三次犯禁，處決。國會還投票通過法律，廢止教皇在蘇格蘭的司法管轄權。長老會教律得以確立；教會原有的權力只剩下陰影，移交給他們稱為教區長的神職人員。古老宗教的長老抱怨他們的所有權受到嚴重侵犯，但國會不予理睬。最後，這些教士厭倦了徒勞無益的列席、離開市鎮。他們當時受到傳喚，但沒有一個人出席。國會於是投票宣佈：教士的要求已經完全獲得滿足，沒有理由抱怨。」

（休謨：《自尤利烏斯・凱撒征服到 1688 年革命的英格蘭史》第四卷）

諾克斯在這次國會上，成立了主持宗教改革的委員會，實際上將「盟約」變成了蘇格蘭憲法的一部分。蘇格蘭低地的大部分人口順利納入長老會的教區組織，端賴乎此。1560 年法案承認了諾克斯草擬的《蘇格蘭信條》：「蘇格蘭王國全境的新教徒公開聲明相信該信條，根據《聖經》啟示之無謬的真理，信條在蘇格蘭得以頒佈，作為可靠和合理的信條。」諾克斯的繼承人梅爾維爾擬定了《蘇格蘭教會第二紀律書》：「通過有代表權的長老來治理各層次的教會——從地方教會的審議會（小議會）到地區性的審議會（區會），再到全國性的長老會（總會），長老們擁有評議權、治理權和最終裁判權。這樣既維護了基督在教會的權威，也給予會眾以適當的自由。在他看來，主教制既貶損了基督的唯一權威，也損害了會眾的自由。」（周宜中：《諾克斯的聖約觀對蘇格蘭政教關係的影響》）這時的蘇格蘭教會，已經變成長老會的同義詞。此後，天主教會不再構成蘇格蘭長老會的競爭對手。只有同屬新教陣營的主教派在英格蘭王室和英格蘭國教會的支持下，尚有在蘇格蘭構建基礎共同體的能力和機會。長老會通過 1688 年的光榮革命，消除了這種可能性。

「混亂迅速蔓延。狂熱的暴民洗劫了埃爾郡、克萊斯代爾、尼夫斯代爾、安南戴爾所有的教區。大約兩百名主教派牧師遭到驅逐。比較嚴肅的盟約派一面為暴民教友歡呼，一面擔心不法手段引起醜聞。他們特別擔心，暴行會辱沒正義的事業。亞幹本應毀滅迦南人，卻停下來搶劫。牧師和長老召集大會，打算防範醜聞於未然。會議決定：將來驅逐國教派牧師，方法必須更加周到。會議草擬公告，通知暴亂尚未波及的西部低地所有教區。公告其實就是一封直截了當的威脅信，責令主教派牧師和平離境，否則就要暴力驅逐。

蘇格蘭各主教驚愕無地，派格拉斯哥教務長赴威斯敏斯特，為他們遭到的迫害請願。威廉獲悉盟約派的暴行，極為不悅。國王在不列顛南部連本篤會和多明我會都給予保護，不准侮辱和掠奪。他應大批蘇格蘭貴族和紳士的邀請，臨時執掌王國行政權，但他要在蘇格蘭維持秩序，沒有必不可少的手段。他在特威德河以北，甚至在特威德河兩岸的大片土地上沒有一個團。歷代蘇格蘭人都以桀驁不馴著稱，經歷了嚴酷的壓迫。大革命自然釋放了他們的希望和忿怒，不是幾句空話就能平息的。無論如何，他還是頒佈聖旨，要求全民放下武器，等待非常國會確定政體，不准騷擾國教派牧師，然而詔書沒有軍事力量的支持，幾乎無人理睬。聖旨在格拉斯哥頒發的當天，該城莊嚴的大教堂就遭到攻擊。蘇格蘭中世紀的大教堂幾乎蕩然無存，只有格拉斯哥大教堂完好無損。暴民來自附近的長老派禮拜堂，摻雜了許多山地的教友。當天本來是禮拜日，但襲擊主教派聖會乃是必要和仁慈的工作。暴民驅散了敬拜的教徒，毆打他們，用雪球砸他們。有人確實宣稱，某些傷害是更可怕的武器造成的。」（麥考萊：《詹姆斯二世以來的英格蘭史》第三卷》）

人民有權反抗統治者的理論依據，最初來自基督徒對神義務高於對人義務的神學解釋。「諾克斯的聖約觀念是建基在《舊約》經文的釋經基礎上，他引用《列王記》下 23 章中，約西亞王要求以色列人遵從與上帝的盟約，因此世俗暫時的統治者有義務歸正自己的信仰，遠離一切偶像。諾克斯也將舊約時代的民事律與當時基督徒國家的部分法律作了精細的比較，這種比較自然是基於如舊約亞撒王和他的臣民立約只敬拜真神的例子（《歷代志》下 15 章）。到了晚年，因為對參與宗教改革的貴族沒有訴諸足夠的改革行動而失望，1558 年在致蘇格蘭民眾的公開信中，發表了突破加爾文思想的觀點，宣稱，普通民眾負有聖約之下的職分，當貴族和莊園主們拒絕純正的信仰時，他們必須站出來傳講基督的話語，見證基督是道路和真理，並清除公共生活中的一切偶像，他甚至認為，如果一個人拒絕反對一個偶像崇拜的政權，他就是在冒失去永生之靈魂的危險。」（周宜中：《諾克斯的聖約觀對蘇格蘭政教關係的影響》）蘇格蘭王國是第一個將這種理論付諸實施的領土國家，英格蘭王國長期國會的憲法解釋和教會體制都是模仿蘇格蘭王國憲法和長老會體制的結果。然而各教會（基礎共同體）對什麼是基督徒對神的義務，各有其因時因地的不同解釋。長老會同時主導基礎共同體和政治共同體的實例，唯有蘇格蘭。長老會社區規訓形成的民德民情，逐漸形成了蘇格蘭民族構建的基礎。拉齊維爾家族失敗後，天主教在立陶宛的民族構建中發揮了類似的作用。

長老派社區在未能替代其他競爭者的情況下，對政治共同體構建的影響就會變得更加複雜。愛爾蘭是蘇格蘭長老會海外建立的第一個社區，最初形成的社會生態也是長老會、國教會和天主教會並存。天主教多數派最初都是依託血緣紐帶強於社區紐帶的部落。天主教信仰、凱爾特文化－種族認同和斯圖亞特王室忠臣，在蘇格蘭高地和愛爾蘭內地的社會重合度甚高。長老會最初都是資產階級性格最強、自治能力最強的少數派。蘇格蘭長老派和愛爾蘭長老派最初的政治策略也非常相似，都是組織新教徒的統一戰線反對天主教。「（倫敦德里）城內有十八位國教會牧師和七八位非國教會牧師。他們不知疲倦地鼓舞和維持士氣。各教派暫時和衷共濟，忘記了關於教會體制、劃十字和禮儀的種種爭議。主教發現他的消極服從理論甚至遭到國教派信眾的嘲笑，自己撤退了，首先去拉斐，然後去英格蘭，在倫敦小教堂佈道。另一方面，蘇格蘭狂熱分子休森勸誡長老派，不要跟拒絕簽署盟約的人聯合，理所當然地遭到全體新教徒的厭惡和嘲笑。」（麥考萊：《詹姆斯二世以來的英格蘭史》第三卷）

蘇格蘭長老會和愛爾蘭長老會在 17 世紀以後的路徑分歧，主要在政治共同體層面。兩者在基礎共同體層面，仍然非常接近。他們的神學都遵循加爾文主義傳統，組織都遵循共和主義和聯邦主義傳統。蘇格蘭長老會的分裂、各分支在海外的分裂與聯合，對教區組織模式的調整都沒有逾越長老制的傳統。他們在聯合王國的社會活動和海外的傳教活動中，合作的頻率最高。他們都傾向於培養資產階級的德性，即自我節制和延遲滿足的能力。他們的教育投資和教育水準通常高於猶太人以外的其他族群，近代世界的工作倫理主要是由他們創造的。他們社區內部的長老產生機制，傾向於選拔資產階級人士。他們和其他社區共存的時候，更容易嵌入資產階級的生態位。蘇格蘭——愛爾蘭命題的關鍵奧秘，就在社區內演化機制和社區間演化機制的相容性。

蘇格蘭長老會的社區擴張，固然以自身精英培育機制的可持續性為根本，但收編其他社區的草根群眾，仍然離不開暴力鬥爭和精英驅逐。具備潛在資產階級德性的草根群眾融入 17 世紀長老會的教區，能夠得到比同時期天主教社區更好的精英訓練和上升空間。瑪麗女王一朝的鬥爭導致低地天主教貴族流亡歐洲大陸，復辟王朝的倒臺導致國教會牧師流亡英格蘭，漢諾威王朝初期的鬥爭導致高地天主教酋長流亡歐洲大陸。草根群龍無首，降低了改宗的難度。自身秩序生產的推力和外界秩序真空的拉力共同作用，促使長老會的邊界不斷從低地向高地移動。

蘇格蘭民族發明的歷史敘事在基礎共同體的鬥爭結束以後才開始，以高地人為全體蘇格蘭人的共同祖先，以英格蘭為全體蘇格蘭人的共同他者，實質上是承認這條邊界將長期穩定於蘇格蘭－英格蘭邊界，將高地人與低地人的鬥爭，歪曲為蘇格蘭人和英格蘭人的鬥爭。在基礎共同體層面，高地人加入了低地人的社區。在政治共同體層面，低地人加入了高地人的宗譜。如果宗教改革、憲制衝突和民族發明同時展開，就很可能出現類似愛爾蘭的路徑。高地人牢記葛籣科，低地人牢記波斯威爾橋。流亡者不再會變成法蘭西人和西班牙人，而是會變成海外魂器和民族發明家。民族運動本身就足以構成精英訓練和上升機制，將宗教改革和憲制衝突點燃的火種變成長明燈。

愛爾蘭模式一旦形成，同樣的歷史就會產生不同的敘事。一面是「五個世代已經過去，倫敦德里的城牆之於阿爾斯特新教徒仍然無異於馬拉松的戰利品之於雅典人。敵人長期以最猛烈炮灰轟擊的棱堡豎起了高柱，福伊爾河上下游都能從遠方看見。柱頭是沃克爾的塑像。他在最可怕的最後關頭，以雄辯喚起了同儕微弱的勇氣。他一手持《聖經》，另一手指向河水，似乎向饑餓的觀眾指出遠方海灣裡英國船隻的中桅。」（麥考萊：《詹姆斯二世以來的英格蘭史》第三卷）另一方面是「孤雁長飛，在每一個海洋上展翅。」（葉芝：《一九一三年九月》）認同符號的戰爭，在社區內演化機制和社區間演化機制之間造成一片真空地帶。南北愛爾蘭的分治，實際上為雙方都避免了最壞的結局。愛爾蘭模式預演了許多海外傳教活動的共同特點：長老會社區不佔當地人口的多數，但經濟文化水準高於多數派。社區層面的傳教活動和組織層面的民族發明同時展開，教會必須在不利條件下做出政治決斷。滿洲長老會代表被動適應民族發明的模式。齊、魯長老會代表迴避民族發明的模式。台灣長老會代表主動發明民族的模式。

1867 年，蘇格蘭長老會和愛爾蘭長老會開始在滿洲傳教。1891 年，蘇格蘭、愛爾蘭兩會在奉天設立關東基督教長老會。歐洲宗教改革以後的五百年歷史，以壓縮、層疊和扭曲的方式，嵌入此後幾十年的滿洲歷史。宗教改革在歐洲的歷史記憶和教區組織習慣的差異，使他們很少和 17 世紀末就在滿洲傳教的天主教會合作。新教各派之間，親和力就要大得多。滿洲的近代教育和醫療體系與新教的關係更密切，長老會的作用尤為突出。滿洲最早的兩位女性醫生就是蘇格蘭長老會派來的，奉天醫科大學由愛爾蘭長老會和丹麥信義會聯合創辦。（李國輝：《清末洋教傳入對東北社會的影響》）1920 年，長老會眾佔滿洲新教徒人數的 95%，但在當地人口中仍屬少數，而且沒有形成類似阿爾斯特的連續教區。

滿洲國的成立，大大推進了當地的近代化事業。基督教會人士多屬新派，對此不乏溢美之辭。「傳教士發現在新政府成立的三年半裡，地方和中央政權並未干涉教堂、街頭、學校、醫院的宣教活動，相反日本人和滿洲國官員視我們為友好的精神。日本人將《英文滿報》免費寄給傳教士，傳教士乘火車可享受半價優待，滿鐵免費托運宗教書籍，政府還為教會免費提供教堂建築用地。」（徐炳三：《偽滿體制下宗教團體的處境與應對》）新京滿洲基督教會牧師王作光的《頌東京滿洲傳道會》寫道：「建國開基是滿洲，高標王道揚旗旒。三千萬眾歡聲湧，百族官司喜色悠。感念皇軍興義舉，肅清匪患防共酋。和平冀在傳道力，滿洲樂土深所由。」30 年代初期，滿洲國當局對長老會持保護態度。1934 年，滿鐵發表的《基督教調查報告》稱：「基督徒像他們認同其他國家一樣，認同了滿洲國」。同年，中華基督教會改名為滿洲基督教長老會。（F. W. S. O'Neill. "The Church of Christ in Manchuria", The China Mission Y. Book, 1936-37, p. 137.）長老會的傳教活動，也獲益於治安的改善和經濟的增長，但教會對滿洲國族構建的儒教和神道教色彩，疑慮始終不減。滿洲國長老會在 1936 年拒絕支持祭孔儀式，聲稱「將對福音的真理作明確的、不妥協的見證，對上帝保持不動搖的忠誠」。（趙新宇：《偽滿洲國的宗教統制》）1938 年，長老會學校又拒絕參拜靖國神社。天主教會經剛恒毅調查以後，態度比新教各派靈活得多，認為無論天皇的照片還是孫文的遺像，都並不必然蘊涵偶像崇拜的意義。

30 年代中葉，滿洲國當局開始將各教派納入社會重組的規劃當中。梵蒂岡是滿洲國為數不多的邦交國之一，因此獲得的信任較多。新教各派處在競爭壓力下，亟需提高建制化程度，鞏固自己在政治共同體當中的地位。1936 年，滿洲國各新教派在長老會牧師山下永幸主持下成立了「滿洲基督教聯合會」。聯合會包括 494 個教會，滿洲基督教長老會和加拿大長老會佔了 309 個。滿洲基督教聯合會規約體現了長老會的保留適應態度，願意接受滿洲國族構建的基本框架，承認日滿特殊關係在現階段的必要性，但無意放棄自己的行動自由和對具體問題個別判斷的權利：「吾等深知吾滿洲建國精神，需要宗教精神及教化上應盡之責任，於是吾等期圖互相協力，而務以意思之疏通達其目的。吾等期圖與日本或其他同種諸團體之聯絡，關於共通事項上協力審核計畫共同事業，且以適當的辦法處置之。」

太平洋戰爭爆發後，英美系牧師黯然引退。長老會所受打擊，尤在其他各派之上。天主教會的外籍司鐸多為法國人和德國人，相形之下處境有利得多。（李英武：《東北淪陷時期的天主教》）長老會雖然一直有鼓勵本土化的舉措，但這時的本土化已經帶有濃厚的不得已色彩。一方面是英美系牧師遣送回國後，留下的空缺只能由滿洲牧師接替。另一方面是教會為了免遭私通英美情報機構的嫌疑，不能不強調本土原則。1942 年，十九個新教派在石川四郎主持下成立了滿洲基督教會本部。本部將滿洲劃為八個教區，積極推行本土化運動。其中包括「教化五大運動」：「國民教化挺身運動：鼓勵信徒支持日滿親善、建國精神和大東亞新秩序。國民道義確立運動：鼓勵信徒以身作則，推行國民禮儀，加強日滿親善。儲蓄報國運動：鼓勵信徒節約儲蓄，支持國家建設。增產報國運動：鼓勵信徒種植自留地糧食蔬菜。必勝防空體制確立運動：鼓勵信徒獻金開發飛機。」（Richard Terrill Baker, Darkness of the Sun: the Story of Christianity in the Japanese Empire, Nashville: Abingdon-Cokesbury Press, 1947）石川牧師「多方奔走，教會產業始得保守，未被沒收。」（Austin Fulton. Through earthquake, wind and fire: Church and mission in Manchuria 1867-1950, pp.96-111）

滿洲國的民族發明，體現了世界上大多數民族發明的特徵和意義。民族發明的意義，就是要在生活在同一片土地上，但組織、習慣和信仰不同的各種社區之間，尋找盡可能多的社區都能認同的標識和敘事，在政治共同體的層面彌合基礎共同體層面的分裂。君統、天然邊界、共同歷史、共同語言都是民族發明常用的材料。長老會和神道教的衝突說明，滿洲各社區之間的分歧不會小於蘇格蘭低地和高地，但這樣的分歧不會影響衝突雙方的國族認同和愛國奉獻，說明滿洲民族發明已經實現了其基本目的。滿洲國後來的崩潰主要是國際政治和地緣政治所致，並未遭到國內任何重要社區的反對或背叛。滿洲長老會既然未能像蘇格蘭長老會一樣，建立覆蓋全滿的社區網路，就只能在各種可能的政治構建當中選擇親和力較強的一種，力圖用自己的價值觀浸染滿洲民族發明。滿洲長老會對滿洲神道教的文化戰爭拷貝了日本新教各派對日本神道教的同類鬥爭，從性質上和策略上都類似愛爾蘭長老會對愛爾蘭國教會的鬥爭。雙方都是當地政治生態中的新派，一面在新派的文化統戰聯盟內部爭奪主導權，一面又要防止內部矛盾表面公開化，影響和混淆新派和舊派的主要分歧。如果愛爾蘭天主教像英格蘭天主教一樣微弱，長老會和國教會的分歧就會形成黨派鬥爭的主流。

長老會在齊、魯的社區組織，成績並不劣於滿洲長老會。「1861 年底，兩名美國北長老會傳教士抵達登州，開始了這一近代山東最大的新教差會在山東傳教的歷史。在倪維思、梅理士、郭顯德、狄考文等一批著名傳教士的領導下，該會傳教事業發展極快，佈道範圍不久就擴大到黃縣、萊陽、即墨等沿海地區，迅速成為山東最有影響的新教差會。」（《基督教與近代山東社會》，第 12 頁）共和主義和聯邦主義的傳統，大體仍能傳承。「勢力遍及整個山東的美國北長老會的情況要複雜一些，它的青島教會 1935 年的『鄉下佈道工作，乃分四區，每區即以縣名其會，所謂縣會，即管理一縣之事。內有許多中國牧師分成小組，治理內政……各牧師之下，又有許多男女佈道員及義務佈道先生。』縣會總幹事則由外國傳教士擔任，『以總其成』。」（《基督教與近代山東社會》，第 19-20 頁）「長老會教會由長老『主任堂會，是為督會；每區全體牧師與至少代表各督會之司治長老一人，組成中會，有管理治下各督會之權；中會之上為大會，其組織法亦同，但得另組高級裁判處；最高一級稱總會，由各中會代表組合而成。』」（《基督教與近代山東社會》，第 21 頁）

新教各派合作的「愛爾蘭模式」，在齊、魯和滿洲都能順利運作，主要的區別在於，長老會在滿洲的優勢大於齊、魯。「早在 1882 年，英國浸禮會由於和美國北長老會的傳教區域相互交錯，就向北長老會提出了處理相互關係的幾項原則。這些原則包括：互不詆毀對方的教義和傳教方式、互相援助和合作、建立傳教聯合戰線、各教會成員間建立和諧的和兄弟般的友情以及相互間不爭奪對方的望道者等。這些原則雖然未被各教派差會一致承認，但實際上已經成為它們相互間關係的指導精神。各差會間或採用口頭協定或採用書面協定來解決「復工」問題，建立睦誼關係。英國浸禮會和美北長老會先是採取交換教徒的辦法，後來則訂立睦誼協約，相互間劃分傳教區域，互不侵犯。1890 年，北長老會還同德國魏瑪會、弟兄會、中國內地會、美國信義會、美以美會和美國公理會建立了類似的睦誼協約。」（《基督教與近代山東社會》，第 28-29 頁）勢均力敵的小教派林立，對思想自由有利，對社區建設影響不大，對政治操作不利。齊、魯各基督教會的獨立和聯合組織，在任何政治勢力統治下，政治地位都低於滿洲的基督教聯合會。

齊、魯長老會的當地語系化不及百年，成績已頗可觀，較之愛爾蘭和滿洲，進展更為迅速。「美國北長老會青島教會 1913 年中國教徒的各項捐款總數達到 20527 元墨金，不僅足以供給教會所有中國牧師的薪水以及學校經費，而且還用來資助種種慈善事業。1890 年創設的長老會沂州教會到 1914 年，『凡教會所有建築，大半皆由自己捐助，一小部分為西國朋友所資助者』。山東長老會 1913 年的醫藥工作，『其經費多來自本地之捐助』。濰縣長老會 1935 年的學校經費共計大洋五萬餘元，『其中只有十分之一來自紐約差會』。」（《基督教與近代山東社會》，第 25 頁）「1912 年，青島長老會劉壽山等一批有資望的信徒宣稱：『國體更新，信仰自由，亟應乘時振作，力圖發展。』他們在青島召開會議，倡議教會同人辦理自立會，並提出這種新組織的宗旨是：『提倡教會信徒之個人自立，集個人而組織一完全純粹之自立教會，除去依賴性質，喚起自立精神，以期民國肇造，聖道播興，奠共和之幸福，促進人群之進化。』」（《基督教與近代山東社會》，第 91 頁）

不過長老會傳統的「當地語系化」，實指「社區自治」而言。session 和 presbyteries 相對於 synod 和 general assemblies 的管理權，大於天主教堂區相對於主教區和羅馬教廷。海外子教會和母教會的關係若非友邦，亦系聯邦。長老會喜好分裂的程度不下於喜好聯合，實以此故。本地若在中央集權行政體統治之下，「當地語系化」的社區精神經常構成民族發明的動力。滿洲長老會支持滿洲民族發明，正是因為滿洲國的社區友好性高於半列寧主義的國民黨政權。齊、魯長老會迴避民族發明，是因為他們低估了政治共同體對基礎共同體的影響。美國北長老會的傳教士狄考文曾經說過：「我感到我要用全力表示，讓長老會攻打山東這個省份。在過去的時代裡，中國的宗教和政治都是由山東產生，在將來的年月中，它要把基督教貢獻給中國。」（《基督教與近代山東社會》，第 36-37 頁）這意味著長老會放棄了山東半島的黎巴嫩，指望阿拉伯基督教徒等待十字架在麥加和君士坦丁堡勝利的一天。他設想的這種前景翻譯成政治語言，就是東亞大陸出現不低於歐洲宗教改革的基礎共同體重組。重組以後的政治共同體邊界和形態，不會像當前的民族發明那樣有跡可循。社區精英迴避民族發明，自然會導致政治上的軟弱和分裂。齊、魯各長老會無法達成滿洲同儕的聯合行動共識，根據個人和小團體的不同理解，有的主張天國是唯一祖國，有的主張依附國民政府內部的開明官員。他們在社區層面的建設，由於政治層面的失敗而損失慘重。

台灣長老會的當地語系化，起步甚早。「初期台灣的宣教是由外國宣教師掌控教會：南部屬英國母會的宣教師所支配，北部由馬偕及其家族長期掌控教會行政支配權（吳學明，2003）。可見教會未趨成熟，英國宣教師的參與並指導監督運作是不可避免的。當台灣教會逐漸步上軌道之後，母會不管是在『自傳』」或『自治』方面，都讓台灣教會的信徒去接手管理。1896 年，當台南設立『大會』之際，台灣本地教會逐漸走向自養、自傳、自治的自立之路。」（林建榮：《台灣基督長老教會與社區互動之研究》）馬偕的 From Far Formosa 記載：「北部台灣的工作是由一個觀念在主導，那就是用本地人來傳教。目的就是要向人傳福音，用上帝真理的光照亮他們黑暗的心靈，將過去阻擋他們認識上帝國度的烏雲與錯誤的迷霧吹開，這是海外宣教的目的，但是在進行這個工作的方法上，必須隨著環境的不同而採用不同的方法，可能對一個地方看起來合理並且有效的方法，在另外一個所在就顯得很荒謬並且無用，在歐洲和北美會成功的方式，在亞洲可能就會失敗，中國不是印度，而台灣不是中國。」（林昌華：《十八世紀蘇格蘭啟蒙運動對來台宣教師的影響》）

台語的發展，是台灣長老會對民族發明的另一項重要貢獻。自馬丁・路德通過翻譯《聖經》發明德語以來，全世界大多數民族語言都以基督教的社區建設為基礎。「兩千年來，基督宗教傳教運動一定程度推動了諸多民族的形成，對族裔認同也產生了重要影響。首先，譯經運動為共同體提供文字和經典，促生和深化族裔認同。當代著名非裔基督教學者拉明・桑納（Lamin Sanneh）認為：『基督教不僅是一種宗教，更是一場翻譯運動。』基督教歷史已經證明，沒有本地語言譯經的傳教運動恰如沙上城堡。達及一新群體時，必須完成新群體能閱讀的《聖經》翻譯，今天仍為傳教基本原則之一。迄今為止，《聖經》已被譯成 662 種語言。在譯經過程中，傳教士為一些原來沒有文字的部族創制了文字，這讓一些部族原本缺乏或微弱的認同得以強化。傳教士僅在中國西南就創制六種少數民族文字，至今仍在沿用。基督教傳教活動伴隨著全世界眾多民族意識成熟的過程，而基督教則成為這些民族的集體記憶。早在 4 世紀，傳教、譯經在羅馬帝國和周邊地區的深入開展就有助於哥特等多個民族認同的明晰。其次，近現代眾多民族的劃定與傳教密不可分。直到 20 世紀，眾多研究文化人類學、民族學的專家往往有差會或修會背景，參與定義亞非拉種族、民族及亞群。」（塗怡超：《當代基督教傳教運動與認同政治》）馬雅各、巴克利和杜嘉德三位長老會牧師對台語的貢獻，不在馬丁・路德之下。

「馬雅各醫生深入平埔社設立教會，興建禮拜堂、主持禮拜，與民眾談論道理、教導白話字（以羅馬拼音書寫台語文）、教唱詩歌，民眾反應熱烈，求知若渴。當時大多數人都未接受教育，識字的很少。雖然已有漢字的聖經，對信徒來說，學習仍非常困難。所以，他除了醫療傳道之外，一方面積極的籌組信徒的白話字教育訓練，另一方面同步展開台灣話聖經的翻譯工作。積極協助馬醫生的醫生娘，甚至一天為信徒上六個小時白話字的課程，他們也不嫌多，識字的人因此日益增多，也開啟他們與外界接觸的機會。因著馬雅各夫婦的努力，無論在知識、品格情操、音樂教育各方面都獲得教導與提升；隨著新知的獲取眼界開闊，觀念也日漸開化（葉怡菁，2005）。」

馬雅各在休假回英國期間仍持續未完的翻譯工作，並期望在回台灣前能印刷完成，卻因過勞臥病而受命停止翻譯。三個月後再度抱病翻譯，共計花費了兩年的時間，於 1873 年 10 月 1 日完成了第一本羅馬字拼音的台灣話新約聖經——「Lán ê kiù-chú Ia-So.-Ki-Tok ê sin-iok」（咱的救主耶穌基督的新約）。之後，馬雅各即因為健康嚴重受損而無法回台，其未完成的台灣宣教工作則由他的次子馬雅各二世繼承（賴永祥，1997）。

被譽為「台灣話之保守者」的蘇格蘭籍巴克禮牧師——馬雅各的接棒人，兩者均被尊稱為白話字的推手。他於 1875 年來到台灣，為了讓目不識丁的男女老幼，能在短期內使用自己日常所用的白話來讀寫，以達到靈修與吸收新知的目的，便接續馬雅各的職志，全力推展「白話字運動」（又稱「台語羅馬字運動」），將基督教紮根於台灣。此運動不但決定了台灣基督長老教會的風格，也保有台灣話的教會，讓長老教會得以在日治時期健全的渡過（涂叔君，2004）。巴克禮認為成立一個出版部門是推行「白話字」的首要之務。1880 年，因病無法回台的馬雅各醫生為了延續台灣的文字教育工作，捐贈了包括排字架及鉛字等共 11 箱的印刷設備，以海陸運送給台灣教會，以便印製羅馬字的刊物，然而卻沒有人知道如何使用。次年宣教師會議決議擬請巴克禮博士在返英渡假期間，到格拉斯哥一家 Aird & Coghill 印刷公司學習印刷技術。返台後，他利用新樓北角一間房間充當機房，將印刷設備裝配起來，寫下了台灣印刷史的第一頁。1885 年，巴克禮於發行台灣第一份全版白話字的報紙「台灣府城教會報」，是一份月刊式的「報紙」，為現今長老教會持續發行之「教會公報」的前身。」（林建榮：《台灣基督長老教會與社區互動之研究》）

繼麥都思的《福建方言字典》出版 35 年後，杜嘉德的《廈英大辭典》是第二部閩南語字辭典。杜嘉德在辭典的〈序〉中提到他參考了幾本閩南語的字典，其中麥都思的《福建方言字典》即是其中之一。此外，他的辭典受惠於美國長老教會的盧壹（Llyod）牧師、美國歸正會的羅啻牧師，以及倫敦宣道會的施敦力牧師們的手稿和手冊。杜嘉德辭典最大的特色是，他將廈門話定義為獨立的「語言」，而非「方言」。這點他在辭典的〈序〉中開宗明義的指出：「廈門話也稱為廈門方言（The Amoy Dialect or The Amoy Colloquial），在麥都思的字典中，則稱之為福建方言（Hok-kien Dialect）。但無論是「Dialect」或「Colloquial」的稱呼都是不正確的概念。」杜嘉德認為，廈門話不只是口語方言（Colloquial dialect）或土話（patois）。廈門話被最高階層的人使用，也被一般人民使用；它被有學問的人使用，也被沒有受過教育的人使用。

它不是其他語言的變體，而是一個獨立的語言（a distinct language），是中國土地上眾多不同的語言之一。杜嘉德進一步提出，在中國的許多口說語言（spoken languages），例如：官話、客家話、廣東話、廈門話等語言，它們都不是一個語言的方言，他們或許是同系語言，但彼此的關聯性就如同阿拉伯語、希伯來語、敘利亞語、衣索比亞語和其他閃族語系的語言，也如同是英語、德語、荷蘭語、丹麥語、瑞典語之間的關係。另一個反對方言的原因是，這些被稱為「方言」的語言，它們內部存在著「真正的方言」（real dialects）。例如官話，就存在著在北京說的北京官話、在南京或蘇州說的南方官話，以及四川人或湖北人說的西部官話三種方言。綜上所述，杜嘉德認為，一個稱呼廈門話比較好的名稱是「廈門白話」（Amoy Vernacular or spoken language），而它包含了好幾種真正的方言，如漳州、泉州、同安，以及廈門本身。因此，在杜嘉德的字典中，以廈門音為標準，而漳州、泉州的語音也有註明，同安、漳浦等地區的語音也包含在內。（陳慕真：《白話字的起源與在台灣的發展》）

長老會受益於日本在台灣的殖民主義，社區迅速發展。日治初期，日本政府對基督教友善，長老教會的教勢發展快速。1896 年 2 月 24 日，南部中會在台南成立。1912 年，在台灣的宣教師召開了一次聯合宣教師協議會，同年 10 月在彰化召開首屆台灣大會。1930 年 3 月 26 日，第十五屆台灣大會議決通過分設四中會，並稱四中會之統一機關為「南部大會」。由於長老教會組織的壯大穩固，便開始自立自養，茁壯成長。台灣長老教會和英國、加拿大教會的關係漸漸由「母子關係」轉變成姊妹教會或友好教會的「夥伴關係」。此外，長老教會在 1970 年代也開始從事「福音和文化」的神學反省，致力於「實況化」的本土神學，並進一步思考音樂、禮拜儀式，以及藝術表達的本土問題。（林建榮：《台灣基督長老教會與社區互動之研究》）台語文學的興起，實系本土社區繁榮的副產品。

「頭一本白話字 ê 新約聖經《咱的救主耶穌基督的新約》tī 1873 年出版，舊約聖經《舊約的聖經》ti 1884 年出版。對白話字 ti 早期 e 台灣教會 hong 普遍使用有真大貢獻 ê 白話字報紙《台灣府城教會報》tī 1885 年由 Barclay 牧師發行白話字出版品 ê 內容除了直接 hām 宗教有關之外，mā 有一寡 kap 教義 khah 無關係 e 物仔。像講，1897 年 Gê Uî Lîm 出版 ê 數學冊 .《筆算的初學》；1917 年戴仁壽（G. Gushue-Taylor）出版 e《內外科看護學》；1926 年鄭溪泮（Tēn Khe-phoàn）所出版 ê 小說《出死線》；1925 年蔡培火（Chhoà Poê-hoé）所出版 ê 社會評論 ê 冊《十項管見》。通常，教會 ê 信徒 tī 教會學會曉讀寫白話字了，in 會 kā chit 套白話字應用 tī. 日常生活當中，像講寫批乎 hāu-se n ch²-kián（後生、查某囝）、寫日記或者做大細項代誌 ê 筆記。筆記。白話字 tī 1970 年代儘前，tī 台灣 ê 教會內底 iáu 算 hông 真普遍 ê 使用；˜-koh，了後因為政治 kap「國語政策」ê 影響，soah tāu-tāu-á 愈來愈少人使用。」（蔣為文《台灣白話字 hām 越南羅馬字 ê 文字方案比較》）

方言升級為國語，是族群升級為民族的催化劑。台語一方面構成閩南系移民和南島系原住民社會融合的橋樑，另一方面又構成台灣土著化社區和漢語士大夫文化的隔離牆。「土著化」（indigenization）是指 ùi 移民社會（immigrant society）變成「土著社會」（native society）ê 轉變過程。像講早期台灣漢人 ùi 唐山移民來台灣 ê 時，tú 開始 piān 若過年、過節 in iáu 會想 beh 轉去故鄉唐山 hām 親人團圓，甚至若過身去 mā 想 beh 落葉歸根將屍體送轉去唐山埋。這就是移民社會現象，iā-tō 是移民者 iáu 有過客心態，in iáu 認為故鄉 tī 唐山、台灣不過是暫時討賺 ê 所在。M‹-koh 經過一定 ê 時間 kap 社會情境 ê 發展，hit-kóa 漢人移民 tāu-tāu-á 過年、過節 bē koh 轉去唐山，死去 mā 直接埋 tī 台灣 niâ。Lo-bóe hit-kóa 漢人移民就認為 ka-tī mā 是台灣人，台灣是 in ê 新故鄉。這就是土著化 ê 過程。台灣 tī 1945 年以前 ê 舊住民 lāi-té 有 (1) 南島語系 ê「原住民」kap (2) 平埔 hām 漢人移民混血 ê「客家」、「Hō- ló」族群。南島語系 ê 原住民 tī 台灣已經 kui 千冬，早就土著化 à。Ah 客家 kap. Hō-ló 族群 leh？陳其南（1994: 92）指出講 ùi 1683 到 1895 ê 200 外年當中，台灣 ê 漢人移民社會 tāu-tāu-á 變成土著社會。Iā-tō 是講 tī 日本 kap 中國國民黨政權來到台灣 chìn-chêng 台灣就已經形成土著化社會。Chit-ê 土著化社會基礎是「台灣文學」、「台灣語言」、「台灣民族」意識形成 ê 重要因素。」（蔣為文：《台語文學運動史初探》）國民黨接管台灣以後，敏銳地感受到長老會社區和台語文化的潛在威脅，下令取締台語《聖經》。兩蔣時代，政治威權主義和漢語推廣運動相互支持。民主化進程中，長老會支援的台灣民族主義和台語復興運動同樣互為表裡。

台灣長老會通過《台灣基督教長老教會對國是的聲明和建議》、《我們的呼籲》、《台灣基督教長老會人權宣言》、《台灣基督長老會信仰告白》、《台灣主權獨立宣言》，奠定了台灣獨立運動的基礎。台灣長老會的神學將「上帝視為唯一真神，也將基督徒關懷的層面擴及到社會、政治及經濟制度等領域上；將壓迫與不自由視為破壞上帝與人的關係，而基督徒在管理世界的職份是有責任的。換言之，為了維護整個世界的公平、自由，基督徒有責任站出來反對不公義的行為。這樣的解讀也表明了長老教會不應只限於宣教與社會關懷，對於其他不同層面的問題，包含社會、政治，以及其他被視為罪惡的事情更應該關心，其範圍也包含了台灣民族、本土意識。信徒的責任就是憑藉著關懷、維護、犧牲與奉獻來榮耀上帝。這就是長老教會積極從事政治層面活動的主要原因。另一方面，長老教會也將政治參與視為是宗教信仰的告白，羅榮光牧師曾提到，「選舉不只是現代國民應享的權利，也是應盡的公民責任，更是每一個宗教徒的信仰告白」（羅榮光，2003），顯示長老教會將政治參與的行為，視為是宗教的責任，也當作信仰的一部分看待。」（林建榮：《台灣基督長老教會與社區互動之研究》）

台灣長老會 1985 年通過的決議，認為國民黨政府以「推行國語運動」、「復興中華文化」將台灣本土的語言與文化加以摧毀，以單一語言、文化思想來箝制與教育人民。長老教會在教會公報發表，認為政府之「推行國語運動」政策違憲，所持論點為：（一）方言是一個民族的固有文化。（二）以推行國語為由來禁止方言的使用，是殖民政策才有的。（三）台灣居民說不好自己的父母話，政府應教導，而不是禁止，應保存固有文化。（四）東、西方國家使用多種「國語」者，有助於人民知識的發展，國民之間的相互瞭解和溝通，促進國內和諧團結。長老教會的傳教是以白話文為主。並以羅馬拼音的白話文字教會了台灣住民，其中有 70% 為閩南人，12% 為新住民（黃伯和等，1995），使用白話文的比例相當高。執政者禁止其他台灣話的使用的政策，目的是政治統治，對族群和諧並沒有幫助（徐信得、施瑞雲編輯，1992）。」（林建榮：《台灣基督長老教會與社區互動之研究》）2000 年以後，台語全面復興。各教會和神學院在台灣基督教長老會總會和台灣族群母語推行委員會的支持下，開設台語課程。2004 年，《台灣教會公報全覽》再版。2005 年，台語輸入法系統誕生。2006 年，台語文數位典藏資料庫完成。目前，台語已經納入基礎教育。（陳慕真：《白話字的起源與在台灣的發展》）

陳水扁政府迫於外交形勢，擱置了台灣正名制憲的議程。台灣長老會深感失望，通過了《公義與和平宣言》：「一、台灣主權獨立是政黨合作應堅持的基礎：追求和平是人類共同的目標，但和平應建立在公義的基礎之上；政黨間之協商及合作，必須以台灣國家主權獨立為前提；二、追求公義和平乃是國際社會共同的責任：台灣長期被孤立於國際社會之外，是違背普世公義和平的原則；三、確立台灣與中國的新關係：台灣與中國應秉持平等互惠、和平共存的原則，互相承認與尊重。」（蔡維民：《從「公義與和平宣言」來反省陳水扁時期長老教會政教意識之演變》）台灣民族的構建，已經到了瓜熟蒂落的季候。台灣長老會在基礎共同體和政治共同體兩個層次，都發揮了類似蘇格蘭長老會和波蘭天主教會的核心和導向作用。

**劉仲敬** 四川資中人，生於 1974 年，畢業於華西醫科大學，2012 年在四川大學獲得世界史碩士學位，現為武漢大學歷史學院博士候選人。著有《民國紀事本末》、《經與史：華夏世界的歷史建構》、《從華夏到中國》等書。譯有大衛·休謨《英國史》、《麥考萊英國史》、《安·蘭德傳：生平與思想》、《美法革命比較》等著作。

# 城市、共和與普世

## ——加爾文的神學與實踐及其對華人世界的啟示

余杰

惟有加爾文主義為我們獲得了，並以憲法保障了我們的民主權力。當年自發地從歐洲開始的那個偉大運動，促進了科學和藝術的興起，開創了商業與貿易的繁榮，美化了家庭與社會生活，造就了中產階級受尊重的地位，促成了慈善事業的蓬勃興起，並且在此一切之上，以清教徒的嚴肅來提倡清潔、尊貴的道德生活。……假如我們大西洋兩岸的基督徒們想要在十字架的大旗下，與眼下盛行的各種思潮爭戰，惟有加爾文主義才能為我們提供不屈不撓、堅定不移的原則，保障我們會贏得那絕非容易的勝利。

亞伯拉罕・凱波爾《加爾文主義講座》

終其一生，加爾文的身分都是牧師兼神學家，但又不僅如此——雖然加爾文不是日內瓦的政治領袖，他卻致力於「為寶貴的宗教真理創造一種政治容器」，由此創立了日內瓦這個「令十六世紀的歐洲人又愛又怕的自治的清教徒根據地」。[1]

無論在當時還是如今，日內瓦都算不上歐洲的「一線城市」，其人口、面積、經濟規模和政治地位遠遠比不上作為歐洲大國首都的巴黎、倫敦、維也納、柏林、羅馬；但是，經過加爾文及其同仁領導的宗教改革運動，日內瓦在數百個與它差不多大小的歐洲城市當中脫穎而出，「這座一度混亂不堪的城市，這個內部分裂鬥爭的犧牲品成為宗教改革的堡壘，蔑視天主教法國和薩伏依的威脅，向所有受迫害的人敞開大門」，[2] 並成為現代時期宗教和政治自由的「第一個據點」。更重要的是，在日內瓦發展起來的、建構於加爾文神學之上的政治、法律、經濟和文化體制，極大地改變了歐洲的版圖並輻射到此後成為「日不落帝國」的大英帝國以及美洲新大陸。美國歷史學家普林斯特指出：「我們國家在憲法上所確立的自由來自於，也紮根於加爾文主義。」加爾文可以算是美國精神上的「國父」，以及「良心自由和人權的先鋒」。毫不誇張地說，沒有加爾文的宗教改革，就沒有西方的近現代化。[3]

19 世紀以來，由於左派思想泛濫成災，西方知識界有意無意地遺忘乃至刻意遮蔽加爾文的成就和遺產。亞洲各國在近代化、獨立、解放的過程中，由於在文化傳統和國民性上與西方的巨大差異，更是與加爾文的道路擦肩而過。中國也是如此：雖然第一個來華的西方傳教士馬禮遜於 1807 年登陸中國，馬禮遜本人也是英國長老教會牧師，卻未能讓加爾文神學在中國大地生根發芽。天朝夢斷的中國士大夫意識到必須向西方學習，從船堅砲利到政治模式，卻並不包括清教徒精神。

例證之一是：清末從英國留學歸來的嚴復選擇翻譯《天演論》作為「盜來之火種」，決定了晚清之後數代中國知識分子選擇「物競天擇，適者生存」作為未來中國之路徑；而遲至 21 世紀初，華語世界才有了第一個加爾文《基督教要義》之完整譯本，教會和知識界才意識到加爾文

---

1 琳達・科克《日內瓦的共和主義》，見戴維・伍頓主編《共和主義、自由與商業社會》，北京：人民出版社，2014 年版，頁 225。

2 托馬斯・馬丁・林賽《宗教改革史》（下卷），北京：商務印書館，2016 年版，頁 130。

3 約翰・維特《權利的變革：早期加爾文教中的法律、宗教和人權》，北京：中國法制出版社，2011 年版，頁 45。

思想的重要性。

例證之二是：1919 年「五四」運動期間，《新青年》雜誌專門介紹「馬克思主義」，北大教授、後來的中共創始人李大釗歡呼蘇俄十月革命的勝利，並激情預言「將來的世界必定是赤旗的世界」；而直到 1989 年「六四」屠殺之後，萬馬齊瘖的中國知識界才發現馬克斯・韋伯之《新教倫理與資本主義精神》是一味「上醫醫國」的良藥，此時此刻，馬克思主義及共產黨暴政早已肆虐中國半個世紀之久。中國近現代化的歧途，一言以蔽之，就是「捨加爾文而取達爾文、捨馬克斯・韋伯而取馬克思」。

中國的近代化之路，如歷史學家唐德剛所形容的「出三峽」，至今仍在驚濤駭浪的半途之中。百年來，中國與西方一樣陷入歧途而茫然不知返：兩次世界大戰、法西斯主義和共產主義兩種極權主義的興起、大饑荒、種族和階級大屠殺，20 世紀的這些災難性事件嚴重動搖了無神論者樂觀淺薄的歷史進步觀。「現代性距離普遍安全、將人類從各種形式的壓迫中解放出來、造就人類的空前繁榮似乎只有一步之遙，但最終卻以一種人類從未經歷過的野蠻暴行而告終。曾被普遍視為人類繁榮之源的工具竟成了空前破壞的來源。關於人類解放的政治思想體系卻被證明是人的奴役和退化的手段。這些災難性事件所引起的恐懼異常強烈，它不僅質疑進步觀念和啟蒙思想，而且質疑了現代性的觀念和對西方文明本身的構想。」[4] 在此背景下，人們需要從四百多年前加爾文的神學和實踐中尋找新的路標，方能正本清源、亡羊補牢。

今天，喧囂塵上的「中國模式」正在陷入類似希特勒「德意志第三帝國」的瘋狂與殘暴之中。[5] 歷史學家陳寅恪說過，「讀史早知今日事」，要避免飛蛾撲火式的悲劇，讀歷史是一項重要的功課——不單單是讀中國歷史，更要讀世界歷史，正如英國歷史學家艾倫・麥克法蘭所

4 米歇爾・艾倫・吉萊斯皮《現代性的神學起源》，長沙：湖南科學技術出版社，2012 年版，頁 367。

5 曾經擔任美國總統川普策士的保守派戰略家班農認為：「現在的中國就是 1930 年的德國。它在一個拐點上。它可以走這條路或那條路。年輕一代如此愛國，幾乎是極端民族主義者了。」見紐約時報中文網《離開白宮後，班農的下一個開戰對象：中國》，https://cn.nytimes.com/usa/20170911/steve-bannon-china-trump/zh-hant/。

說：「當前，英格蘭與中國的根本差別就在於前者是一個充分現代的社會。也就是說，歸根結底，英格蘭文明的立足之本是個人，僅憑個人串聯著互相分立的經濟領域、社會領域、宗教領域、政治領域。每個個體都是社會的完整縮影，都有其天然的權利和責任。中國卻不同，中國自古以來是一個立足於集體的文明，在這裡，個人不大可能獨立於他人之外；在這裡，人際關係是個人身分認同的固有要素；在這裡，個人只有同其他人結合起來才變得完整。換言之，中國尚未實現經濟、社會、政治、意識形態（宗教）的徹底分立。」[6] 如果用托克維爾關於美國民主的極富魅力的描述：一種有分寸的宗教，一種有節制的家庭，一種有限制的政治權力，一種有界限的經濟，正是這種開放性和多股力量的角逐，引發了現代社會的動力——以上這些條件，中國至今尚未全部具備。具有英倫紳士風度的艾倫・麥克法蘭說得雖然客氣，但他指出了真相所在——中國遠不是現代文明國家，儘管因為財大氣粗，習近平夫婦訪問英國可以獲得坐上英國王室專用的黃金馬車的待遇，但就像那些中東的阿拉伯產油國那樣，不會單單因為有錢就能得到西方發自內心的尊重。

那麼，中國如何才能邁入現代世界的門檻呢？首先要向先行者和成功者尋求經驗。中國學者唐世平指出：「中國公眾和領導精英更需要的是理解現代世界的形成，因為不理解現代世界的形成，就無法理解現代中國的形成，也無法理解當下的中國。因此，我們應該少一點中國歷史，多了解世界文明。……要想多了解世界，中國的歷史和社會科學知識科普都迫切需要轉向。在科普上，削減中國歷史，尤其是中國古代史的份量。與此同時，加強對中國近現代史和世界近現代史的科普。少點中國古代史，多了解世界其他地區的近現代史。缺少對世界近現代史的科普而過於沉迷於中國歷史已經使得我們的許多知識精英和領導人都懶得了解世界，也沒有能力了解世界，特別是現代世界的形成。」[7]

---

6 艾倫・麥克法蘭《現代世界的誕生》，上海：世紀出版集團、上海人民出版社，2013 年版，頁 7-8。

7 唐世平《少沉迷中國歷史，多了解世界文明》，見「縱覽中國」網站，http://www.chinainperspective.com/ArtShow.aspx?AID=183666。

進而言之，我們需要了解，現代世界形成過程中，五百年前的宗教改革發揮了怎樣的作用？在紀念宗教改革五百週年之際，謙卑地向加爾文和加爾文主義「取經」，重塑中國的價值觀和文明論，或許是上帝對中國教會和中國基督徒的特別呼召。加爾文主義具有的「城市性」、「共和性」和「普世性」這三大特徵，與中國當下的現實如此合拍：其「城市性」特徵，正好為中國當下急劇的城市化進程和城市新興教會的迅猛發展提供了寶貴的鏡鑒；其「共和性」特徵，正好打破了華人世界百年來長盛不衰的「民主迷思」，進而重新審視比民主更重要的共和觀念；其「普世性」特徵，正好讓加爾文主義突破大西洋兩岸「英語國家」之傳統疆域，擴展到新發於硎的東太平洋地區及亞洲大陸，鬆動中國這塊新教入華已經兩百多年卻依舊頑劣的「福音硬土」，進而實現「黃色文明」向「藍色文明」的全面轉化。

## 加爾文與日內瓦

加爾文的神學和實踐，基本上在日內瓦展開。

16 世紀的日內瓦，是一座被圍在新建的高大防護牆內的城市，在 1537 年時有 13000 名居民，在歐洲宗教版圖動盪游移之際，它接收並保護了多達 6000 名來自各國的遭受逼迫的新教徒。日內瓦的領土是如此之窄，以至於法國在它一邊的大砲射程裡，而薩伏伊在它另一邊的大砲射程裡。

日內瓦城的古老憲法莊嚴地頒佈於 1387 年。此憲法承認在日內瓦城內有三種不同的權威：主教是城市的「君主」；伯爵擁有城堡；以及自由市民。市民按照民主的方式組織起來，每年舉行一次正式的市民大會，選舉四位執政官為代表，並行使統治權。這三個獨立的權力機構經常發生衝突。[8]

自從 1517 年馬丁・路德公布《九十五條論綱》以來，宗教改革運動席捲歐洲。日內瓦的獨立運動與宗教改革運動幾乎是齊頭並進的：日

[8] 托馬斯・馬丁・林賽《宗教改革史》（下卷），北京：商務印書館，2016 年版，頁 63。

內瓦於 1519 年和 1526 年先後與反天主教傾向的弗萊堡和伯爾尼結盟，並擊敗了主教的軍隊。1530 年 10 月 9 日，雙方達成妥協，日內瓦從此由小議會統治。[9]

16 世紀三〇年代初期，日內瓦的宗教改革者取得了對教會的控制權，天主教的主教失去了其固有的權力。1535 年，天主教與新教在日內瓦舉行公開辯論會，持續了一個月，政府當局對何去何從猶豫不決。緊接著，群眾發起暴動，破壞天主教堂的偶像，驅趕天主教神職人員。12 月，日內瓦市政會和議會將銘文刻在紋章上，即「黑暗之後是光明」，並印在貨幣上，這成為一個非常著名的標誌。

1536 年 1 月 16 日，戰爭爆發。臨近日內瓦的強鄰、信奉天主教的薩伏依的查理公爵派兵圍攻日內瓦。在盟友伯爾尼軍隊的支援下，日內瓦及週邊的新教地區的武裝市民戰勝了強敵。1536 年 5 月 21 日，「根據習慣，用鈴聲和號聲」召集的市民正式認可了二百人議會通過的廢除彌撒和聖徒崇拜的決議。25 日，日內瓦舉行市民大會，大家投票決定要「按照福音生活」。根據憲法，日內瓦由主教城市成為基督教城邦共和國。[10] 用政治哲學家阿克頓的話來說，日內瓦的宗教改革同時已成為日內瓦革命。[11]

次年，加爾文應日內瓦宗教改革先鋒法雷爾之邀，來到百廢待興的日內瓦擔任神學教師，組織新教教會和推廣普通教育，隨即為日內瓦起草教會改革方案和《信仰告白》。

1538 年，加爾文、法雷爾、柯勞等三位牧師因聖餐儀式等問題與日內瓦當局發生激烈衝突。議會通過決議宣布放逐加爾文等人。加爾文被迫流亡斯特拉斯堡。

然而，加爾文離開之後，日內瓦的政治和社會情形每況愈下，城市內的黨派鬥爭幾乎演變為醜聞，日內瓦的獨立受到威脅，驅逐加爾文的市議會在選舉中敗北，未能連任。於是，請加爾文重回日內瓦的思想開

---

[9] 托馬斯・馬丁・林賽《宗教改革史》（下卷），北京：商務印書館，2016 年版，頁 64。

[10] 帕爾克《加爾文傳》，台北：道聲出版社，2001 年版，頁 136-139。

[11] 阿克頓《近代史講稿》，上海：世紀出版集團、上海人民出版社，2007 年版，頁 99。

始萌芽。1541 年，在民眾的強烈要求下，議會不惜唾面自乾，採取了一個社會實用主義和宗教現實主義的行動：派出一位名叫路易・杜伏爾的德高望重的市民兼二百人議會成員作為代表，去斯特拉斯堡敦請加爾文回到日內瓦。議會在信中懇切地寫道：「看在我們的人民非常急切地盼望您的份上，請您返回您的老地方，並盡全力滿足您的要求。」加爾文猶豫再三之後被朋友們說服了，從某種意義上說是「凱旋歸來」——「日內瓦需要加爾文，正如加爾文需要日內瓦一樣。」[12]

回到日內瓦之後，加爾文定居於這座湖畔城市，著述、講道、起草法令，建立和牧養教會，直到 1564 年病逝。他為日內瓦做了三件事，每件事都超出了城市的範圍。他為教會造就了一支訓練有素的牧師隊伍，為日內瓦的家庭造就了能說出信仰的理由的受過教育的人民，為整座城市造就了一種英雄精神，使這個小城市成為歐洲受迫害的新教徒的堡壘和避難所。[13]

加爾文改造了日內瓦這個新興的共同體，修訂了日內瓦的憲法。加爾文對日內瓦的影響，遠遠大於路德對其居住地威登堡的影響：路德在宗教思想方面才華橫溢，但他在組織能力方面有缺陷。為了紀念路德，德國政府在 20 世紀 90 年代將威登堡改名為「路德城」，但實際上路德對當時威登堡的權力結構和市民生活帶來的改變並不多。相比之下，加爾文是一個有組織天賦、很強的社會紀律感和深信教會權威的人。加爾文深信，擺在宗教改革家面前的工作，不單單是去創建新教會，還要創建新社會。加爾文的宗教改革，深刻地改變了日內瓦的家庭生活、政治秩序和經濟結構的每一個方面。

加爾文一生的最後階段，即生命中最後的九年（1555-1564），被稱為「勝利時期」。此時，加爾文得到了民眾的愛戴和政府的支持，日內瓦有忠實於上帝的話而治理有序的教會，也有高效而清廉的政府機構。教會與政府合作，教會為政府提供精神幫助，政府為教會提供物質需要。加爾文促使議會通過了《日內瓦教會憲章》，還通過了健康法、安全法

---

[12] 阿利斯特・麥格拉思《宗教改革運動思潮》，北京：中國社會科學出版社，2009 年版，頁 18。

[13] 托馬斯・馬丁・林賽《宗教改革史》（下卷），北京：商務印書館，2016 年版，頁 128。

等，其中許多都是第一次出現在歐洲。邀請加爾文到日內瓦任職的改教家法雷爾則自豪地說：「寧可最後一個到日內瓦來，也不要第一個去其他地方。」日內瓦獲得了「模範基督徒社會」和宗教改革的「世界之城」的榮譽。

加爾文特別重視教育。他親自草擬《教義問答》，使之更適合青年人。孩子們的基礎教育打得很牢，以致日內瓦的男孩子也能像「索邦的博士」那樣流利地談論信仰。加爾文更推動議會重建日內瓦大學，使之成為世界上第一所基督教新教大學。他竭力把最著名的學者網羅到日內瓦來，把他們推薦給議會。日內瓦的學校為整個歐洲培養了大批受過嚴格的基督教教義和人文學術訓練的牧師，他們從學校畢業，成為尼德蘭、英格蘭、蘇格蘭、萊茵諸省和法蘭西德正在鬥爭中的新教牧師，他們聰明睿智、不屈不撓、無所畏懼，隨時準備為事業獻身。[14] 蘇格蘭改教運動領袖諾克斯在此受教並稱讚說：「這是從使徒時代以來，最優良的基督教學校。」[15]

需要特別指出的是，加爾文的日內瓦並不是一個神權國家。加爾文製定的 1534 年法令僅僅把改革浪潮席捲城市之後遺留的實踐編成法典。他顯然發現他的 1541 年教會法令是更有益的方案，但他沒有建立由一個神職人員控制的神權國家。[16] 加爾文是法院成員，經常就法律和政治問題提出重要建言。他在日內瓦設立了宗教法庭（Consistory），這是為了實踐其改革宗神學，力圖規範日內瓦人的舉止和信仰。加爾文深知，若沒有依據聖經設立的法律體系，人類社會無法有序運行。不過，加爾文創建的宗教法庭與天主教的宗教法庭不同，它無權作出司法懲治。[17]

長期以來，加爾文被某些人士刻意塑造成窮凶極惡的「日內瓦獨裁

[14] 托馬斯・馬丁・林賽《宗教改革史》（下卷），北京：商務印書館，2016 年版，頁 129-130。

[15] 趙中輝編譯《改教家加爾文》，台北：改革宗出版社，2008 年版，頁 44。

[16] 琳達・科克《日內瓦的共和主義》，見戴維・伍頓主編《共和主義、自由與商業社會》，北京：人民出版社，2014 年版，頁 225-256。

[17] 琳達・科克《日內瓦的共和主義》，見戴維・伍頓主編《共和主義、自由與商業社會》，北京：人民出版社，2014 年版，頁 256。

者」。比如，受到納粹德國迫害的作家斯蒂芬·茨威格在《異端的權利》一書中，將加爾文描述成不幸的日內瓦人民的專制統治者。然而，這也許更多出自茨威格的想像和反法西斯主義的立場，他更可能是把自己了解的羅伯斯庇爾、希特勒和斯大林的形象與加爾文糅合起來，而非實際反映出十六世紀日內瓦的政治生活和加爾文的地位及本性。加爾文對塞爾維特被處以火刑負有一定的責任，但他絕非「元凶」。

日內瓦的最高權力機構一直是由二十五人組成「小議會」，加爾文從來不是「小議會」的成員。當然，加爾文的好朋友中有不少是「小議會」成員，加爾文可以通過他們間接地影響「小議會」的決策。但「小議會」無意將來之不易的權力和特權拱手讓人——更不用說是一個沒有選舉權、可被隨意解僱和驅逐的外國人。

從 1526 年起，日內瓦的居民即分為三大類，各自享有不同的權利並付出不同的義務。第一類是「公民」，指出生繼而受洗於日內瓦，並且父母已是日內瓦公民的人。「小議會」成員均由公民選舉產生。第二類是「自由民」，是在日內瓦城之外出生的人，有資格參與集會並被選舉為政府官員，也可入選六十人議會和兩百人議會，但沒有資格入選「小議會」。第三類是「居民」，擁有合法的外地居留者身分，但沒有選舉權，不允許攜帶武器，亦不可擔任公職，惟一的例外是可以成為牧師。

在 1559 年之前，加爾文一直屬於最後一類人——外地居留者。[18] 加爾文本來早就可以成為日內瓦公民，但他從未主動要求過，免得有人以為他想要擁有權力。數以千計的難民們提出申請後都獲得公民權，然而這個被全歐洲稱為「日內瓦人的加爾文」，在這個他使之揚名的城市裡長期都是寄居者的身分。[19] 除了主持宗教法庭和牧師聖職公會的事務之外，加爾文從未擔任其他重要公職。加爾文在城市事務中的權威是個人的、道德的、宗教層面的和受到嚴格限制的。

---

[18] 阿利斯特·麥格拉思《加爾文：現代西方文化的塑造者》，北京：中國社會科學出版社，2009 年版，頁 110。

[19] 茜亞·凡赫爾斯瑪《加爾文傳》，北京：華夏出版社，2006 年版，頁 181。

## 加爾文主義的城市特性

加爾文神學及其實踐的城市特性，與路德神學及其實踐的鄉村特性形成鮮明對比。

路德一生中的大部分時間都居住在小城威登堡，這是一座由封建諸侯統治的、按照中世紀生產生活模式運行的城堡，尚未走向近代化。路德的經濟觀（和其總體社會思想一樣）大大受制於他著手改革的德國純樸鄉下地區的社會現實。儘管路德的父親是一名善於經營的礦主，也是一位獲取了政治地位的新興資本家，路德卻並不以這種出身為榮。路德對影響城市經濟的問題不甚了解，對於正在將德國從農業國家變成新興資本主義經濟社會的若干經濟勢力更是一無所知。路德是以一個農民、神秘主義者和浪漫主義者的眼光看待經濟生活的，他讚揚農民的勤勞和農業的美好，卻厭惡商人的「狡詐」——1524 年，路德寫了《論經商與高利貸》一文，對從事任何形式的商業活動的人，都採取嚴厲的批判態度。[20] 對商業和商人的反感，強化了路德思想中最陰暗的一面：反猶主義。而且，路德藉著「兩個國度」的教義，有效地阻隔了俗世生活與宗教觀念。

如果說路德是一名鄉下人，那麼加爾文就是一名城市人。加爾文出生在法國皮卡迪省的努瓦榮，[21] 他的父親是一名受人尊敬的律師，他的家庭是社會中層階級的上層。他十四歲到巴黎，十九歲離開，期間他由一個少年變為成年人，性格也形成了。[22] 中年以後，加爾文長期在作為城邦共和國的日內瓦工作和生活。因此，他知曉、欣賞和享受正在近代化和資本主義化的歐洲城市生活。與之相似，加爾文的重要支持者慈雲理和布塞分別孕育於著名的自由城市蘇黎世和斯特拉斯堡，他們與加爾文一樣都是城裡人。加爾文既不有意對農民社會的古老美德作理想化的解釋，也不有意對資本主義商業金融冒險的純粹事實抱懷疑態度。加爾

[20] 阿利斯特・麥格拉思《加爾文：現代西方文化的塑造者》，北京：中國社會科學出版社，2009 年版，頁 230。

[21] 皮卡迪人富有獨立精神，能把熾烈的熱情與冷靜堅韌的目標結合起來。他們是威克里夫和胡斯的同情者，是宗教改革的積極參與者。

[22] 托馬斯・馬丁・林賽《宗教改革史》（下卷），北京：商務印書館，2016 年版，頁 91-93。

文及其追隨者重視工業階級和商業階級的環境，他們的思想符合這種環境的實際需要。加爾文坦率地承認資本、信貸、銀行、大規模商業和金融以及商業生活其他事實的必要性，他在一封通信中明確指出：「有什麼理由說，經商的收入不應當比佔有土地的收入大？商人除了他自己的才智和勤奮之外，還從哪裡獲得他的利潤？」[23] 如果路德讀到此類為商人和商業正名的論述，一定會氣得暴跳如雷。

瑞士經濟歷史學家讓弗朗索瓦・貝爾吉指出，現代資本主義社會的發展，取決於三個關鍵因素，即資本、製造技術和能力、經銷網絡，這三個因素在加爾文時代的日內瓦幾乎同時出現。

以人口結構而論，日內瓦既沒有貪得無厭的國王和貴族，也沒有口蜜腹劍的紅衣主教，中產階級是其中流砥柱，他們催生了以上三種發展資本主義所必須的因素。在日內瓦這個中產階級社會裡，上層社會以大教堂的牧師團和一些在大教堂周圍上城區的專業人士為代表。中產階級社會的繁榮是靠貿易，居民中很多是手工業者——皮匠、裁縫師、糕餅師、屠夫、木匠、石匠、泥瓦匠、理髮師和藥劑師。加爾文主義的信奉者大都是城市中產階級，他們踐行著清教徒的生活方式和信仰模式。與大多數歐洲國家喜歡爭吵、放縱自己的貴族相比，或與奢侈而瀕臨破產的那些君主相比，加爾文主義深深紮根於其中的中產階級，是一個堅強、自律、簡樸、剛健的種類。

加爾文派大體上是一種城市的運動，它在資本主義勃然興起的近現代城市中發軔和取勝。1541 年，日內瓦新一屆議會懇請三年前被上屆議會趕走的加爾文重返日內瓦，加爾文不願再作馮婦，躊躇再三。於是，蘇黎世的牧師們於 4 月 5 日寫信給加爾文，用日內瓦所具備的城市特徵和地理上的重要性來打動他：「你知道日內瓦位於法國、意大利和德國的交界處，福音很有希望從這裡傳播到鄰近的城市，因此能擴大基督教王國之堡壘。——你知道使徒們選擇大都市作為宣教中心，以便福音能傳遍周圍的城鎮。」[24] 這些牧師用了使徒選擇羅馬帝國一系列城市

---

[23] 托尼《宗教與資本主義的興起》，上海：上海譯文出版社，2006 年版，頁 106。

[24] 托馬斯・馬丁・林賽《宗教改革史》（下卷），北京：商務印書館，2016 年版，頁 123。

來傳教的先例游說加爾文，不過他們並未意識到：日內瓦作為十六世紀中葉資本主義正在興起的現代城市之一，與使徒時代的城市並非同一個概念。此前的城市多為政治中心，此後的城市更是經濟中心。

在 15 世紀末、16 世紀初，歐洲北部和中部的很多城市已經取得了相當程度的獨立，事實上每個城市宛如小型國家，市議會就如政府，其他居民就是公民。這類城市成為宗教改革運動的基地。在德意志地區的六十五個「帝國城市」中，有五十個對宗教改革運動有積極的回應。在瑞士，宗教改革運動起源於城市的處境（蘇黎世），通過同盟城市的公開辯論過程傳揚出去，例如伯爾尼和巴塞爾以及其他通過條約而相關聯的中心（如日內瓦和聖蓋爾）。法蘭西的新教思想也始於一場主要在城市的運動，紮根於里昂、奧爾良、巴黎、普瓦提埃、盧昂等大城市。[25] 在宗教改革運動初期，加爾文主義在某種程度上是由移居外國的商人和工人從一個城市傳播到另一個城市的。加爾文信仰的總部當然是日內瓦，後來在大的商業城市，如安特衛普及其工業資源供應地倫敦和阿姆斯特丹，擁有其最有影響的信奉者群體。[26] 在整個歐洲，在天主教與新教的競爭中，以及新教不同宗派的競爭中，可以發現一個有趣的現象：愈是經濟發達的城市和地區，愈是容易接受加爾文主義。

加爾文比與之同時代的大部分神學家和改教家都要深諳新型城市的經濟現實及其對精神生活的影響。他雖然沒有創立出任何真正的經濟理論，卻充分理解資本和技術運行的基本原則。在宗教改革時代之初，經濟學是倫理學的一個分支，而倫理學則是神學的一個分支。加爾文沒有將經濟學作為一門單獨的學科加以研究，他所做的可能只是使日內瓦既有的或正在發展的經濟觀點、政策與體制合理化。儘管如此，還是有理由認為資本主義與企業文化之所以能產生新動力，主要是因為加爾文的思想、大眾對加爾文主義的詮釋，以及這種詮釋所造成的結果。[27]

加爾文在牧養教會的時候，捕捉到了作為會友中的大多數的中產階

---

[25] 阿利斯特・麥格拉思《宗教改革運動思潮》，北京：中國社會科學出版社，2009 年版，頁 14。

[26] 托尼《宗教與資本主義的興起》，上海：上海譯文出版社，2006 年版，頁 105-106。

[27] 阿利斯特・麥格拉思《加爾文：現代西方文化的塑造者》，北京：中國社會科學出版社，2009 年版，頁 253。

級的心聲。他完全承認資本和人類勞動的生產特性，肯定勞動者的職業自豪感。他稱讚勞動分工，因為勞動分工不僅帶來經濟利益，而且也強調人與人之間相互依存以及社會存在的重要性。加爾文也強烈支持個人擁有財產的權利，他並不像天主教徒和相當部分新教徒那樣虛偽地讚揚貧窮所蘊含的「美德」。加爾文發展出了一套有助於資本主義發展的工作倫理，即「天職」觀念——上帝的呼召不僅僅是給神職人員的，而且是給所有基督徒的，每個基督徒所從事的那項世俗工作都是來自上帝的呼召。這樣，貧窮不再是美德，真正的美德是用堅韌的勞動訓練自己的品格，讓自己投身於能為上帝接受的事業。加爾文所描述的新型基督徒的品格，正是經濟成功所要求的那些品格——節約、勤奮、嚴肅、儉樸，本身經過純化和約束。加爾文也批評說，不加區別的佈施是「虛偽的慈善」，有勞動能力的基督徒必須制止乞討，持守勤勞和節儉的美德。[28]

可以說，加爾文主義是第一種承認並歡迎經濟美德的系統的宗教教義。它所反對的不是積聚財富，而是為了縱慾或炫燿濫用財富。加爾文主義支持某種「有節制的資本主義」，由此可見資本主義與基督信仰並非如凱恩斯所說的那樣「天然對立」。加爾文在共同體中引入公共秩序和家庭道德，他的理想是建立這樣一種社會——人們嚴肅持重地追求財富，並過著敬虔愛主的生活。日內瓦宗教改革的成果鞏固之後，加爾文主義迅速向外擴張，在此後的數十年間，加爾文主義者進行了好幾場革命，使新舊大陸六個不同國家的公共生活的政治概念和社會對策深刻地打上了他們的印記。[29]

## 加爾文主義的共和特性

近代以來，華人所使用的很多詞彙都是從日語中移植而來，「共和」即為其中之一。「共和」一詞，從剛開始翻譯的時候，就是一種不求甚

[28] 托尼《宗教與資本主義的興起》，上海：上海譯文出版社，2006 年版，頁 111。
[29] 托尼《宗教與資本主義的興起》，上海：上海譯文出版社，2006 年版，頁 112。

解的「錯譯」——西方的「共和」並非中國儒家政治傳統中的「共和」。

一百多年來，華人對「共和」之本質始終不甚了了。有趣的是，儘管海峽兩岸的「兩個中國」——中華人民共和國和中華民國——國名之音譯都使用 Republic 這個詞彙，但何謂「共和」、何謂「共和國」，恐怕從統治者、法學家到普通民眾都是一頭霧水。

在五四運動期間，中國知識分子舉起的兩面激動人心的旗幟是「德先生」（民主）與「賽先生」（科學），他們遺棄了看上去缺乏吸引力的「共和」——「共和」只是在辛亥革命前後，得到曇花一現式的重視。進入民國以來，共和制的實驗屢屢挫敗，人們很快就對「共和」失去耐心了。

更為吊詭的是，西方主流學界在討論共和主義的時候，從古典共和主義到當代主義一路梳理下來，論及古希臘城邦、羅馬共和國的混合政體、馬基亞弗利的平民共和國、孟德斯鳩的商業共和國、麥迪遜的擴展共和國等「共和主義制度探索層面的歷史性界標」，偏偏就是跳過或略過同樣重要的加爾文神學中的共和主義特質以及在日內瓦長達兩個半世紀的城邦共和國的成功實踐。[30] 自由派主導的學界不願意承認加爾文對西方政治文明的貢獻，甚至不惜用成見來抹煞事實。

其實，在近代史上，如果有哪個 16 世紀的政體可以與希臘城邦相提並論，那麼非日內瓦莫屬。[31] 在近代早期的歐洲，共和國極為罕見。1500 年前後，任何著眼於未來趨勢的歐洲人都無疑支持君主制，而非任何其他政府體系。大部分觀察家都認為，基督教的共和國是一個矛盾，或者至少是實驗的雜交品，其存在並不可靠。然而，日內瓦存活了，並以一種混合狀態繁榮了兩個半世紀。她於 1536 年徹底獨立，直到 1798 年法國以強力征服了這個「最小共和國」（Parvulissime）。[32]

---

[30] 菲利普・佩迪特《共和主義：一種關於自由與政府的理論》，南京：鳳凰出版集團、江蘇人民出版社，2006 年版，頁 12。

[31] 阿利斯特・麥格拉思《加爾文：現代西方文化的塑造者》，北京：中國社會科學出版社，2009 年版，頁 110。

[32] 琳達・科克《日內瓦的共和主義》，見戴維・伍頓主編《共和主義、自由與商業社會》，北京：人民出版社，2014 年版，頁 254。

雖然早年受過嚴格的法律訓練，但加爾文並非職業的法學家和政治哲學家。他沒有寫過政治理論方面的綜合性論文，沒有系統的關於宗教自由、關於教會－國家關係方面的公民規範，但他對個體信仰者按照神法所享有的精神自由和按照世俗當局的公民法所享有的政治權利有過相當深刻的論述。在加爾文的成熟作品中，他設計出了一套更為完全的法律、宗教和人權理論。他發展出了一種詳盡的道德法律和責任理論，它預示了後來加爾文教自然法和自然法理論的全部範圍。他呼籲保護「人類的共同權利」，這激勵了許多加爾文教徒的公權、私權和程序權利理論的發展。[33]

加爾文當然不是現代意義上的民主主義者，如默西埃所論，「現代民主制的基礎是人民主權的原則，而這對於加爾文來說是完全不相關的」。[34] 或許，這正是啟蒙運動和宗教改革的重大分野所在。不同的「人性觀」導致不同的「制度論」：啟蒙運動者相信人性本善，所以民主是人自己發明的最優制度；宗教改革者相信人性本「罪」，且「全然敗壞」，所以民主僅僅是一種「最不壞」的制度而已。加爾文經歷過日內瓦社會和教會的動盪歲月，也曾被議會用投票表決的方式「永久驅逐」（幸虧沒有像蘇格拉底那樣被人們用民主投票的方式直接處死），他對民粹主義和暴民專政充滿疑懼。有人批評加爾文迷戀中世紀的貴族制，然而批評者並不理解加爾文真實的主張是具有精英或賢人色彩的代議制。代議制的核心在於，「權力只有符合真理、理性和正義才是正當的」；同時，「權力通過使自己得到它所行使對象的自由意志的認可來證明其正當性」。[35] 對加爾文而言，共和高於民主——共和主義將單個的人民和整體的人民視為「委託人」，而國家是「受託人」，人民委託國家實施一種非專制的統治。

加爾文確實只對一種「貴族制，或者一種混合了貴族制與民主制的政體，在那裡自由被適當地約束所調節」的政體表示了讚賞。他在《基

[33] 約翰・維特《權利的變革：早期加爾文教中的法律、宗教和人權》，北京：中國法制出版社，2011年版，頁46-47、頁3。

[34] 拉爾夫・C・漢考克《加爾文與現代政治的基礎》，北京：華夏出版社，2017年版，頁97。

[35] 弗朗索瓦・基佐《歐洲代議制政府的起源》，上海：復旦大學出版社，2008年版，頁312。

督教要義》中闡釋古代以色列政體的優越性時指出，上帝賦予猶太人選舉士師和官員的自由，「這確實是一件極為寶貴的贈禮」，由此，猶太人的生活狀況「比他們所有的鄰人們都要幸福和優越，那些地方有的是國王和君主，卻沒有自由」。另一方面，政治哲學家沃林指出，加爾文主義的「天職系統」構成了「一個根據職位和義務而明確界定的社會等級制度，而這只不過是支撐宇宙的神聖原則的世俗對應物而已」。[36]

在民主觀念的狂熱支持者們看來，加爾文對貴族制和精英制的欣賞，以及由此對共和制度的贊同，是中世紀思想的殘留物，是一種不夠「進步」的舊觀念。然而，民主並非包治百病的良藥：直接民主有可能是一種非常糟糕的政治模式，它很可能導致某種專制獨裁的極端形式：多數人暴政（從法國大革命到蘇俄十月革命，從靠選票上臺的希特勒到發動「文化大革命」的毛澤東，都以民主為旗號）。民主的控制形式當然是令人期待和必不可少的，但它並非好政府的最高目標。[37] 加爾文對民主的反思有助於破除今天全球範圍內的「民主神話」和「民主崇拜」。

加爾文在日內瓦留下了一種混合政體。16 世紀的日內瓦共和國由規模頻繁減少的金字塔委員會統治，由四位地方行政官擔任領導。四名地方行政長官從二十五人組成的「小議會」中產生。二百人的「大議會」是立法機關，其成員由「小議會」任命，而非由民眾選舉產生。在二十五人的「小議會」與二百人的「大議會」之間，還有六十人議會，它只在「小議會」希望在「大議會」中形成多數時出現，其作用是調和行政與立法的矛盾。由此，日內瓦形成了一個「同心圓」體系：因為二十五人通過加上必要的三十五人成為六十人，六十人通過加入一百四十個成員成為兩百人。除此之外還有一個市民大會，這個會議每年只召開兩次，從「小議會」提供的名單中選舉行政長官和法官。市民大會的出席者是 1500 名 25 歲以上的家中男性成員，他們可以製定新法、選舉公共官員，當有必要時投票徵稅。[38] 由此，日內瓦建構了一種「間接民主

---

[36] 拉爾夫・C・漢考克《加爾文與現代政治的基礎》，北京：華夏出版社，2017 年版，頁 92-93。

[37] 菲利普・佩迪特《共和主義：一種關於自由與政府的理論》，南京：鳳凰出版集團、江蘇人民出版社，2006 年版，頁 10。

[38] 阿克頓《近代史講稿》，上海：世紀出版集團、上海人民出版社，2007 年版，頁 100。

制」，三權分立的雛形亦隱然可見。而類似的制度早已在加爾文宗的教會中經受住了各種考驗並得到會眾的認同。

共和主義不是憑空誕生的，它需要一個高素質的公民群體來實現。加爾文認為，公民不僅僅是一種政治身分，更是一種素質上的要求，如果民眾不具備基本的公民素質，則共和制度無法持續與穩定。在日內瓦這個年輕的城邦共和國，並不存在後來的大部分民主和獨裁政府中都難以避免的「分肥制度」，那些在日內瓦競選公職的人，在獲得職位之前就擁有了可觀的、可供自由支配的財富。儘管研究舊制度的人會覺得難以置信，但日內瓦的晉升體系恰恰就是如此——公民將財產留給共和國的證據比他們從共和國搾取私人財富的證據更多。[39] 所以，日內瓦幾乎不需要掀起「反腐敗」運動，也無需疊床架屋地設立「廉政公署」之類的權力機構。

在那時的日內瓦，所有公民都是加爾文派信徒，正是他們構成了共和制度的堅實基礎。加爾文倡導培養公民的優秀品格，這與古典共和主義所推崇的政治德行、政治智慧和政治勇氣是一致的。加爾文的這場改革是從人心的改革開始的，「一個得贖的人，在他生活的所有一切事情上、所有一切選擇中都被一種明察秋毫的、最激勵人心的對上帝的敬畏所控制，因為他的良心永遠在上帝的面前，在上帝的眼中。這就是歷史上的加爾文主義者。」[40] 未來的亞洲要出現類似於日內瓦的共和制度，必須先有類似的信徒和公民群體——中國人很羡慕新加坡，但新加坡不是日內瓦，而是日內瓦的反面：新加坡沒有公民，只有幼稚園中的孩童；新加坡沒有共和制度，只有家族獨裁。

## 加爾文主義的普世特性

在普世性這一維度上，加爾文神學比路德神學更具普世性。

---

[39] 琳達・科克《日內瓦的共和主義》，見戴維・伍頓主編《共和主義、自由與商業社會》，北京：人民出版社，2014 年版，頁 256。

[40] 亞伯拉罕・凱波爾《加爾文主義講座》，見茜亞・凡赫爾斯瑪《加爾文傳》，北京：華夏出版社，2006 年版，頁 262。

首先，路德和加爾文在身分認同上迥異：路德始終是一個德國人，或者說日耳曼人。在路德的時代，作為近代意義上的民族國家的德國還未形成，正是路德具有強烈的德意志民族主義的神學，像混凝土一樣將德意志諸侯和民眾的力量凝聚起來，以此對抗強大的羅馬教廷，並建立自我認同。[41] 路德的宗教改革催生了統一的德國，他也不自覺地扮演了近代德國「國父」之角色，但也為德國此後走向更加偏執和狂熱的民族主義乃至種族主義埋下了禍根。

而加爾文是一名「自由在哪裡，祖國就在哪裡」的「世界公民」。加爾文出生於法國北部，法國強大的天主教勢力讓他在法國境內無立錐之地，被迫流亡到日內瓦。加爾文的《基督教要義》的早期版本，註有獻給當時的法國國王法蘭西斯一世的題詞，他也宣布「我的首要目的即在解救我的同胞脫離那恥辱」，並希望法蘭西斯一世轉向新教。但加爾文很快對祖國的情勢絕望了，他再也沒有回去過。加爾文旅居日內瓦，以現代法律的標 來看，其大半生都是「無國籍人士」。正是這種「世界人」的身分，讓加爾文具有一種超越於國家和種族之上的「天國子民」的胸襟和視野。

路德神學中相當重要的部分是為了回應 16 世紀初期德意志北部地區所面臨的信仰及社會問題，而加爾文神學則更多是探討超越國族和時空的、具有永恆性的議題。人們提起路德時，必定首先想起十六世紀初德意志地區的具體狀況；但當人們提起加爾文時，則不一定會關心加爾文究竟是法國人還是日內瓦人，除了日內瓦與法國，人們還會想到加爾文神學盛行的荷蘭、英國乃至美國。因此，路德神學的傳播，以及路德宗（信義宗）教會的擴展，在地域上主要集中於德國北部和北歐各國，這些地方在文化上大都屬於廣義的德語文化區。而加爾文神學的傳播，以及改革宗、長老會等按照加爾文主義建立的新教宗派的拓展，則顯示出跨地域、跨文化、跨族群的特徵。

對此，政治哲學家阿克頓敏銳地發現：「加爾文教體系完整而明

---

[41] 在《致德意志基督教貴族書》等文章中，路德巧妙地利用德意志諸侯們強烈對反羅馬情緒。見詹姆斯・基特爾森《改教家路德》，北京：中國社會科學出版社，2009 年版，頁 105-106。

確，而且實踐適應性強，所以它是新教徒宗教最好移植的形式；它在路德教缺乏足夠支持者而不能立足的環境惡劣地區生根並且長勢茂盛。加爾文教不僅在國外而且在國內傳播開來，它剝奪了路德的部分德意志地區、巴拉丁伯爵領地、安哈特州、勃蘭登堡家族領地和匈牙利的大部分地區。」[42] 基督教史家阿利斯特・麥格拉思也指出：「加爾文主義的國際性特徵，即加爾文主義具有原初日內瓦處境的一切特色，卻能迅速融入新環境。加爾文主義能夠在各式各樣的環境中屹立不搖，並能直接觸及特定問題，如政治、經濟與宗教問題。這包括與 16 世紀的日內瓦大相徑庭的歐洲與美國。……加爾文主義遠不只是神學。它是進步的世界觀，足以轟動世界，深深影響當時的文化。」[43]

20 世紀下半葉以來，當福音派教會和基督徒逐步退出以大學為代表的學術和教育領域及主流媒體之後，加爾文主義作為應對世俗化挑戰的利器被丟棄了。爾瀰漫於西方學界的反基督教氛圍，使得加爾文對近代文明的貢獻被大大地低估，正面評價加爾文主義的歷史貢獻被視為一種嚴重的「政治不正確」以及被妖魔化的「右派論述」。人們在討論所謂的「普世價值」時，小心翼翼地剔除它與基督教的淵源，這充分反映在《聯合國人權憲章》和《歐盟憲章》的有關表述當中。

然而，正如法學家約翰・維特所指出的那樣，加爾文對西方神學和法律對轉變做的重要貢獻是不容忽視的：加爾文的基督徒良心的理論為後來的新教徒在法國、荷蘭、英格蘭、蘇格蘭和美國支持良心自由和宗教活動自由提供了基石。加爾文的道德律法和義務的理論激勵了大量的加爾文主義者的自然法和自然權利理論。加爾文對「人類共同權利」、「共性權利」和「所有人平等權利和自由」的提及，為健全的加爾文主義和團體的公權、私權以及程序權利的後來發展提供了規範的吸引力。加爾文的公理制教會政體理論打破了宗教會議和主教制度的中央集權，最終被用於支持國家的懺悔和宗教多元主義的概念。加爾文的教士和官

[42] 阿克頓《近代史講稿》，上海：世紀出版集團、上海人民出版社，2007 年版，頁 103。

[43] 阿利斯特・麥格拉思《加爾文：現代西方文化的塑造者》，北京：中國社會科學出版社，2009 年版，頁 248。

員平等與合作理論為後來教會和國家的分離和適應的憲政保護提供了堅強的基礎。加爾文的教會和國家都對道德負有責任的理論成為後來的社會多元和共和主義的基督教理論的核心。[44] 在以上每一個層面，加爾文的貢獻都超過了任何一位近代的政治哲學家或公共知識分子。

如果說歷史是一面照亮未來道路的鏡子，那麼四百多年前加爾文在日內瓦所說的、所寫的、所行的一切，就不是發黃的檔案，而與我們今天的生活息息相關。如歷史學家凱利所說，如果要了解我們的政治制度，就有必要置身於 16 世紀早期社會，去了解那時人們的思想和行為。因為現在有關法律與權利、秩序與權威、忍耐與自由、個人主義與集體主義的政治制度的根源和最初的模型，是在那個時代奠定的。「約翰・加爾文的思想和著作是對新教改革所引起的歐洲劇變最強有力的反應之一。當加爾文成為一個突出的宗教領袖之後，他的著作就不僅是對瀰漫整個歐洲的宗教衝突的一種回應，而且更進一步地推動了歐洲的格局。……加爾文的理論及其基礎上所形成的制度、所提出的一系列問題，都極大地影響了宗教改革後的西方世界形勢。」[45] 換言之，無論我們是否願意承認，我們確實生活在加爾文留下的無形的遺產之中。

另一方面，關於加爾文和加爾文主義的激烈爭議，至今仍未停息。以約翰・加爾文、埃德蒙・伯克、海耶克為代表的、「愛神並愛人如己」的保守主義世界觀和文明論，是以黑格爾、馬克思、凱恩斯為代表的無神論、唯物主義、國家主義、集體主義、極權主義的天敵，左右之爭是不可調和的。如果沒有加爾文這一翼的思想作為「防波堤」，人類早已沉淪在無邊的黑暗之中，而且黑暗之後不會有光明。20 世紀以來，一戰、二戰、冷戰及反恐戰爭，每一次涉及人類生死存亡的戰鬥，都與加爾文和加爾文主義密不可分，加爾文主義所影響的「英語國家」通常都並肩而戰，如《魔戒》故事中的正義一方那樣捍衛著如同壓傷的蘆葦和將殘的燈火的人類文明。

---

[44] 約翰・維特《權利的變革：早期加爾文教中的法律、宗教和人權》，北京：中國法制出版社，2011 年版，頁 91。

[45] 凱利《自由的崛起：16-18 世紀，加爾文主義和五個政府的形成》，南昌：江西出版集團、江西人民出版社，2008 年版，頁 3。

加爾文本人和加爾文主義者持續地影響著西方國家幾乎所有的重大議題，這些議題往往不僅牽動而且週期性地攪擾著西方國家。例如社會正當秩序問題，包括宗教自由和公民自由；教會組織和國家機構之間的關係及其穩定性與變化。「當年，加爾文親自研究過這些問題，後來他那些在法國的胡格諾派的追隨者們、蘇格蘭的宗教改革家、英格蘭和新英格蘭的清教徒、北美殖民地的愛國者們也都在此方面有所建樹，他們共同論證了這些議題的更加具體的連續性和差異性。最重要的是，也論證了神學與信仰的傳承是如何更新歷史處境中的文化。來自約翰・加爾文的這些相關的、不同的研究方法被看作是構成最近四百年西方國家政治、經濟、宗教生活的框架體系的重要原動力之一。」[46] 以今天讓美國社會陷入巨大分裂的社會性議題——如福利國家、全民健保、同性戀婚姻合法化、母親墮胎權和嬰孩生命權、安樂死、持槍權、移民政策等——而言，雖然加爾文當年不曾面對和處理過這些問題，但每一個問題的背後都可以順藤摸瓜地發現加爾文主義式的答案。

加爾文的思想遺產已成為一個不斷闡釋、歷久彌新的「母題」。晚近一百多年來，加爾文主義已然跨越西方世界的疆界，向非西方國家拓展。加爾文宗誠然不是新教諸教派中人數最多和最有活力的分支，但加爾文主義幾乎為所有的新教宗派（甚至包括天主教和東正教）提供了應對當代社會各種挑戰的政治哲學思想。尤其是在亞洲，加爾文主義逐漸成為自由和權利的象徵：加爾文主義在韓國和台灣所催生的「長老教會的反抗意志」，成為這兩個國家痛苦而漫長的民主運動中一股最堅韌、最強大的力量。那麼，「潰而不崩」[47] 的中國遇到加爾文主義，將會發生何種「化學反應」？加爾文主義能為未來中國的民主轉型——這一轉型的困難和複雜程度以及對全球的影響，或許比上個世紀八、九〇年代之

---

[46] 凱利《自由的崛起：16-18 世紀，加爾文主義和五個政府的形成》，南昌：江西出版集團、江西人民出版社，2008 年版，頁 3-4。

[47] 旅美經濟學家何清漣在《中國為何不會出現斷崖式崩潰》一文中指出，中國未來的政治經濟局勢走向是「潰而不崩」。也就是說，在未來可見的 20-30 年當中，中國將陷入潰而不崩的狀態。潰，指的是國，即中國從社會生態上將一天比一天更為潰敗；崩，指的是政權，即中共政治短期內不會崩潰。見美國之音中文網，https://www.voachinese.com/a/china-prospect-20170625/3915376.html

交的蘇聯東歐的轉型（亦即「蘇東波」）更加巨大——提供何種助力，值得我們拭目以待。

2017 年 9 月 10 日至 13 日初稿
10 月 6 日定稿
美國維州費郡綠園不默齋

**余杰**基督徒，旅美華裔作家，政治評論家，長期關注人權與宗教信仰自由議題，兩度獲得香港湯清基督教文藝獎。各類著作有《香草山》、《生命書：聖經中的大智慧》、《我聽見斧頭開花：信仰、藝文、生活》、《1927：民國之死》、《劉曉波傳》、《我是右派，我是獨派：我的思想自傳》、台灣民主地圖系列等五十餘種。

# 第二卷
# 中國教會的現狀及展望

# 改革宗神學與長老會教會之反思

王志勇

隨著中國大陸教會的縱深發展，基督教不可避免地會走向宗派性的分化。宗派是不可避免的！學有學派，宗有宗派；無宗無派，千奇百怪，這不僅是神學家們的共識，也是任何對於宗教和社會有研究的人都會贊同的。因此，對於教會而言，問題不在於要不要宗派，而是在於如何對待宗派。

毫無疑問，在教會由鬆散狀態走向宗派性神學和建制的時候，我們應當儘量避免宗派主義那種各占山頭、拉幫結派、唯我獨尊、打擊異己的幫會習氣，千萬不可使上帝的教會成為中國社會中常見的江湖幫會！溫州教會資深同工鄭大同老師多年以前就跟我談及中國大陸很多教會的「幫會化」（教會資源私有化、同工團隊幫會化、人際關係功利化），他非常沉痛地告訴我，很多教會領袖變得儼然就是江湖黑幫中的老大，號稱自己是「上帝恩膏的僕人」，別人不能對他隨便說什麼，更不能質疑什麼！他們忘記了聖經中最基本的教訓，就像是彼得這樣耶穌基督器重的使徒也可能一時成為魔鬼使用的工具，耶路撒冷城中金碧輝煌的聖殿本身也可能變成藏汙納垢、被耶穌明確定罪的賊窩！

本文嘗試對於改革宗神學和長老制教會在中國大陸的發展進行反思和展望，強調目前存在的危險就是宗派主義的「以理殺人」的傾向以及牧師混淆建制性教會和有機性教會在功用上的分別過分介入公共領域所造成的問題。我們當然注重教會對於社會和文化的責任，但是更當注重自身的建造，特別是內在生命的更新。

## 改革宗神學是否會「以理殺人」？

在面對具體處境的時候，我們確實應當想一想，在這樣的情況下，耶穌基督會怎麼做？保羅會怎麼做？我們應當以基督的心為心，應當學習使徒保羅為父的心腸，不可濫用權柄，隨意啟動「教會法庭」，非把對方定罪、昭告天下不可！中國大陸改革宗神學的發展確實具有這樣的危險，甚至已經在很大程度上存在著宗派主義的狹隘、幫會主義的封閉。多年前，我在芝加哥牧會的時候，王峙軍牧師就提醒我說，改革宗在中國大陸很多地方已經成了著名的到處以理殺人、拆毀教會的「殺人宗」！我們真正熱愛改革宗神學的人確實應當認真反思，警醒謹守，免得改革宗神學在我們手中成了逐鹿中原、稱霸教會的工具。

保羅在著名的《羅馬書》第七章曾經提出了非常深刻的反思，強調罪如何利用上帝的律法來誘惑、殺害人：「**然而，罪趁著機會，就藉著誡命叫諸般的貪心在我裡頭發動。因為沒有律法，罪是死的。我以前沒有律法是活著的；但是誡命來到，罪又活了，我就死了。那本來叫人活的誡命，反倒叫我死；因為罪趁著機會，就藉著誡命引誘我，並且殺了我。這樣看來，律法是聖潔的，誡命也是聖潔、公義、良善的。既然如此，那良善的是叫我死嗎？斷乎不是！叫我死的乃是罪。但罪藉著那良善的叫我死，就顯出真是罪。叫罪因著誡命更顯出是惡極了。**」（羅7:8-13）罪能夠利用上帝的律法，當然也能夠利用改革宗神學和長老制教會來引誘人，殺死人！這是我們真正熱愛改革宗神學和長老制教會的人應當反覆思索、銘記在心的！筆者自從 1998 年學習、傳講改革宗神學以來，已經眼睜睜地看到好幾批學習和推動改革宗神學與長老會治理的人陷入苦毒、瘋狂、分裂和敗壞之中，深知罪之可怕！在中國這幾千年飽受偶像崇拜和皇權專制荼毒洗腦的文化醬缸和糞坑之中，罪的欺詐性、醜陋性、兇殘性和普遍性更是無遠弗屆！許梅麗姊妹所撰寫的歷史回憶錄《警鐘長鳴》、[1] 施瑋姊妹根據倪柝聲和聚會所背景所撰寫的《叛教者》一書都全面、深刻地揭示了基督教在中國社會處境中的扭曲，[2] 而洪秀全所帶領的「拜上帝會」更是掛著羊頭賣狗肉，變態至極，狂熱至極！[3] 這是我們不能不警醒的！改革宗神學和長老制教會在 1949 年大陸政權變色之前，也曾經是中國大陸教會中的顯學。1916 年各地的長老會聯合為中華長老聯合會，後改稱中華基督教會，是新教在華的最大宗派之一。1949 年之後宣教士逐漸撤離中國，改革宗神學和長老制教會也迅速走向崩潰和瓦解。趙天恩牧師親自向筆者說明並強調，這種崩潰和瓦解的兩大原因就是西方宣教士的專橫和操縱、本土傳道人的無知和軟弱。[4] 中國三自運動代表人物之一丁光訓主教就是長老會背景的紐約協和神學院畢業的，而著名的基要主義神學家賈玉銘先生本身就是長老會的牧師和神學家。希望有人對此做出更加詳盡的研究，此處不作展開。

當然，正如美國全國步槍協會（National Rifle Association，簡稱 NRA）捍衛美國憲法第二條修正案所明確的公民持槍權時常說的那樣：「殺人的不是槍，而是人」（Guns don't kill people, people kill people!）！我們不能因為用筆寫錯了字，就把筆廢掉，甚至自己再也不用筆寫字了！愈是美好的東西，愈是有人利用，愈是伴隨著更多的假冒偽劣的東西！關鍵是我們要明白改革宗神學和長老制教會的骨脈精粹到底是什麼，不能因噎廢食，潑出了髒水，把孩子也潑掉！因此，我們要分辨真假，去偽存真，去粗存精。不能把注意力集中在打假上，關鍵還是要明白到底什麼是真的！如果我們不辨真假，就會被很多人所宣傳的各種形式的偽改革宗神學和長老制教會蠱惑，並且把他們的偏頗或毛病硬加在真正的改革宗神學和長老制教會身上，當然也不會從改革宗神學和長老

---

1 許梅驪，《警鐘長鳴……倪柝聲與中國地方教會》（美國：Xulong Press，2018 年），頁 319-340。

2 施瑋，《叛教者》（美國南方出版社，2016 年）。

3 參考周偉馳，《太平天國與啟示錄》（北京：中國社會科學出版社，2013 年）。

4 趙天恩，莊婉芳，《當代基督教發展史，1949-1997》（台北：中福，1997 年），趙牧師特別強調，在 1950 年開始的所謂的「三自革新運動」中，「大多數的中國傳道人都簽了名，控訴了同工，也加入了三自。……主要原因是他們多數對政治，特別是中共的統戰理論一無所知，使他們很容易陷入陷阱。第二個原因是他們被懼怕控制，以至於走妥協的道路。」頁 59。

制教會真正得益。如果聽到那些不學無術、「一瓶子不滿，半瓶子晃蕩」的人在講改革宗神學，搞長老制教會，看到漏洞百出，醜態百出，就對改革宗神學和長老制教會不以為然，排斥在外，甚至一棍子打死，就更無法從中得益了。筆者之所以大量翻譯西方經典的改革宗神學書籍和寫作改革宗處境化作品，就是想竭力把真正的改革宗神學和長老制制度呈現在華人面前，使其擺脫各種假冒偽劣的山寨版產品的蠱惑。另外，我們不可不防，有時無神論國家會操縱、扶持一些人，故意使他們與國家對抗，然後就趁機把改革宗神學與長老制教會汙名化，甚至打成「異端邪說」，予以拆毀和鎮壓！因此，我們必須靠著上帝的恩典站出來，見證何謂真正的改革宗神學和長老制教會，不能任憑那些魑魅魍魎之類的東西霸占教會講壇和公共平臺！此情此心，求主鑒察成全！

人類的常識告訴我們，有真必有假，這是不可避免的。因此，在談及永生的時候，耶穌基督首先強調的是分辨真假的問題：「**認識你獨一的真上帝，並且認識你所差來的耶穌基督，這就是永生。**」（約 17:3）唐崇榮牧師在談及舊約聖經和先知精神的時候，強調希伯來先知首先所追求的就是「真」！辨識真偽改革宗神學，我們可以從三大角度入手：首先是教理派的角度，這一角度所注重的是純正的教義，就是高舉聖經啟示的無謬性和權威性，同時注重教會正式認同的信經信條的輔助性、解釋性的權威和功用。因此，真正的改革宗神學人士和牧者必然熱愛聖經，必然接受宗教改革時期形成的界定改革宗神學的經典性信條，並且願意在神學和解經上不斷長進。其次就是敬虔派的角度，真正的改革宗不僅注重純正的教義，並且強調純正的教義是為了幫助基督徒過敬虔的生活。因此，那些不重靈修和敬虔，不願意為義受苦，不願意謙卑忍耐，不願意以愛心牧養弟兄姊妹，只是想在公共領域中出頭露面、沖衝殺殺的人，絕不是真正的改革宗人士。對於真正的改革宗人士而言，不僅基督徒個人要過敬虔的生活，還要帶領家庭和教會敬虔度日，積極承擔社會責任，並且為執政掌權者禱告，求主賜給他們治理的智慧和愛心，好使我們能夠和平度日，廣傳福音。這就是文化派的角度，文化派強調基督徒的「文化使命」（the cultural mandate），注重「文化的轉化」（cultural transformation）。因此，真正的改革宗不僅注重純正的教義和敬虔的生活，還會追求社會的公義與文化的變革，強調基督徒要有文化使命的承擔、社會公義的參與。但是，即使我們承認文化使命的重要性，我們仍然強調教會和牧師當更多地把時間和精力集中在祈禱、傳道和牧養上，不可成為街頭運動和民間革命的領袖。即使眾人強逼耶穌作王，帶領他們推翻希律王的暴政和羅馬帝國的占領，耶穌仍然以傳道為念，絕沒有趁機揭竿而起，發動街頭運動和暴力革命，奪取國家政權：「**耶穌既知道眾人要來強逼他作王，就獨自又退到山上去了**」（約 6:15）。這是特別值得我們今日中國基督徒特別深思的！

## 改革宗神學名義下三類「殺人宗」人士

目前改革宗內部傾向於把改革宗變成「殺人宗」的人士有三類。首先是從教理派的角度言之，就是那些「自學成才、無師自通」的牧師和改革宗人士。他們沒有受過長期的系統的訓練，特別是大學的通識教育與神學院的專門訓練，他們聽過幾位改革宗牧師幾次講道及講課，讀過幾本改革宗神學書籍，有過一定的禱告和尋求，就覺得自己已經是聖靈充滿，醍醐灌頂，恍然大悟。然後，他們就開始下山傳道，自封牧師，或者隨隨便便地找人給自己按立個牧師之職，此後就以改革宗牧者和改革宗神學權威自居了。當然，沒有受過系統的神學訓練的人也可以學習和傳講改革宗神學。著名的《天路歷程》的作者約翰・班揚就是這樣的上帝重用的人。但是，我們應當始終要有謙卑之心，要努力尋找學習的機會，安靜下來接受系統的裝備，使我們自身在神學上首先得到一定的教育（theologically informed）。美國和韓國的改革宗長老會之所以德高望重，就是因為長老會始終認為教會中的教牧事奉是一個非常嚴肅的事奉。通常而言，那些沒有大學畢業的人，就不能上神學院；沒有經過三到五年神學院深造、得到碩士學位的人，就不能考取牧師。這樣，長老會就把那些不想學習、不會學習、卻有宗教熱情的神棍混混拒斥在門外。這類改革宗人士往往出生或住在農村，文化水準不高，也沒有受過嚴格的神學教育，但卻能言善道，喜歡到處講課，出人頭地。因為他們是草根背景，瞭解基層民眾的需要，所以他們的講道或講課也頗能贏得一部分人的聽從。這些所謂的改革宗人士，因為知識境界和經濟地位都不高，一般都是以欺騙別人的錢財、擴大自己的地盤為目的，缺乏長遠的眼光。這樣的改革宗人士通常是流行十幾年的時間，然後就會因為貪財、貪權而原形畢露，人神共棄，歸於無有。

其次就是從敬虔派的角度言之，就是那些「缺乏父愛、到處論斷」的改革宗人士。他們缺乏長期的內在生命的操練，沒有發自內心的愛主愛人的品格，只是覺得改革宗神學是正統神學，博大精深。他們找到幾本改革宗神學的書籍，如饑似渴地閱讀，再加上確實具有自身悔改的體驗和靈修的亮光，就開始為主為真理大發熱心，並且根據他們所理解的改革宗神學來建立教會。他們利用改革宗神學來論斷別人，覺得其他教會或宗派的牧師都是在傳「假福音」，當然教會也是「假教會」，必須按照他們的思路「改邪歸正」，否則就是可咒可詛。當然，我們不否定異端邪說的存在，福音和教會也確實有真有假。但是，僅僅具有頭腦的知識，缺乏深度的心靈的經歷，這樣的信心本身並不是得救的信心。這類改革宗一般都是高知背景，最低也是大學本科畢業，有些甚至在大學或神學院任教，或者在城市教會中擔任牧職。他們所喜歡的就是到處收編教會，利用講課、講道的機會拆毀當地教會，把聽從自己教訓的一部分人從原來所屬的教會中拉出來，重新建立歸在他們體系之下的「歸正」的教會，因為別的教會還沒有「歸正」！這類改革宗牧者往往不僅受過高等教育，也具有一定的經濟實力，所以他們貪圖的通常不是錢財，而是自己內在的感覺和教會內部的名聲。他們以自己的「敬虔」為依傍，強調個人的經歷和領受，確實在改革宗神學上具有一定的領受，在敬虔生活上具有一定的追求，在傳道牧會上付出一定的心血，因此這類人士具有更大的迷惑力。這種改革宗牧者因為在錢財和兩性關係上基本上保持潔淨，並且也在真理和教牧上幫助到一定數量的個人和教會，所以他們的影響會持續存在，甚至逐漸會建立、形成自己的宗派。

第三就是從文化派的角度而言，就是那些以「憲政」、「維權」、「民運」為口號的牧師。他們身為牧師，本來應當以專心祈禱傳道為念，卻在教會中拉幫結派，然後抓住社會熱點問題，利用自己已有的社會地位和法律常識與地方政府角力，然後成為中外民運力量與異議人士共同推崇和打造的「共主」，也在教會內部因為維護教會宗教聚會自由的權益而成為眾多牧者和教會的指望和依傍。這種牧師通常都具有公共知識份子的背景，善於寫作和演講，已經在社會和文化領域中具有一定的名望，知道如何利用熱點事件和新聞媒體炒作。他們以基督教和教會為平臺，實現他們所竭力爭取的民主、憲政、法治、共和的願望。毫無疑問，這樣的偽牧師是最難對付的，首先他們是在為社會不公平現象發聲吶喊；其次他們本身也因為如此行而受到了當局一定的打壓或迫害；第三，他們也確實為教會和社會爭取到了一定的公民權益和空間。但是，此處我們需要責備的就是他們不可以利用基督教和教會來達成他們在政治上的追求。如果他們有強烈的政治欲求，完全可以放棄牧職，到社會中成為全職的異議或維權人士，不必潛伏在教會中利用大多數無辜的信徒來搞政治運動，也不必繼續打著「牧師」的招牌給自己所從事的政治事業打上一層特別的神聖的光環。這類「偽牧師」的險惡之處就是利用基督教和教會，欺騙眾多缺乏認識能力的會眾，使得這些本來應當接受牧者的牧養和眷顧的人，反倒成為他們搞政治的工具和犧牲品。這種偽牧師通常不僅接受過高等教育，也都解決了個人性的衣食住行問題，甚至在社會和文化界已經贏得了一定的名望。所以，他們的貪圖更大，他們想的是塑造歷史，救國濟民，利用教會平臺和維權運動為中國民主事業和宗教自由殺出一條血路，也為基督教會在中國轉型過程中贏得發言權。因此，這樣的牧者一般都有救亡圖存、濟世濟民的理想。可惜，他們出名卻不是因神學和解經的精湛，也不是因為個人的敬虔，而是因為他們對於社會熱點問題的參與和大眾媒體的炒作。他們利用基督教和教會，打壓異己，把教會錯誤地帶向奮銳黨的道路，成為洪秀全式的宗教與政治兩大領域跨界兼具的領袖。這種牧者的錯誤就在於把建制性教會（作為公共機構的教會）和有機性教會（基督徒個人）的職分混淆在一起。建制性教會及其全職的牧者應當以祈禱、傳道、牧養會眾為主，而有機性的教會，也就是作為上帝的子民的教會則可以根據自己的負擔和呼召從事社會上的各種事務與活動。這種牧師最具有欺騙性，因為很多基督徒認為基督教不逃避政治問題，在公共領域中發聲，也是基督教和教會當有的本分，卻不能分辨建制性教會和有機性教會的分別分工。

## 改革宗神學處境化與內在生命的更新

處境化是不可避免的，使用異教的語詞也是不可避免的，因為終極而言，所有的語詞都有其宗教和文化的背景。我們試圖找到純之又純、不帶有任何異教背景或污染的語詞是不可能的！關鍵是我們如何予以真正的理解和轉化。

不管是改革宗神學，還是其他名稱的神學，最最重要的就是自己有沒有生命的改變，特別是體現在夫妻生活中。很多風風火火、大有名望的牧師最終很多人都因為性醜聞而身敗名裂！我們需要的是彼此相愛、互相負責的聖約團體生活。陳師母特別談及英美很多教牧與宣教團隊的團隊精神，而中國教會往往缺乏這種團隊精神，同工之間往往彼此撕咬，互相定罪，內部消耗，長期追殺！長老制關鍵不是投票的制度，關鍵不是教會法庭的裁決，而是各個長老當有的那種效法基督、彼此相愛的崇高品格！正如魏拉德所言，耶穌基督所帶來的是「品格的革命」。[5] 那些在神學和制度上下功夫的人不過是得其皮毛而已。沒有敬畏上帝、守約守法的品格，長老會和教會法庭都有可能隨時蛻變為「家長制」、「一言堂」、「主教制」！北京福音教會的高真牧師坦率地承認，自己多年從事改革宗神學的傳講和長老制教會的建造，但卻不知不覺成了教會中的「主教」！中國改革宗神學院王俊豪牧師強調：在亞洲各地，A Presbyterian church can be anything！他的意思是說，長老會在亞洲這種缺乏法治與共和傳統的文化處境中，能夠蛻變成各種形式！陳宗清牧師提醒說，真正的長老制精神不是一兩代人能夠形成的，可能至少需要五六代人的努力和積累！對於我們生命中根深蒂固的殘餘之罪，我們應當有壯士斷腕、刮骨療毒的精神去對付。

內在生命的更新是需要一定的時間和功夫的！因此，聖經中談及監督或牧長資格的時候明確提醒我們：「**初入教的不可作監督，恐怕他自高自大，就落在魔鬼所受的刑罰裡。**」（提前 3:6）「初入茅廬」就要「初出茅廬」，指點江山，仿佛已經在真理和靈命上大有積累，可以為人

---

[5] 魏樂德、辛普森，《品格的革命》，林秀娟譯（台北：校園，2012 年）。

師表，這是與靈命的實際不相符的，也容易作假見證。既然剛剛信主的人在真理和靈命上還沒有多少積累，冒然擔任監督或牧長的職分就會在不明白何謂基督徒，當然也不明白改革宗神學和長老制特徵的時候，就以權威自居，別人一有異議，就覺得自己的價值和尊嚴受到侵犯，自己的權威和職分受到挑釁，就想方設法地為自己辯護，甚至疏遠、謾罵、驅逐有異議的人，籠絡那些對自己一味順從的人。如此對待弟兄姊妹，聽不進別人的不同意見，甚至開始對於有異議的人隨意定罪，當然就會在教會中造成分裂，排斥異己，這樣一來自己周圍逐漸聚集的往往也是一批阿諛逢迎、別有用心的人，這顯然是非常危險的。最大的危險就是**「自高自大」**，最可怕的結局就是**「落在魔鬼所受的刑罰裡」**！雖然在基督教信仰和教會事奉上，我們不可機械地論資排輩，但在信仰上一定時間的學習和沉澱還是相當重要的。信主之前愈是有屬血氣的恩賜的人，愈是在社會上有名望的人，愈是需要經歷更長的時間和更多的掙扎來對付自己的老我。尤其是在中國文化和社會中，人們已經習慣了《孫子兵法》中的各種詭計，《厚黑學》更是無師自通，就像《水滸傳》中那群土匪一樣，雖然幹的是殺人放火的勾當，但打得卻是「替天行道」的大旗，甚至給自己的土匪窩掛上「聚義廳」的牌子！

因此，人類是最最善於自欺欺人的，我們往往不知道我們自己的心靈有多麼詭詐、險惡！因此，上帝藉著先知耶利米提醒我們：「**人心比萬物都詭詐，壞到極處，誰能識透呢？**」（耶 17:9）特別值得我們愛主之人深思的就是門徒要滅絕撒瑪利亞村莊之人那件事：「**耶穌被接上升的日子將到，他就定意向耶路撒冷去，便打發使者在他前頭走。他們到了撒瑪利亞的一個村莊，要為他預備。那裡的人不接待他，因他面向耶路撒冷去。他的門徒雅各、約翰看見了，就說：『主啊，你要我們吩咐火從天上降下來，燒滅他們，像以利亞所作的嗎？』**」（路 9:51-54）此處的雅各和約翰被稱為**「雷子」**（可 3:17），肯定是脾氣大，反應快，報復心強！他們見到耶穌在這樣重要的時候還被人拒絕，就為天國大事而義憤填膺，開始引經據典，就是引證以利亞的例子，要祈求上帝降下大火，把那些不接待耶穌的撒瑪利亞人全部滅掉！但是，對於他們的忠心和義怒，耶穌不僅沒有欣賞，反倒予以嚴肅的提醒：「**耶穌轉身責備兩個門徒說：你們的心如何，你們並不知道！人子來不是要滅人的性命，**

**是要救人的性命。說著就往別的村莊去了。**」（路 9:55-56）求主使我們承認自身的敗壞和黑暗，求主使我們更多體會耶穌基督憐憫的心腸！

要使我們的心志得到徹底的更新，實在是道阻且長。筆者在中國長老會中經歷過很多「怪現狀」，有的長老會背著牧師偷偷開會，然後把牧師開除趕走；有的長老會內部就像耶穌身邊的門徒一樣**「彼此爭論誰為大」**（可 9:34），牧師主張牧師大於任何個別的長老，長老強調自己可以監督任何個別的牧師，他們忘記了牧師也是教導性的長老這一長老會基本的概念；有的主張區會和堂會之間是「上下級關係」，堂會應當「在區會的領導之下」，不知道長老會各級議會之間不存在上下級關係，當然也不是誰領導誰，而是一同降服在上帝的真理和律法之下，各就各位，各盡其職；有的動不動就動用長老會作為「教會法庭」對人進行審判，公器私用，勞師動眾，最後面對的不過是個人之間的恩恩怨怨，不知道教會勸懲的權柄主要是醫治和服事性質的，絕不是打擊異己、懲罰對手的手段等等。中國長老制教會內部出現的這些醜陋現象，當然不是長老制本身必然具有的，而是來自我們自身沒有更新的心思意念，沒有改變的老我性情。

## 警惕「兇暴的豺狼」與「光明的天使」

改革宗神學的精粹就是明確文化使命和福音使命之異同，按照聖經啟示的規模傳講律法與福音平衡之道。但改革宗神學也強調，牧師和建制教會應當專心以祈禱和傳道為念。有些所謂的改革宗牧師既沒有在聖經和教義上有整全的裝備，在靈修和敬虔和也沒有深度的操練，對於教會和會眾也沒有基本的為父之心，只是絞盡腦汁地利用教會平臺在能夠吸引人注意的公共領域中發聲，最終容易迅速在教會內外出名，也容易很快就會因為教義上的偏頗激進、生活上的傲慢固執、同工關係的嫉妒紛爭而身敗名裂。基督徒牧者愈是不把注意力放在教理的研究、敬虔的追求和牧養的關懷上，愈是不以祈禱、傳道、牧養為念，就愈是執迷於在文化和公共領域中發聲，並且以各種形式脅迫、綁架其他教會的牧者和基督徒也這樣行，這是必然的。

當然，更深刻地講，既然改革宗神學體系和長老制教會治理如此合乎聖經，強大有力，在屬靈領域中必然有撒但的進攻、滲透和扭曲；在人間政治的舞臺上，也必然有無神論國家特意安插和扶持的披著羊皮的**「兇暴的豺狼」**進入改革宗長老制教會之中。當然，到底誰是這種「兇暴的豺狼」？個人不必對號入座，其他任何個人和教會法庭也無法輕易判斷，最終只有上帝知道究竟誰是他的人！耶穌基督的身邊也有一個真真確確但卻賣主賣友的使徒猶大，連使徒保羅也被人攻擊為「假使徒」，不得不在《歌林多後書》中多方為自己的使徒職分提出辯護。值得我們注意和深思的是，保羅特別強調撒但不僅裝作「光明的天使」，而且他的差役也特別「裝作仁義的差役」。這就是說，撒但的差役們總是喜歡打著「為人民服務」、「為教會著想」、「為公義爭戰」的旗號，因為這更具有欺騙性和蠱惑性！長期以來，教會外部的馬克思主義無神論最最關心的就是社會的公義和個人的自由，但眾所周知，馬克思的徒子徒孫們給全世界的社會公義和個人自由帶來了空前的災難，致使全世界幾億人受難受害！教會內部的自由主義者背離上帝啟示的悔改的福音和聖潔的律法，高舉「民權」（civil rights）、「同性戀權利」（gay rights）、「動物權利」（animal rights）的旗號，使得眾多教會成為各種意識形態和政治運動的工具，卻在上帝啟示的基本真道上喪失了見證與堅持。這值得我們警醒的！因此，那些身為教會牧者的人要格外地警醒，保守自己和教會。

上海彭林庭弟兄提醒說，「**『兇暴的豺狼』**和**『光明的天使』**不僅古時就有，至今也在中國肆意橫行、破壞；不僅發生在別人身上，也極可能發生在自己身上。每個人的罪就是那猴子的紅屁股，爬到高處就露出來了。……求主先叫醒我自己，也求主真實地破碎我，不要讓我一面唱『屬靈人』的高調，一面**『看見婦女就動淫念』**。高樓可以在倪柝聲那裡倒塌，也可能在我這裡倒塌。」這是極好的提醒！唯願上帝祝福，用這篇文章幫助作者和讀者一起深刻地省察自我，不僅能夠像世上的哲人一樣，對於別人的評言「有則改之，無則加勉」，並且能夠深入一步，在基督裡深刻地認識到這些罪惡都是源自於自己被污染的人性本身，即使已經重生得救，甚至被上帝重用，我們的身上也仍然存在這些罪惡的痕跡。更重要的是，上帝之所以沒有讓我們今生今世在成聖馬上達到完全的地步，就是為了培養我們的謙卑、忍耐、溫柔、信望愛之德，免得我們自高自大，讓人頂禮膜拜，竊奪上帝的榮耀。一旦我們自以為完全了，一旦我們周圍再沒有摯友諍友提醒我們，一旦上帝的膀臂離開我們，我們每個人都會隨時陷入極大的可怕的罪惡之中！彼得在耶穌身邊受教也不可靠，彼得自己發誓願意為主捨命也不可靠，最終他還是在極短的時間內三次不認主！因此，我們不要以為賣主賣友的猶大就比彼得更敗壞，我們不要以為自己就比那些身敗名裂的人更聖潔，我們之所以站立得穩完全是靠著上帝的恩典和慈愛，這是我們需要時刻提醒自己，也彼此提醒的。我們信主之後，尤其是在參加教會事奉之後，愈是熱心事奉，愈是願意為主捨命，撒但就愈是要變本加厲地爭奪我們的靈魂。求主保守我們，彼此珍惜，恆切禱告，使得我們能夠深知自己的軟弱和敗壞，常常警醒謹守。

對於中國基督徒，我們非常容易利用基督教來「救亡圖存」，[6] 利用改革宗神學來「占山為王」，利用正統神學來「以理殺人」！因此，我們最最需要的不僅是基督教和正統神學，最最需要的乃是內在生命的改變，確實經歷在基督裡的「天人合一」，深信深知我們在基督裡是新造的人，努力靠主恩典活出新生命的樣式。因此，「中國福音化」絕不僅僅是基督徒在數目上有多少增長，關鍵是有多少人真正明白福音的奧秘，真正經歷福音的大能，真正悔改歸向上帝。「教會國度化」要求我們放下一切宗派性的壁壘，拷問自己的靈魂，我們是否真正發自內心地先求上帝的國度和公義，核心標記就是深度愛慕、研究和遵行上帝的律法。「文化基督化」關鍵不是一心要把西方盛行的「憲政」制度生搬硬套到中國社會中來，關鍵是基督徒的心意需要更新，建立合乎聖經的全方位的世界觀，從這種世界觀出發自然就能敵擋異質的世界觀，逐步建立效法基督、分別為聖的聖徒品格，最終逐步建立真正的基督教文明。「文化基督化」的核心不是走向街頭，不是遊行示威，不是爭取自由，不是劊除保障，而是我們基督徒個人品格的「基督化」，就是效法耶穌基督的柔和、謙卑。效法耶穌基督甘心為門徒洗腳，為門徒捨命，而不是動不動就利用自己手中所謂的「權柄」，維護自己的「價值和尊嚴」，

---

6　林榮洪，《中華神學五十年 1900-1949》（香港：中國國神學研究院，1998 年）。

把別人開出教會，開出牧職。沒有世界觀的更新，沒有聖徒品格的塑造，教會內外對於憲政、民主、法治的嚮往和學習，不過是東施效顰，徒增其醜而已！最終「中華人民共和國」本身成為對於「人民」和「共和國」的玷污，「中國改革宗長老會」本身也可能成為對「改革宗」和「長老會」最大的玷污！因此，對於中國改革宗和長老制教會而言，最最重要的不是高舉地域性區會，建立全國性總會，關鍵還是回到地方性堂會的建立和牧養上來。千萬不可把區會、總會建成常設性的權力部門，搞成中國人喜歡的「衙門」，被某些別有用心的人把持，成為轄制眾教會和牧者的工具！

至於外國的宣教士，要常常省察自己的事奉動機和定位。宣教士的呼召和職分是神聖的，但我們擔任宣教士的人本身不是神聖的，我們常常有自身和環境的侷限，在宣教工場上更是「水深火熱」，屬靈爭戰十分複雜和兇險，一不小心宣教士就會陷入當地文化的醬缸糞坑之中。宣教士要常常靠著主的恩典保守自己，當地比較成熟的同工和教會也有責任在主內保護他們的安全。因為不熟悉當地錯綜複雜的文化與人心狀況，宣教士不要隨意捲入當地教會中行政性、決策性、裁判性的事務，最好繼續謙卑、低調地發揮代禱性、輔導性、幫助性的功用，免得出頭露面，被人利用，授人以柄，最後無法在中國大陸繼續事奉。海外宣教士，尤其是來自美國的宣教士，不要「挾洋自重」，彷彿自己最最瞭解改革宗神學和長老制教會，能夠拯救中國教會出水火。稍稍研究中國教會歷史、世界宣教史和中國現狀的人都知道，目前中國教會和海外宣教士的關係早已經超越了這樣的宣教士隻手遮天的階段。海外宣教士不再是「洋老爺」，花點小錢就可以收買中國苦力給他們抬著轎子到處傳福音！求主恩待海外宣教士，使他們真正通達時務，謙以自牧，滿足於自己在中國教會中配搭和幫助性的角色。尤其是那些沒有在中國大陸本土建立和牧養教會的海外傳道人，本身就漂浮在中國教會與社會很膚淺的層面上，不要虛妄地以「中國教會與中國問題專家」自居，轉而轄制地方教會及其牧者，甚至在海外遙控中國教會，這是不適合的，也是上帝所不喜悅的。

## 如何正確對待基督徒和教會的政治參與？

我們反對基督教牧者和建制性教會偏離祈禱與傳道之職，過多地介入到公共政治領域之中。但這絕不意味著我們對於政治不管不問。在政治領域中，我們要自覺地反對各種無神論和敵基督的主張與做法。今天，基督教在公共領域中潰不成軍，甚至那些有著上千年基督教文明史的國家也開始廢除死刑，甚至承認同性戀的合法性！西方基督教文明似乎已經日薄西山，氣息奄奄！當然，我們中國基督徒也沒有任何可以誇口之處，中國的基督教文明在政治上更是處於啟蒙階段，我們還缺乏最基本的對政治神學概念和原則的掌握。

目前我們華人基督徒不僅是缺乏合乎聖經的公共神學，大多數教會和基督徒對於政治的理解甚至是扭曲的、消極的、害人害己的。許多華人基督徒認為基督徒不當參與政治，教會中不當傳講與政治有關的資訊。以倪柝聲為代表的聚會所強調基督徒應當成為「屬靈人」、「超政治」，最後倪柝聲自己在殘酷的無可逃避的政治現實面前也不得不承認：「一個人是自然而然的，不管你知道也好，你不知道也好，你覺得也好，你不覺得也好，總有某種政治的觀點。你不能說你相信了耶穌，就沒有政治的觀點。」[7] 其實，如果我們的信仰沒有落實到政治或公共領域中，那麼我們可以確信我們所謂的信仰並不是真正的基督教信仰，我們的觀念就沒有得到徹底的更新！非常明顯，聖經中所啟示的上帝不僅是我們個人的拯救者，也是公共性的上帝，他是宇宙的創造者、立法者和審判者；聖經中所啟示的教會也是聖而公的教會，絕不是隱瞞自己的政治意圖的秘密組織，更不是對政治蒙昧無知的幼稚園孩子；上帝呼召基督徒所從事的使命在本質上就是一個政治性的使命，也就是治理全地；耶穌基督也是因為政治性的理由而被釘死在十字架上的。聖經中所講的「新天新地」所涉及到的也主要是政治或社會秩序的變革與更新。[8]

---

7　倪柝聲，「我是怎樣轉過來的，」參見許梅驪《警鐘長鳴：倪柝聲與中國地方教會》，頁 604。

8　參看 R. C. Sproul, *The Last Days According to Jesus* (Grand Rapids: Baker Books, 1998); Kenneth L. Gentry, Jr., *Navigating the Book of Revelation* (Fountain Inn, South Carolina: GoodBirth Ministries, 2010); David Chilton, *The Days of Vengeance: An Exposition of the Book of Revelation* (Tyler, TX: Dominion Press, 1987).

因此，基督教的資訊始終包含政治性的資訊。奧古斯丁在其《上帝之城》中明確地談及以愛上帝和愛鄰舍為動機的上帝之城，以及以愛自己為中心的地上之城，指出「政治乃是人在世間不可遏制的渴慕」，[9] 從而奠定了西方政治哲學中「以愛為核心的政治和秩序」、[10]「以恩典為根本的共和國」。[11] 加爾文在其四卷本《基督徒敬虔學》第二卷第八章中特別解釋了十誡律法，在第四卷最後一章，也就是二十章中，特別論及公民政府，強調我們在今世的旅程，需要公民政府的說明。剝奪這種幫助，不僅是違背人性的，並且會導致很野蠻的世界。[12] 在 1730 年至 1805 年美國建國時期，教會中的牧師對於各種重大的政治性議題進行了大量的「政治性講道」（political sermons）。沒有這些充滿政治氣息和導向的講道，美國社會的公民精神就無法形成，當然也不能在重大政治問題上達成基本的共識。比如當時波士頓最著名的長老會牧師考曼（Benjamin Colman, 1673-1747 年）在 1730 年 8 月 13 日直接向當時的將軍和士兵講道，他根據《撒母耳記上》二章八節講解「地的柱子——政府」（Government the Pillar of the Earth），強調各級政府及其官員就是「地的柱子」，是屬於上帝的，上帝把世界的維繫置於他們的身上，他們的責任就是維繫並保護美德、秩序與和平。[13] 著名的清教徒神學王子之一約拿單・愛德華茲（Jonathan Edwards，1703-1758 年），甚至有一篇講道專門講解「為了我們政治的興盛，公民相信基督教的必要性」（the necessity of the Belief of Christianity by the Citizens of the State, in order to our political prosperity）。[14] 因此，托克維爾在考察民主在美國的施行時強

---

[9] See John von Heyking, *Augustine and Politics as Long in the World* (Columbia and London: University of Missouri Press, 2001).

[10] See Eric Gregory, *Politics & the Order of Love: An Augustinian Ethic of Democratic Citizenship* (Chicago and London: The University of Chicago Press, 2008).

[11] See Charles Mathewes, *The Republic of Grace: Augustinian Thoughts for Dark Times* (Grand Rapids/Cambridge, U.K.: Eerdmans, 2010).

[12] 加爾文，《基督徒敬虔學》，4 卷 20 章 2-3 節。

[13] Ellis Sandoz, *Political Sermons of the American Founding Era: 1730-1805* (Indianapolis: Liberty Fund, 1991), pp. 9-24.

[14] Ellis Sandoz, *Political Sermons of the American Founding Era: 1730-1805*, pp. 1187-1218.

調，美國基督教的牧師們就是「基督教文明的傳播者」。[15]

作為基督徒，我們應當堅決捍衛上帝的主權和個人的尊嚴，抗擊各種形式的專制暴政，同時也要旗幟鮮明地反對各種形式的無政府主義。但是，我們知道當耶穌基督道成肉身來到這個世界的時候，以色列人也同樣面對重大的政治危機和挑戰。一是羅馬帝國的占領，使得以色列人喪失了國家的獨立，成為寄人籬下、仰人鼻息的附庸國。因此，哪怕耶穌的門徒中也有奮銳黨人，他們試圖通過暴力起義的方式趕走羅馬占領軍，重新取得國家的獨立和民族的尊嚴。二是數位希律王的殘暴。大希律王（前 74 年－前 4 年）大規模地屠殺當時猶太人的精英人士法利賽人，甚至為了確保自己的權力而下令處死自己的三個兒子。史書稱：「寧肯作希律王的豬，也不要作希律王的兒子！」為了殺死剛剛出生的耶穌，他下令把伯利恆附近兩歲以下的所有男嬰都格殺勿論。另外一位希律王則是加利利地分封王希律・安提帕（4-39 年），他和前妻離婚，與自己的侄女希羅底結婚，因這亂倫之罪而受到先知施洗約翰的譴責。在他生日慶典的時候，希羅底唆使她女兒莎樂美跳舞助興，趁機索要施洗約翰的頭，這位希律王竟然就讓人斬下施洗約翰的頭顱（太 14:3-10）。在羅馬帝國和希律王的雙重暴政之下，以色列人正是怨氣重重，整個以色列國就像一個火藥桶一樣，隨時都能引爆。當然，以色列人此時期待的就是一個政治性、軍事性的領袖人物，能夠帶領他們完成這雙重的革命或解放。但是，當耶穌基督道成肉身來到以色列中間展開服侍的時候，他並沒有趁機發動革命，而是宣講**「天國近了，你們應當悔改！」**（太 3:2）。即使眾多以色列人強逼他作王（約 6:15），耶穌也沒有趁機革命，黃袍加身，而是仍然繼續傳講悔改之道，培養天國的門徒。耶穌在此向我們啟示了天國政治的根本，就是人心的悔改！

筆者深信，今日中國教會和社會最最需要的就是聖經中所啟示、耶穌基督所教導的悔改之道，通過個人和教會的真誠悔改為中國文化打破千年來以暴易暴的傳統，開創和平轉型、走向共和的新路。因此，基督教牧者應當傳講悔改的資訊，拯救個人的靈魂，這些都是至關重要的；

---

[15] 托克維爾，《論美國的民主》，張楊譯，最新全譯本（長沙：湖南文藝出版社，2011 年），頁 206。

但是，我們一定要像保羅所表明的那樣，定志**「要把上帝的道理傳得全備」**（西 1:25）。基督教牧者到底當在教會中講什麼？講律法，傳福音！因為整個聖經資訊的根本性內容就是律法和福音。[16] 如何講？關鍵就是在聖約的框架內，根據耶穌基督所強調的愛主愛人的總綱（太 22:36-40），靠著聖靈的大能，為榮耀上帝、使罪人悔改得生、使聖徒成聖成全而講。既要注重傳講聖經中所啟示的超驗性、客觀性的教義，也要強調經驗性、主體性的經歷，好讓人把頭腦的知識落實到心靈的經歷之中。[17] 這樣整全和平衡的傳講，不僅注重個人性的靈魂得救的資訊，也注重社會性的文化重建的真理，就能夠幫助基督徒不僅有真實的得救的信心和確信，也能夠切切實實地承擔起上帝賜給的治理全地的使命來，包括在政治或公共領域中承擔自己的責任。談及護教和政治體系，基督教牧者應當專心以祈禱和傳道為念，不可超越牧者的職分，踐踏教會與國家在組織和功能兩大方面的分別，為爭取「民主」、「民權」而成為街頭政治、甚至暴力革命的領導者。彼得強調：**「我們要專心以祈禱、傳道為事」**（徒 6:4）。因此，托克維爾強調：「一旦宗教信仰的解說人參與到政治中去，信仰就將產生幾乎無法避免的危機；我認為，現代民主國家應當不計代價地維護基督教。因此，我寧可將神職人員關在教堂裡，也不願讓讓他們越出教堂的大牆一步。」[18]

總之，目前改革宗和長老會目前在中國大陸發展所面對的危險首先不是來自教會外部的政治性的逼迫（這種逼迫和打壓始終存在，求主憐憫、保守他的教會！），而是來自教會內部宗教性極端分子的喧囂以及那些暗中使徒利用改革宗長老會達成個人政治目的的野心家！福音書和教牧書信所教導的並不是如何與羅馬帝國爭戰，而是基督徒當如何行事為人與蒙召的恩典相稱，尤其是提防那些**「假先知」**。唯願我們警醒謹守，時刻仰望上帝的護理！唯願教會牧者和建制性教會本身更多聚焦到

---

[16] See C. F. Walther, *Law & Gospel: How to Read and Apply the Bible*, trans. Christian C. Tiews (Saint Louis: Concordia Publishing House, 2010), A Reader's Edition, liv.

[17] See Joel R. Beeke, *Puritan Reformed Spirituality: A Practical Theological Study from our Reformed and Puritan Heritage* (Webster, NY: Evangelical Press, 2006), pp. 143-169.

[18] 托克維爾，《論美國的民主》，頁 418。

祈禱和傳道的本分上來，唯願每個基督徒都忠於上帝賜給自己的天職！

**王志勇**現任美國改革宗長老會維吉尼亞主恩基督教會主任牧師、倫敦三一聖經公會編輯。中國政法大學學士，北京大學法學碩士，牛津大學訪問學者，美國加爾文神學院神學碩士。研究領域為基督教哲學、神學與法學。1997 年在北京從律師業蒙召全職參加宣教與牧會事奉，2000 年在北京家庭教會中按立為牧師。2003 年在北京創立「中國改革宗神學網站」（www.chinareformation.com），2010 年在香港創辦「雅和博聖約書院」，2012 年在美國創辦「雅和博傳道會」，致力於研究和傳播以十七世紀英美清教徒神學為代表的古典改革宗神學，並結合英美文化保守主義與中國傳統文化，宣導以「聖學為體，世學為用；仁教心學，法治德政」為綜述的雅和博經學，致力於在各地推動並建立經學、修道和牧靈三者合一的基督教研修院，促成中國教會與社會經悔改、和解與重建之道、由皇權專制為主導的醬缸文化轉向敬天愛人為特色的仁愛文明，被稱為「中國改革宗神學領軍人物」之一，並被評入 2014 年、2016 年度「百名華人公共知識份子」（政右經左版）。主要著作有：《清教教徒之約》、《中國改革與清教徒精神》、《當代基督教聖約世界觀》、《公義與慈愛彼此相親：寫給華人教會的公共神學》、《聖約經學與中國未來：清教徒精神與中國教會和社會的轉型》、《聖經、聖靈與聖徒：三源合流與雅和博經學精華》、《基督教文明論》。

# 處在十字路口的中國基督教

## ——一個社會歷史的視角

楊鳳崗

在21世紀的第二個十年裡，中國基督教已經走到了一個十字路口。從社會歷史的視角看，這個十字路口的重要性堪比西元四世紀羅馬帝國的基督教在歷史上的地位，那個世紀的短短幾十年之內，基督教面對了嚴峻的逼迫，勝過了嚴峻的逼迫，在經過了與其他宗教共用自由幾十年後，演變成羅馬帝國的神權政體，並形成了第一個基督徒世界（Christendom）。基督教在中國的歷史可以追溯到400多年前明朝時期耶穌會的傳入以及200多年前清朝時期新教傳教士羅伯特·馬禮遜到華傳教。從清王朝統治，經中華民國，到中華人民共和國，中國的基督徒在不同政權底下經受了巨大的逼迫以及多次反基督教的運動。這樣的逼迫至今尚未結束，甚至在一些特定的地區和時期內逼迫還會加劇，然而，中國基督徒的增長已跨過了一個門檻並到了勢不可擋的地步。

過去這三十載，中國基督徒人數增長迅速。若是中國社會朝著當前的方向繼續變遷（包括工業化、城市化和全球化等），這樣的增長在今後的幾十年便會持續。照此增長速度，十年數載之後，中國將成為世界上基督徒人數最多的國家。到那時，正如拿破崙曾經所言關於遠東沉睡獅子的覺醒那樣，整個世界將會震驚。在某種意義上，近年中國基督徒人數的增長也許是 21 世紀世界上最大的奧秘，因為此增長的規模及其對社會和政治的影響對絕大多數人（包括多數中國基督徒）而言，仍是難以察覺並且是難以理解的。

在本文中，我首先會把不易察覺的事實呈現出來——簡單回顧中國基督徒的人數增長以及預測三種未來可能有的景象。其次，我會回顧基督教在羅馬帝國的崛起，並比較其在羅馬帝國與今日中國的一些關鍵相似點。再者，我會提出一些當前在十字路口的中國基督教所面臨的一些社會與歷史性的問題，例如教會的內部組織，社會管理，以及其與國家和世界的外部關係。當下中國基督徒的何去何從將會對中國以及世界產生重要的影響，或者說，對整個天下都意義深遠。

## 人數增長及未來幾十年的三種景象

中國曾經是世界上最世俗的國家。然而，隨著過去三十五年經歷快速的現代化之時，許多宗教反而都在蓬勃發展（Yang, 2012）。1966 至 1979 年之間，受無神論意識形態的驅動，黨國關閉了所有的教堂、寺觀和清真寺。其他國家中，唯有阿爾巴尼亞曾同樣地完全消滅過宗教。事實上，阿爾巴尼亞共產黨正是受到中共的啟發而實施了其消滅宗教的政策。在蘇聯，哪怕是在最反對並打壓宗教的時期，蘇聯政府仍舊保留了至少幾百所教堂開放，供人們進行宗教敬拜活動。

在毛澤東過世之後，中國共產黨確定了經濟改革與對外開放的新路線。自 1979 年起，為了團結人們走以經濟建設為中心的道路，願意接受其愛國委員會控制的五大宗教——佛教、道教、伊斯蘭教、天主教、基督新教——被允許開放一定的場所以供宗教活動。那時的中共領導似乎相信，只要 1949 年之前的那一代人離去之後，宗教也會隨之自然消亡。他們自信地認為接受共產黨教育的年輕一代將完全不需要宗教。

伴隨著 1980 年之後的快速經濟發展，中國也在經歷著急速的工業化、城市化和全球化。與此同時，各種宗教也在繁榮發展——不僅在老一輩中間，也在 1949 年之後出生的幾代人中。此外，許多信教的個人和團體都是在所謂的愛國委員會之外興旺發展。這一現象令無神論的共產黨吃驚，也使得那些忠於世俗化理論而預測宗教必然會隨著現代化而衰落的現代化學者迷惑不解。

基督宗教是至今中國增長最快的宗教。中國共產黨 1949 年在大陸奪權時，中國（不包括台灣、香港和澳門）只有不到一百萬的新教徒。隨著往後幾十年對宗教的打壓和消滅，中共在 1982 年的一份官方檔案裡承認那時中國只有大概有三百萬的新教徒。自那之後，各種對基督徒人數的估計有很多也很不一致。黨國一直堅持一些偏低的估計，認為 2010 年中國只有兩千三百萬新教徒（Jin and Qiu, 2011）；其他機構——海外宣教組織（Hattaway, 2011; Johnson and Ross, 2009）以及一個中共的內部報告（Moll, 2008）——則做了較高的估計，認為 2010 年中國有 1 億到 1.3 億的新教徒。通過仔細地比較不同的估計資料以及調查之後的嚴密推理，皮尤研究中心（Pew Research Center）2011 年在《全球基督教報告》（Report of Global Christianity）中提出，中國在 2010 年有大約五千八百萬的基督新教徒以及九百萬的天主教徒。我認為這是一個謹慎的偏保守的估計，可以依此推算未來增長的可能性。

關於將來的發展，我們可以想像三種不同的景象。首先，中國將在繼續當前的經濟發展以及政治維穩模式的前提下，維持現有的有限度寬容的宗教政策。其次，繼續保持經濟發展和政治穩定，對基督宗教的限制加劇，甚至出現部分或全面禁止基督宗教的政策。第三，未來可能會有社會和政治動盪，即發生革命或戰爭，到那時宗教政策如何將變得無關緊要。這三種情景都是可能發生的，因為它們都有過先例——每一種在 20 世紀都以不同形式上演過。

自從 1979 年起，宗教政策一直是對宗教嚴格的管控之下而給予其有限的寬容。在這段時期裡，中國基督新教徒平均複合年增長率一直是在 10% 以上（從 1980 年的三百萬至 2010 年的五千八百萬）。如果中國今後年日裡不發生巨大的社會動亂，大致保持當前經濟增長和社會變遷的勢頭，並且不加劇對宗教事務的限制，我們可以合理地推斷今後平均年增長率可以保持在 10% 左右。在這種情況下，中國基督新教徒的人數在 2021 年將達到 1.71 億，四年之後的 2025 年就會達到 2.55 億。皮尤研究中心 2011 年的《全球基督徒報告》中稱美國在 2010 年約有 2.47 億的基督徒（包括新教徒、天主教徒、東正教徒和其他）。近期研究表明，美國基督徒佔總人口的比例在已過幾年逐年減少。假設未來幾十年美國基督徒人數保持不變，中國很有可能在 2025 年成為世界上最大的基督新教國家。這個日子距今只有不到十年了！有多少人意識到它來的如此突然？

然而，近年來，黨國似乎加劇了基督教的限制。從 2014 年至 2016 年，浙江省有的教堂被拆毀，約有 1700 個教堂頂部的十字架被摘落。我們可以據此設想，中共有可能重走文革的路，甚至再一次試圖禁止基督教。然而，這種極端的政策，即使有些中共領導人希望如此，在今下將是難以實施的，除非黨國願意把政治經濟政策也恢復到文革時期的模樣。就算歷史重演，反基運動也最多是間歇性的——嚴厲逼迫幾年而有相對放鬆限制的幾年，或者是區域性的——在有些地方嚴厲打擊甚至禁絕基督教，但在其他地區則對基督徒相對寬容甚至接納。因此，我們可以用 1950 年至 2010 年的平均年增長率——7%（從 1950 年的一百萬到 2010 年的五千八百萬）來預測未來。在這種情景下，中國新教徒的人數在 2025 年將達到 1.6 億，到 2032 年將有 2.57 億。也就是說，在遭受更加嚴厲打壓的情景下，到 2030 年前後，中國的基督新教徒的人數有可能趕上美國所有基督徒的總數。

如果我們想像以下革命和戰爭的情景，就像 20 世紀上半葉所發生的那樣，那期間發生了辛亥革命、軍閥割據、北伐戰爭、抗日戰爭、國共內戰等等。中國從 1900 年至 2010 年新教徒人數的平均年增長率也有近 6%（從十萬到五千八百萬）。這就意味著，按此比較低的增長率，中國將在 2035 年成為世界上基督徒人口最多的國家，約有 2.47 億的新教徒。

出於謹慎穩重的考慮，在這三種未來發展的景象中，我傾向於採納第二種情景。根據皮尤的報告，如果我們把 2010 年的九百萬天主教徒也加上，並假設在未來年日裡其人數保持相對穩定，我們可以確信地說，中國將在 2030 年成為世界上最大的基督教國家。

人口學家已經預計中國人口將在 2030 年達到 14 億的頂峰（如 UN, 2015）。到那時，基於第二種景象的保守估計，基督徒將佔中國總人口的 16%。如果其增長率繼續保持在 7%，基督徒佔中國總人口的比例將在 2040 年達到 33%，而到了 2050 年將翻倍到 67%。

當然，基督徒佔總人口的比例不一定持續增長。它有可能在某個點上停滯。但是我們很難提早預估停滯點在哪裡。儘管如此，我們可以找一些類似的案例進行參照。中國基督徒的比例會變的更像台灣那樣嗎（基督徒約佔總人口的 5%）（參照 CIA, 2015）？或是像香港，約在 10%-15% 之間（Cheng, 2014）？再或像新加坡華人，接近 20%（Singapore Department of Statistics, 2011: 表 2）？亦或像美國的華人基督徒，在 23%-32% 之間（Yang, 1999; Lien and Carnes, 2004）？中國基督徒的增長會趕上韓國（人口的 30% 是基督徒）（Pew, 2014a），並至終接近美國（2014 年約有 71% 的人口是基督徒）嗎？鑒於中國基督徒積極的傳教活動，我認為在今後的二十至三十年之間，中國的基督徒佔總人口的比例很有可能在 16%-33% 之間，大致在今天香港和韓國的比重之間。看看今日基督徒在香港和韓國的社會政治影響力，我們有理由相信，中國基督徒人口的增加將會對中國以致全世界都帶來深遠的社會和政治影響。

## 中國將會是新的羅馬帝國？

今日中國基督徒的快速增長在許多方面都堪比羅馬帝國第四世紀的景象。首先，基督教作為一種異國宗教出現在主流文化中。其次，它起先在邊緣化的人群中傳播而後卻慢慢融入主流社會。第三，由於政治原因和文化上的敵視，基督徒經歷了週期性的逼迫，而逼迫並沒有將其消滅反而燃起了傳教的熱火。在這擴張帝國的遼闊領土上，帝國為這一新興宗教提供了肥沃的土壤。

對於基督教和羅馬帝國而言，第四世紀是一個重要的時期。最後一輪也是最殘酷的一輪對基督徒的迫害，即所謂的「大逼迫」（Great Persecution），始於戴克里先（Diocletian）皇帝統治下的西元 303 年。歷史學家估計到那時整個羅馬帝國有將近 5%-10% 的人口是基督徒。在那時，基督徒人數眾多並分散在社會的各個階層，要將其全部消滅或征服實屬不易。僅僅在十年之後，羅馬帝國就放棄了逼迫。康士坦丁皇帝在西元 313 年發佈米蘭敕令（Edict of Milan），賦予基督徒以宗教自由。

恰巧的是，根據不同的估計，中國今日的基督徒人數也是在總人口的 5%-10% 之間。事實上，當時羅馬帝國各種對基督徒人數的估計也和今天的中國相似。在一個基督徒被壓迫的龐大帝國裡，數算基督徒的人數實為難事。如果歷史想要藉這一巧合教導我們什麼，我傾向於認為中國的統治者可能會像戴克里先皇帝在西元 303 年所做的那樣，做一些最後的嘗試來抑制基督徒。我們很有可能在時局朝著完全不同的方向發展之前，見證這最後一波——儘管仍舊痛苦並偶爾劇烈的掙扎。

很多人把古代羅馬帝國基督徒人數的增長歸結為奇蹟。羅德尼・斯達克（Rodney Stark）在他的著作《基督教的興起：一個社會學家對歷史的重新考量》（*The Rise of Christianity: A Sociologist Reconsiders History* (1996)）裡用算術給我們提供新的亮光。他仔細回顧了許多專業歷史學家的研究，並得出西元 300 年羅馬帝國 5%-10% 的人口是基督徒的結論。始於西元 40 年約有 1000 位的基督徒，之後每十年的平均增長速度約在 40%，也就是每年 3.4%。照這一平均增長率，頭 200 年的增長看似緩慢，到西元 250 年只增長到總人口的 2%。然而自那之後，這一增長率將會使得絕對人數的增長和其占總人口的比例看上去極不尋常或「看似奇蹟」。也就是說，在西元 250 年，基督徒的人數約在一百萬左右，占總人口的 2%。到了西元 300 年，那個數字就超過了六百萬或是 10% 的基督徒。而到了西元 350 年，那將會是接近三千萬的基督徒，或是總人口的 56.5%。有趣的是，這些使用增長率來預測的資料與歷史學家在羅馬帝國不同時期的估計驚人地相符。這一簡單的算術使得「看似奇蹟」的增長變得易於理解。為了使現代的讀者更加相信這個看似不尋常的增長，羅德尼・斯達克引用了已被完好紀錄並分析過的摩門教徒增長的例子。然而，斯達克本可以用基督教發展更快的韓國或中國的例子。就算我們用中國官方所提供的最低估計（2010 年有兩千三百五十萬的新教徒）為例，從 1950 年至 2010 年的年增長率也有 5.4%——遠比古羅馬帝國的 3.4% 要高很多。

米蘭敕令發佈之後，羅馬統治者歸還了沒收的基督徒財產並其為財產的損失以及殉道者的生命做了補償。基督徒也因此從私人的家中轉移出來並開始建造大的教堂，或是羅馬建築風格的長方形廊柱式基督教堂。我在 2014 年參觀過義大利東北部阿奎萊亞一座這類的教堂，其中地面上還有西元四世紀的馬賽克圖畫，講述著約拿、好牧人等等的聖經故事。羅馬城裡有幾個這種長方形廊柱式的教堂，例如城牆外的聖保羅教堂，拉特蘭宮裡的聖約翰教堂，以及聖彼得教堂。康士坦丁皇帝也把原本由政府承擔的社會服務和公民職責抽離開而轉交給教會，例如照顧窮人、寡婦和病人。此外，康士坦丁號召並資助了主教會議（Council of Bishops），西元 325 年在尼西亞召開並制定了尼西亞信經（the Nicene Creed），一份自那之後被所有基督教傳統廣為使用的信仰聲明。然而，有一個重要的點必須陳明，就是康士坦丁並沒有把基督教確立為羅馬的官方宗教。基督教只是羅馬帝國眾多被允許的宗教之一，就像 1979 年之後基督教被默許為五大宗教之一一樣。儘管康士坦丁本人成為了一個信徒，他是在直到過世之前那年（西元 337 年）才受洗。

西元 380 年，尼西亞主教會議的 55 年之後，由狄奧多西（Theodosius）皇帝頒佈的帖薩羅尼加敕令（Edict of Thessalonica）把尼西亞基督教設立為羅馬帝國的官方宗教。其他的宗教以及其他的神學派別開始被打壓，廟宇被毀或是轉換成教堂。羅馬市的萬神殿，一個在西元後兩個世紀裡建造的偉大建築，也被轉換成了基督教堂。

一些歷史學家認為康士坦丁的米蘭敕令和尼西亞會議為基督教成為國教鋪墊了道路，但是國教並非寬容的宗教政策和信經帶來的必然唯一結果。如果我們非要找尋那個結果的原因，我想責任是否也可以歸結到西元四世紀的教會領袖身上呢？在我看來，那時的教會領袖缺乏神學上的預備以應對基督教變成社會中主流宗教的新局面。到那個時候，大多數的早期教父仍舊一心專注於宣教和護教（例如為什麼人們要相信耶穌基督）。然而，很少有人對如何治理社會提出思考。在他們完全意識到之前，神權統治已經成為狄奧多西皇帝強加的事實。更準確地說羅馬帝國的神權統治就是凱撒兼教皇式的統治（Caesaropapism），根據社會學家馬克斯・韋伯的定義（Swedberg, 2005: 22），也就是「一個世俗的，凱撒兼教皇式的統治者……藉著他的自主合法性對教會事務施以最高的權威」。這意味著神職人員對世俗權力的完全順服，正如東羅馬帝國（也被稱為拜占庭帝國）所呈現的那樣。在西羅馬帝國，政教關係隨著第五世紀羅馬的失陷經歷了一些轉變。儘管仍存在著對絕對權力的競爭，法國和德國的異教皇帝皈信基督教通常意味著教皇擁有至上的權力。在英國，亨利八世（1491-1547）宣稱他自己是英國教會「最高的頭」（Supreme Head）並從羅馬天主教分離出來。伊莉莎白一世（1533-

1603）改換成「最高的治理者」（Supreme Governor）的名稱，函示其對教會世俗事務的最高權威。英國君王或女王也聲稱其是「信仰的守護者」（Defender of the Faith）。

關於社會和政治事務，希波的奧古斯丁也許是早期教父中最認真盡責的一位，然而他的《上帝之城》（*City of God*）是在羅馬失陷之後的西元 410 所寫——神權政體上位的 30 年之後。事實上，奧古斯丁在西元 386 年才皈信基督教，所以他的神學思想是在基督教成為國教之後才發展的。有意思的是，儘管國教已成事實，那時看上去仍有很大程度上的宗教自由。奧古斯丁同米蘭的基督徒辯論了許多年之後，才在西元 387 年三十二歲時接受基督信仰並由米蘭主教安波羅修（Ambrose）施洗。在 2015 年，我參觀了奧古斯丁在米蘭受洗以及康士坦丁頒布米蘭詔令的遺址。這些觀光幫助我更深的體認這些歷史事件的時空維度。在他母親和兒子過世之後，奧古斯丁在西元 391 年被按立為牧師並最終成為北非希波的主教。作為一個強有力的傳道者並多產的作家，奧古斯丁對三一論、原罪、自由、預先定命、公義的戰爭等問題的看法影響了東西方的基督教。然而，整整過了一千多年之後，新教改革才開始摧毀西方的神權統治。直等到 1791 年才有第一個現代國家使政教分立制度化：美國憲法第一修正案的頒布。從 1517 年的改教運動開始到美國的憲法第一修正案，整整花了 274 年，期間不乏歐洲國與國之間或之內的眾多宗教戰爭。基督徒占多數的社會為了政教關係的功課付出了高昂的代價，而這些教訓都是現成的可供中國基督徒學習的經驗和教訓。

如果中國基督徒的增長確實已經經過了勢不可擋的門檻，現在就到了藉著羅馬帝國以及現代國家的歷史教訓而慎重思考的關鍵時刻。用《聖經》的參照來說，當前基督教在中國就像當時約書亞帶領以色列人過約旦河的時候。早些時候，摩西把以色列人從埃及的奴役裡領出來，但是他那一代並沒有預備好進入應許之地，反而是在曠野遊蕩了四十年。類似地，西元四世紀的基督徒，在我看來也沒有預備好迎接一個以基督徒占多數的新帝國。如果早期教父提出了關於國家和社會更好的神學，基督教的歷史是否會改寫呢？當然，歷史歸歷史，所有「假如」性的反思終究無法改變過去所發生的。但是這些反思卻能幫助今天的人們創造新的歷史。

在繼續探討神學方面的問題之前，讓我簡單討論一些使得當代中國與羅馬帝國可以比較的社會層面。首先，兩個都是擴張的帝國。一個帝國，在定義上，「是一個由皇帝或其他強大的主權或政府統治的國家或民族的集合體，通常是一個比王國更大的疆域」（Webster, 1989:468）。在一個擁有遼闊領土與多元化地區和民族文化的帝國裡，很難施加統一的行政命令，如對一個宗教的壓制措施。因此，最後一輪的「大逼迫」並沒有統一地在全羅馬帝國展開。一些地區的統治者並不認為實行逼迫會對其當地的經濟或他們自己的政治前途帶來有價值的回報，所以基督教就被放在一邊與其他宗教競爭。在今天的中國，當浙江省在 2014 至 2016 年期間試驗了拆十字架運動，相鄰江蘇省的官員表示他們將不會跟隨。另外，家庭教會也是在一些省份以及某些官員底下受到更多的打壓。事實上，縱使在文革時期，不同地區間消滅宗教的努力程度也層次不齊。這種地區間對宗教限制以及打壓的差異將會持續，直到宗教自由成為標準常態。客觀地來看，當前所謂「中國化」的政治運動也很難在全國統一展開。當一個地方受到陰霾籠罩，其他地方也許會陽光明媚。

其次，古羅馬帝國以及當代中國都有發展較好的市場經濟。古羅馬帝國擴張到地中海，將其包圍成為「羅馬湖」，周邊由廣闊的海路商業網絡所包圍。羅馬錢幣也尤為先進，並且能在類似印度這樣遙遠的地方找到。羅馬的商人通過陸上與海上絲綢之路到達漢朝時期的中國。而在中國，自從實施經濟改革之後，市場經濟已經帶動不同市場網路的發展。市場經濟使得基督徒以及其他宗教的信徒獲得經濟獨立，並且在受到政策限制的情況下仍舊加增實踐基督教信仰的社會空間。

第三，羅馬帝國和當代中國都擁有先進的交通與通訊技術。羅馬在道路以及公共空間上的成就為基督教的擴展提供了便利。在每一個被征服的城市裡，羅馬人都為政治集會建造一個長方形廊柱式會堂，一個公開討論的廣場，一個供公共娛樂的圓形或半圓形劇場，一個眾神的廟宇，以及公共浴室。極其相似地是，近幾年中國不僅在境內也在海外建設了廣闊的交通網絡，包括道路、高速公路、鐵路、高速鐵路，以及航線和航道。在現行政府提出的「一帶一路」的推動下，中國正在各個大陸上修建公路和鐵路。我尚未有機會遊覽非洲或南美，但是我有一位既不是中國人也不專門從事中國研究的社會學家朋友。當我們在費城的一個會議上見面時（那正是他從一些中非國家旅行回來之後），他對那裡新建的高速公路是如何的方便以及當地人是如何地讚美修路的中國人而侃侃而談。已經有一些新聞報導中國橫穿歐亞大陸以及亞馬遜河的修建計畫和專案。其中一個新聞報導名為「中國正在締造有史以來最廣闊的全球商業軍事帝國」（LeVine, 2015）。儘管報導中幾乎沒有多少關於軍事方面的內容，這個故事詳盡地描繪了中國如何在各大洲修建公路和鐵路。

溝通仰賴於相同的語言。在羅馬帝國，希臘語和拉丁語是政府和有文化的人所通用的語言。在中國，普通話已成為全國通用且使用最廣泛的語言：一個傳道人可以不受任何語言限制而去各地傳道。同時，中國的通訊技術也已得到廣泛發展，尤其是手機和社交媒體的使用。今天，好幾億的中國人在全世界已在註冊使用微信，儘管其中也有對內容審查和隱私被侵犯的擔心。微信已經成為聯絡親朋好友最方便的途徑之一。只要我去有中國參會者的會議，也許在中國、北美或歐洲，人們如今更多使用微信而不是名片來交換聯繫方式。現行中國政府已經加強了對言論的控制和審查，但是這樣的努力代價高昂並且也不會使黨國如願以償。當局必須優先考慮並投入更多的資源來對抗直接的政治威脅。因此，宗教相關的資訊會繼續在中國社交媒體中傳播。

一些人，尤其是西方人，擔心中國會實行一種新的殖民主義。中國的基督徒也許甚少關注這一點。儘管新的殖民主義是一種真實的可能性，我傾向於認為這類的擔憂來自於為了爭奪自然資源和產品市場的競爭者。儘管中共也許在亞洲，非洲以及拉丁美洲有過一些不良的行為，他們至少還沒有使用堅船利炮和武裝部隊。鑒於對稀有資源和市場的激烈競爭，我認為中國為了維護自己的利益而開始派遣武裝部隊到某些地區也不足為奇，例如保護商船在印度洋到東非的途中不被海盜侵犯。近幾年，我們已經看到東海和南海的局勢變得日益緊張。如果當武裝擴張和衝突真的發生，中國的基督徒將如何應對？我認為這個問題對於計畫做跨文化宣教的中國基督徒尤為重要。2015 年 9 月 28 日至 10 月 1 日在香港召開的中國宣教大會上，中國基督徒領袖宣稱，到 2030 年將差遣兩萬宣教士的雄偉目標。我的問題是：中國基督徒當前是否已經準備好開展全球宣教的使命？中國可以從歐洲殖民帝國時期以及二戰後美國全球帝國下的傳教歷史中學到什麼教訓？

## 站在十字路口的中國基督教面臨的社會歷史問題

站在這個十字路口的中國基督徒正在面臨哪些社會歷史問題？回顧羅馬帝國的歷史，我們看到西元四世紀的早期教父忙於各樣的教會職事，在這個擴張的帝國裡向非基督徒傳教並在各個牧區和當地社區裡服事。牧養新皈依的信徒本身就是一個巨大的挑戰，因為每年都有數十萬甚至百萬的人加入教會。這個迅速擴張的羊群需要成千上萬的牧者去牧養他們。尤其當早起教父們在忙於擬寫信經，與異端對抗，發展向新信徒以及年輕一代傳遞基督信仰的儀式和藝術，以及在快速的社會變遷中發展並鞏固教會的組織階層。在所有的這些職事中，有一些當前迅速增長的中國基督徒需要學習的重要功課。另外，我認為中國基督徒還面臨一些更大的挑戰，關於他們與國家的關係，與其他宗教的關係，以及在這個全球化時代與各個國家的關係。

首先，由於本章源自於 2015 年 6 月我在香港對研究中國基督教的歷史學家所做的一個主題演講，我曾力勸並催促學者們做更多關於中國基督教的系統的口述歷史研究。羅馬帝國時的早期教會紀錄了殉道者的英雄事蹟和制度化的聖徒地位。許多古羅馬長方形教堂是建在殉道者的遺址之上，並把殉道者的遺骨匣放在祭壇（也就是聖所裡最神聖的地方）的下面。這樣的傳統被天主教和東正教完整的保留下來，因為他們在第一個千禧年裡有著共同的歷史。這樣的紀錄和對殉道者以及聖徒在儀式上的聖別對於教會站在十字路口階段的持續快速增長至關重要。然而，中國的基督徒似乎對記錄中國基督教的歷史並不那麼關心。目前已有一些重要領袖的自傳，也有例如艾克曼（2003）和遠志明（2003）這類記錄，但那只是冰山一角，仍有許多故事等待著被發掘和保留。由於持續的逼迫和限制，僅靠檔案資料是遠遠不夠的。因此，歷史學家和社會科學家在全中國做基督徒的口述史這樣的工作就變得尤為關鍵。

其次，關於教會的內部組織，中國的基督徒將如何面對宗派主義。歷史上，中國的基督徒傾向於批判不同的宗派在華傳教而互相競爭。這種反宗派的情緒在中美兩國的華人基督徒中都很明顯。許多美國的華人教會是從大學或周邊的查經班和團契演變而來的。1980 年代，在華人基督徒雜誌《使者》（*Ambassadors for Christ*）上曾有一個辯論：一些有名望的領袖建議為了實際的需要而加入宗派，而雜誌裡發表主流的聲音卻是反對宗派。事實上，在美國的絕大多數華人教會都是非宗派的。而那些加入宗派的教會都傾向於浸信會，因其保留教會在人事、預算和職事上的獨立。也有一些教會加入「宣道會」（基督徒與傳教士聯盟 Christian and Missionary Alliance），這是一個從長老會傳統分裂出來的宗派，但是這些加入宣道會的華人教會也都傾向於在神學、儀式和領導架構上獨立。

在中國，官方的說辭是，三自愛國運動委員會領導下的教會已經處於「後宗派」時期。當論到西方的基督教領袖時，三自的領導者們常常表達他們的驕傲，因為他們達到了有別於西方國家分裂的宗派而有的基督徒間的合一。然而，事實上是，這個所謂的合一並不是歷世歷代以來許多基督徒所追求的那種自願的合一，而是外界勢力強加給教會的。黨國在 1957 年就禁止了宗派。出於現實操作的考慮，一些特定的宗派儀式或神學傾向在三自教會裡得以存留，但是 1949 年之前的宗派和教派的組織結構都被瓦解了——不管是源於西方還是本土自立運動的產物。任何想要重建教會組織的嘗試都會被嚴厲地壓制。自 1979 年起，黨國宗教政策的其中一個關鍵原則就是防止外國勢力的滲透。在實踐中，這就意味著禁止中國教會建立或重建與海外宗教團體之間的宗派關係。受黨國機構嚴密監視之下的一些與外國宗派的交流與互動可以得到許可，但是沒有外國傳教士被允許在中國宣教，也沒有外國公民可以在任何級別的三自委員會或基督教協會裡擔任領導職位。基督教本該是超越民族與國家的界限，但是中國的基督教卻被迫與民族主義綁在一起。黨國當前正在持續的「中國化」運動就強調民族主義。面對這樣的挑戰，中國的基督徒需要神學上的反思。

實際上，三自教會並沒有真正進入「後宗派」。其中暗藏著許多教派。一些 1949 年以前的教派自願或非自願地加入了三自，其中一些仍舊能保留他們自己的教派身分和組織。例如浙江的小群教會，福建的真耶穌教會，廣東的安息日會都存在於三自內。這些教派之所以可以保留它們的身分和組織，一部分原因在於它們獨特的信仰與實踐，例如在週六而非周日敬拜，或是堅持任何一個地方只能有一個教會堂點。黨國以及三自都極力壓制這些教派身分及其架構，以致這些教派的信徒在三自裡必須就許多問題做出妥協。儘管如此，他們獨特的信仰、實踐以及組織的傳統使其得以享受在三自裡的合法地位的同時仍舊保持他們的教派身分。溫州基督徒因著他們獨特的方言，也已經在中國的其他地區找到當地的三自教會做他們的接待。相較而言，或許非教派團體或非少數民族團體要在三自內部保留其獨特性會更難。

而三自系統以外的家庭教會在神學和組織上則是非常多元化。由於最有名望的家庭教會領袖都是來自獨立教會，如北京的王明道和廣州的林獻羔，所以家庭教會都傾向於獨立。起源於河南和安徽，目前已經有五大主要的地下家庭教會網路。對於這些網路的組織結構我們所知甚少。我們所知道的是他們傾向於自稱為「團隊」而非「宗派」。確實的，正如大衛・艾克曼記者所言，信徒們常常稱呼他們的領袖為叔叔和阿姨，以及家長或當家的。儘管如此，這些網路也許可以被認為是有其獨特組織結構和領導系統的宗派雛形。

在城市地區，1980 至 1990 年代最有名的家庭教會是廣州大馬站社區林獻羔的家庭教會，北京袁向晨的家庭教會，以及廈門楊心斐的家庭教會。如家庭教會的本意所言，這些教會除了有地點或領袖的名字外，通常沒有一個正式的名稱，而它們通常是聚集在一個擁有超凡魅力的領袖之下而缺乏一個正式的領導結構。

21 世紀的頭一個十年裡，新興的城市家庭教會陸續出現。這些通常是由校園查經班和團契組織發展而來。其中的領袖和會眾多是知識份子，他們與三自或傳統的家庭教會都沒有緊密的聯繫，儘管其中很多信徒是在三自教會或某個家庭教會裡受洗的。一些查經班和團契小組合併形成堂點並拒絕加入三自，儘管其中一些願意向政府登記。在新興的城市家庭教會中，北京的守望教會領先發展了一套正式的章程和規則，並且積極尋求向政府登記，但又保持作為一個獨立教會。自 2011 年起，在黨國的壓迫之下，守望教會一直無法像一個堂點一樣正常運作。上海的萬邦教會曾發展至兩千信徒參加主日崇拜，但是後來在黨國的逼迫下被迫拆成小的家庭教會，如今形成一個在萬邦教會牧師領導下的團契或家庭教會的網路。成都的秋雨之福教會以改革宗的身分也形成了一套清楚的章程和規則。成都的四個堂點合併形成了中國西部的長老會改革宗教會。北京的錫安山教會在 2015 年夏天時已經發展成一個有接近十個教會的宗派。

許多中國的基督徒分不清教派（denominations 或翻譯為支派）和宗派（sects）之間的區別，因為兩者從外面看很像。關鍵不同在於其對其他基督徒的排外程度。倪柝聲的小群教會曾經是宗派性的。真耶穌教會也是。而聖公會、路德會、衛理公會、長老會以及浸信會有它們自己的教派。宗派主義（sectarianism）指的是一群堂點堅持一套特定的信仰、實行和組織結構，並從其他基督徒中分離出來而聲稱唯獨他們自己持有真理。教派主義或支派主義（denominationalism）指的是一群堂點在保留一套信仰、實行和組織結構的同時，也與其他核心信仰實踐一致但也略有差異的基督徒保持交通。儘管保有一些獨特的特徵，他們會尊重其他基督徒的信仰和實踐，像對待以色列不同支派那樣對待不同的教會。

在西方，儘管有推進普世教會的努力，教派主義仍舊存留。充其量，一些教派為了在某些執事上合作而加入一些教派的聯盟。比方說在美國，至少有三個全國性的教派聯盟——基督教協進會（the National Council of Christian Churches）包括了主流教派教會；福音派全國協會（the National Association of Evangelicals）和基督徒教會美國理事會（the American Council of Christian Churches）是為著基要派的教會。美國的神學家，教會領袖以及學者普遍地把教派主義當做是美國基督教或美國宗教的一個正常特徵。教派主義在中國是否不可避免呢？我認為答案是肯定的，除非中國發展成一個基督教神權政體。只要沒有一個宗教權威可以施加合一或一致性，並且只要國家不干涉教會的組織事務，就會有不同的神學，不同的儀式實踐，以及不同的教會結構。若不接受教派主義，取而代之的就不可避免地落入排他性更強的宗派主義（sectarianism），後者將是比前者更容易帶來分裂和碎片化。

另外一個內部組織的重要問題是教會政體。在基督教歷史中，已經發展出三種教會政體的形式，它們彼此的區別在於決策權落在誰的手中：會眾制（會眾），長老會制（長老們），以及主教制（主教）。主教制也許是聞名於一神之下萬人之上的獨裁、保持一致的神學和儀式。長老會制以一種共和制的方式運作，它的倍受歡迎有一部分原因是歸結於現代世界的國家共和制。會眾制則堅持人人平等。浸信會採取會眾制，其表現出一個極強的福音擴張的活力。然而，由早期清教徒演變過來的公理會（Congregationalists）是會眾制的，已經變成了一個非常自由化的教派，經歷了多次分裂，包括分離出的一位論派（Unitarians）和普救派（Universalists），如今作為一個宗派在漸漸衰落。缺少集中化或代表的權柄使得神學創新成為可能，但同時也容易帶來分裂。中國基督教裡不同的宗派將會如何發展呢？

第三，關於社會治理，中國基督徒將會如何為中國的制度改革做出貢獻？今天很多中國人認為當前社會存在許多嚴重的問題，尤其在教育和司法制度方面。中國的基督徒是否能提供相關的專家以及基督教的原則來發展制度改革的藍圖呢？我們已經目睹近幾年中國基督徒教育的出現（Cheng, 2015）——不僅有主日學，也有日間學校（包括家庭學校和教會學校）。這些嘗試（便隨著孔子學校和其他種類的私立學校）是能分解固化的國家教育系統的重要新發展。然而，中國辦理基督徒教育的努力目前主要是為了自我保護而非社會改革。中國的基督徒是否能為了所有人——不僅為基督徒也為非基督徒——重新設計並改革整個教育體系而做出貢獻？在司法系統方面，近幾年基督徒律師已為捍衛人權和公民權做出了很大的努力。也有一些基督徒的法律學者專事於憲法和法律研究。如果他們被授予領導司法改革的重任，他們是否已經預備好了呢？基督徒教會和牧者帶領是否已經準備好來牧養這樣的個人，並支持他們為了全社會的益處而進行改革嘗試。此外，改革的需要並不止於教育和司法，經濟、醫療、社會安全、住房、城市規劃、藝術以及文化都需要關注。中國的基督徒中是否有相關的專家來擔當社會制度改革的領導角色呢？是否有中國的基督徒蒙呼召而進入不同的社會治理領域呢？

有些人似乎相信當前的社會制度若非藉著政治體制的劇變將無法得以改革。因此，他們辯論說一場震動並重塑時局的革命是必需的。自1989 年民主運動，或更準確地說是 89 民運失敗之後，一些世俗的自由派或右派人士就已經呼籲一場和平的演變。《08 憲章》就代表了這樣一種呼籲。然而，政治上的激進分子已經被嚴重的打壓，在帶領起草《08 憲章》之後，劉曉波自 2009 年起就一直被關押在監，直至 2017 年 7 月13 日因肝癌病逝。一些基督徒也參與了為和平改變中國的運動，但是他們不是被監禁在中國（如王炳章和劉賢斌）就是被流放在海外（如楊建利）。

對於社會和政治革命，中國的基督徒該採取怎樣的立場？當然，絕大多數信徒似乎對一場政治革命並無興趣。但是對於那些關心的人，他們是否準備好成為革命者並促成革命發生呢？一場和平革命是否有可能呢？暴力革命是否是正當的呢？作為一個社會學家，我會繼續保持做一個觀察者，而不是一個教會領袖或政治運動分子。最使我感興趣的是，似乎當前的中國基督徒並沒有仔細思考不管是和平革命還是暴力革命的問題。這與一個世紀前為革命而做各種準備的情形形成鮮明的對比。孫中山先生，作為一個基督徒，認為在現有朝廷體制裡的改革已經不可能。因此，他將自己獻於共和革命並發展了一套革命理論。為了實現這個革命的目標，他努力團結所有的社會力量。他甚至訴諸於武裝起義來對抗清王朝，並在 20 世紀前二十年裡發起軍事運動來重建共和制。當然，我並不是在這裡宣導一場暴力革命或是任何革命。我想表達的點是，目前我並沒有看到中國的基督徒在發展不論是社會改革亦或是暴力革命的理論。他們在一門心思地專注於傳教和教會內的職事，就像頭四個世紀裡羅馬帝國的早期教父們所做的那樣。

從 1970 至 1990 年代，台灣的基督徒曾為了政治體制的民主化而走到一起。他們成為發聲的民主宣導者並且上街遊行。在香港，基督徒活躍於「和平佔中」運動中，呼籲真正的全民選舉。藉著這些先例，觀察中國大陸的情形變化將會變得十分有趣，尤其當大陸的基督徒在人數和力量上都日漸強大。有些人也許認為這樣的思考本身存在著政治風險故而儘量逃避。然而，基督徒在中國已經走到了十字路口，並且必須選擇一個前進的方向。如果繼續盲目而不加思考地走在同樣的道路上，將會帶來出人意料甚至代價甚大的結果。

最後，中國基督徒關於政教關係的政治理想是什麼呢？隨著中國基督徒人數的持續增長，他們將建立什麼樣的政治體制？會是某種類型的神權政體嗎，就像基督徒占多數的羅馬帝國以及早期現代國家所先行的那樣？從一些中國基督徒談論政治的方式來看，我認為神權政體並不是一個遙不可及的可能性。可以理解的是，許多基督徒以及非基督徒為基督教在中國的崛起而擔憂正是因為有那樣的可能性。鑒於西方世界某些所謂的基督教國家的歷史，他們的擔憂並不是沒有理由的。中國的基督徒必須面對這樣的擔憂，並且清楚地描繪出他們對政教關係的理想。

作為一個社會學家，我也曾有過這樣的考量和擔憂。直等到 2014 年 5 月的一個會議之後，我才變得不那麼悲觀。那個會議在普度大學舉行。與會的人包括活躍的教會領袖、律師以及學者。會議的主題是宗教自由。經過多番的討論和辯論，我們很清楚地意識到宗教自由是為著所有人，不僅僅是為了基督徒群體。由許多參會人員以及其他人共同簽署的「宗教自由普度共識」清楚地表明瞭這一點。以下是共識的完整內容。

我們深切關注以下現實：

1. 在中國的憲法和法律中，缺乏對宗教自由的清晰界定和足夠的保護。
2. 在中國的法律和社會實踐中，充滿對公民的宗教自由的各種誤解、侵犯、歧視和迫害。
3. 在中國知識份子和一般民眾中，也因此對宗教自由的價值和涵義缺乏理解和基本共識。

根據一系列國際人權公約對宗教自由的界定和保護，我們相信：

1. 宗教自由不但包括個人有選擇相信或不相信某種宗教的良心自由和表達自由，包括家庭成員（成人和兒童）持有和表達宗教信仰的自由，包括父母有按著自己的宗教信仰教導子女或為子女選擇宗教教育的自由，及兒童有相信宗教和接受父母所選擇的宗教教育的自由；宗教自由也包括宗教群體在集體禮拜、設立宗教場所和使用宗教標識、出版宗教書籍及傳播宗教信仰等宗教實踐的自由。
2 宗教自由是現代國家和社會的基本和核心的價值。對宗教自由的保障不完整，則憲法上的言論和表達自由、思想和學術自由、家庭及教育的自由等其他自由，均無法得到完整和切實的保障。
3 宗教自由意味著宗教信仰和非宗教的思想體系在私人和公共領域內均擁有平等的表達自由和法律地位，宗教或非宗教的思想體系均不應被視為一種負面的和受歧視的思想體系。
4 宗教自由意味著對國家權力範圍的一種限制，即國家不能判斷任何宗教或非宗教思想體系在教義和道德上的對錯和正邪，更不能以此作為處罰公民的依據。亦不能將任何一種宗教或非宗教的思想體系確立為國家的合法性依據或賦予其法律上的優先地位。

5 宗教自由意味著國家無權或沒有道德上的正當性，在「合法宗教」與「封建迷信」、「正教」與「邪教」或「正統」與「極端」之間進行區分和判斷。任何傳統宗教或新興宗教的成員，都不應僅僅因其相信、表達、傳播和實踐其宗教信仰，而受到政府的審查和法律的判斷。

為此，我們熱切呼籲：

無論相信任何宗教、教派或非宗教思想體系的中國公民，都有責任在法律上和公共生活中尊重、保護和爭取上述宗教自由的原則和價值。

「普度共識」是幫助中國基督徒澄清他們對宗教自由和政教關係看法的良好一步。接下去還需要進一步闡述他們的政治目標和策略。

## 總結

估計和預測顯示，基督徒將很快在中國成為一個重要的少數派，並且很可能正在發展為中國社會的人口多數派。今天，21 世紀第二個十年裡的中國與西元四世紀初的羅馬帝國極為相像。歷史上基督徒以及羅馬帝國的經歷對今日的中國基督徒可以成為一門重要的功課。不論他們是否已經意識到，中國的基督徒已經走到了一個十字路口。他們選擇做什麼將會帶來嚴重的後果，而他們所走的方向將一定程度上取決於他們從整個基督教歷史中已經學到並正在學習的教訓。

在多大程度上以及在哪些方面，中國基督徒已經學到或正在學習羅馬帝國時期基督徒的經驗教訓呢？同樣的，在多大程度上以及在哪些方面，中國基督徒已經學到或正在學習各個早期現代國家裡基督徒的經驗教訓，尤其是那些曾經主導世界的國家？中國的基督徒是否已經預備好在中國以及全世界開展宣教的使命？他們是否已經裝備好來承擔在中國以致全球的更大的社會和政治責任？在這個十字路口，我相信現在迫切地需要歷史學家、社會科學家以及神學家回顧以往並展望未來——回望過去的經驗教訓並思考將來的發展方向。

這裡所提出的問題都是開放式的。作為一個宗教社會學家，我迫切地想要觀察今後的新發展。不論中國的基督徒在這個關鍵性的時刻做何選擇，他們都會對自身，對中國，以及對全世界產生深遠的社會和政治影響。中國的基督徒正面臨著發展他們自己的神學以及社會歷史策略的挑戰。他們的神學應該不僅關乎個人的救恩和教會內部的執事，也應涉及中國甚至全球的社會制度。實在說來，那應該是一個「天下神學」。

（此文原文為英文 Chinese Christians at the Crossroads: A Sociohistorical Perspective, Pp. 41-70 in *Between Continuity and Change: Studies on the History of Chinese Christianity since 1949*, edited by Wong Man-kong, Paul W. Cheung, and Chan Chi-hang. Hong Kong: Alliance Bible Seminary. 胡佳音翻譯為中文，經過楊鳳崗修訂。2017 年 8 月 14 日）

**楊鳳崗** 美國普度大學社會學教授，中國宗教與社會研究中心主任，《華人宗教與社會評論》主編，曾當選和出任「科學研究宗教學會」會長，這可能是華人當選國際性學會的首例或極少人之一。研究重點是華人宗教和中國宗教變遷。著作包括《皈信、同化、疊合認同：美國華人基督徒研究》、《中國宗教：在共產黨統治下的存活與復興》，並且是十多本中英文集的編者。發表諸多學術論文中有兩篇獲得傑出論文獎，一篇是〈中國宗教的紅黑灰三色市場〉，另一篇是〈新移民宗教的轉型及其全球性寓意〉。也曾應邀在中、美、歐諸多著名大學和智庫發表過演講。

# 從宗教改革傳統反思
# 家庭教會的公開化之路

孫毅

## 內容摘要

宗教改革中所形成的基督新教出現了兩種有張力的教會－社會之關係的圖景，即主流改革派與極端改革派的教會－社會觀。這兩種傳統的最大區別就在於，前者比較強調教會與社會之間的關聯方面，而後者比較強調教會與社會文化之間的區別方面。家庭教會在其歷史發展中同時處在這兩種傳統的影響之下，並因此影響到家庭教會近年來的公開化之路。本文先分析與對比這兩種教會－社會觀的特點與不同，然後看其對中國家庭教會走向公開化的過程所產生的不同影響。

宗教改革中所形成的基督新教出現了兩種有張力的教會－社會之關係的圖景，即主流改革派（又稱憲政改革派）與極端改革派（以重洗派為主）的教會－社會觀。[1] 這兩種教會－社會觀的最大區別就在於，前者

[1] 關於這兩種教會－社會觀，參見，林鴻信，《教會生態學》，第七－八章。台北：校園書房，2012年，頁 210。

比較強調教會與社會之間的關聯方面，而後者則比較強調教會與社會文化之間的區別方面。本文先分析與對比這兩種教會－社會觀的特點與不同，然後看其對中國家庭教會走向公開化的過程所產生的不同影響。

## 關於教會與社會之間的關係

在宗教改革時期，最有影響的理論發展就是路德的兩國論。追溯路德兩個國度思想發展的過程，可以說，路德兩國論的思想來自於奧古斯丁，並且初期比較強調兩個國度的對立。「所有真基督徒屬於神的國度，而所有其他人則屬於世界的國度。在這種用法中，世界就是指伏在撒但權柄下的罪惡世界。人類也分別屬於兩個陣營，而相信基督的人永遠是少數。」[2] 兩個國度的這種分別，對應著福音與律法的區別。只有那些真正歸在基督名下的人，享受到基督國度中才有的福音的恩典；而對那些還生活在罪之中的人，仍然在律法之下，受到俗世國度中刀劍的管理，而這正是國家應有的責任。

不過，按照阿爾托依茲的觀點，路德在 1523 年寫作《論俗世權力：應該服從到什麼程度》這篇文章時，已將兩個國度的區別等同於兩個治理的區別，從而不再將兩個國度對立起來，而是看作同在上帝主權之下的兩種治理。[3] 在以後的年代，路德逐漸地修正了自己的觀點，從兩個國度的表達慢慢轉變為兩種治理的表達，並由此更加側重於這兩種治理的相關互動性。「當路德談到廣義的屬世治理，包括婚姻和財產時，就不再把人類罪惡的力量看為這種廣義屬世治理的基礎。」[4] 按照路德的理解，婚姻與財產在樂園中就已經有了，與人類的墮落無關，一直都在上帝的主權之下。可見，路德是在創造論的層面上來看屬世的治理。屬世治理中的秩序之所以必要，乃是因為上帝想要保護祂所創造的人類。

不過，儘管有種思想上的轉變，路德的兩個國度之間還是存在著

---

[2] WA 11，249-51；LW45，88-90；WA 10III，252；WA 12，329-30；LW 45，217-19。轉引自保羅・阿爾托依茲，《馬丁路德的倫理觀》，顧美芬譯，中華信義神學院出版社，2007 年，頁 98。

[3] WA11，249-51；LW45，88-91。轉引自保羅・阿爾托依茲，《馬丁路德的倫理觀》，頁 95。

[4] 保羅・阿爾托依茲，《馬丁路德的倫理觀》，頁 99。

一定的張力。一方面，基督的國只存在於那些屬祂的子民當中，這是恩典的國度，基督的治理以聖靈透過聖言及聖禮在人心中的工作，將恩典（即罪的赦免）帶來人們心裡，由此使人心從罪的捆綁中得著自由，並讓基督在其中得著主權，這就是屬靈的治理。而就世俗的治理來說，「基督沒有參與在這個世俗國度中。神——而不是基督——設立了世俗國度。因此，這個世俗國度絕對是神的國度，但不是基督的國度。基督只關注屬靈的國度。」[5] 在這個前提下，「屬世的不只包括政治的治理和政府，也包括了對維護人類生活有貢獻的一切事物，特別是婚姻與家庭（方面）：包括家人、財產、商業活動，以及上帝所授予的諸多身分（stations）和職業。」[6] 而另一方面，對路德來說，重要的是同一位上帝站立在這兩種治理的背後，都在這位上帝的主權之下。上帝是用祂的左手來管理屬世的治理，其方式就是藉著政府；而用祂的右手來掌管屬靈的治理，其方式就是藉著祂的教會。[7] 這個意義上來，同一位上帝，既透過祂所選召的人在政府中工作，這方面有隱藏性，官員不過是祂作為的面具；同時，祂也透過祂所選召的人在教會中工作，特別是藉著聖言與聖禮。

如果我們單看上帝在屬世治理中的作為，大致可以看到祂作為的如下原則。第一，上帝呼召人有許多不同身分與職分（office），關係之間彼此依賴，有命令、也服從。正是在這些身分或職分的相互關係中，存在著某種社會關係與秩序。第二，在屬世治理中，至少在國家裡，正義是它的治理原則。這正義的標準是以律法或自然法來衡量的，通過以自然法為基礎制訂出來的社會法律表現出來。第三，為了維護社會秩序的平安與正義，政府可以使用武力或強制力。對內這意味著依據法律而有審判與刑罰；對外則意味著可以通過戰爭來保護國家的安全。總之，在這些原則之下，保證了屬世治理相對屬靈治理之間的相互促進關係。

在這種既有區別又相互關聯的關係中，就帶出來一個有爭論的問

---

5 保羅・阿爾托依茲，《馬丁路德的倫理觀》，頁 91。

6 保羅・阿爾托依茲，《馬丁路德的倫理觀》，頁 92。

7 保羅・阿爾托依茲，《馬丁路德的倫理觀》，頁 105。

題：如果基督徒是同時生活在兩種治理之下，既是基督的門徒又是世界的公民，那麼這兩種身分是否衝突？是否有可能協調一致？路德的回答一定程度上代表了主流改革家們的回答：就其作為世界的公民來說，基督徒應該接受而不是拒絕承擔在這個世界中生活的必要職分與責任。「在任何情況下，要作一個遵從耶穌的基督徒，沒有可以中斷或延期的順服，同時也要負起作為這個世界公民的職分，其中可能包括了擁有財產，身為法官、君王或士兵。」[8]

路德通過一種領域劃分來解決這個問題：即私人與公職（職分）的區別。私人的關係中，個人僅代表他自己，主要考慮是他自己的情況，他可以不計較他人的冒犯，懷著甘心受苦的心、內心自由地用愛的原則與對方交往，正如耶穌在登山寶訓中所教導的。但如果是承擔了某種公職之職分，那麼他就不是代表自己，而是代表這個職分，並且要從這個職分角度來為所涉及到的他人考慮，就是說，需要的時候，要為他人伸張正義。「我們必須將在私人關係中、為了自己好處而採取的行動（或受苦），以及與他人關係中、因職分所帶來之責任而採取的行動（或受苦）區分開來。」[9] 這是兩種不同類型的行動，一種屬於屬世治理，一種是屬靈治理，因此不能夠混淆。在某些情況下，兩種行動無法協調一致。一種涉及到愛的原則，一種涉及到公義（正義）的原則。

這種衝突特別體現在作為基督徒與作為政府官員之間。作為官員，他要代表上帝實行審判，必要時需要用武力或強制力刑罰對方。而正是對於官員這個職分，尤其是行政或司法方面的公職，路德強調說，基督徒更應該積極參與，視之為對神的特殊服事。「因為刀劍和權柄也是服事上帝的一種獨特方式，所以他們歸屬於基督徒要比歸屬於世上任何一個人更合適。」[10] 在路德看來，這種職分的作為正是愛的表現：「上帝在祂的憐憫中，已經賜給我服事和保護他人的工作，而這是一個愛的職分。正因為職分是服事人的形式，以及服事的身分，故為『神聖的身

8 保羅・阿爾托依茲，《馬丁路德的倫理觀》，頁 116。
9 保羅・阿爾托依茲，《馬丁路德的倫理觀》，頁 121。
10 WA11，258；LW45，100。轉引自保羅・阿爾托依茲，《馬丁路德的倫理觀》，頁 125。

分』，與神的愛的天性一致。」[11] 就是說，在一個更高的愛的原則上，兩者是可以協調一致的。「在這兩個領域中所運作的都是同一種愛；就因為是愛，表現方式自然有所不同。」[12]

如果我們對比極端改革派的教會－社會觀，我們就會看到一個明顯的區別。在宗教改革的早期，尤其那些與官方發生武裝衝突的重洗派中，似乎擁有一種更為積極的觀念：試圖要把基督的教導（特別是登山寶訓）用在整個世界（不分兩種治理或國度），使這個世界完全成為一個基督化的世界，在一種「福音律法」的治理之下，在地上建立起上帝的國度。為此不惜使用武力與這個世俗世界對抗。不過，第二代持和平主義的重洗派後來成為主流，明確地持有一種消極的教會－社會觀：如果基督徒想要按照基督的教導生活（特別是登山寶訓），那麼就要離開這個世界，不要與這個世界交往，不要參加這個世界的各種機構，在其中承擔與之相關的職分，特別是政府中的那些職分。

重洗派對於世俗政權的態度可以從「施萊塞姆信條」（Schleitheim Confession, 1527 年）大致表明出來。其中的第六及第七條解釋並論述了不參與世俗事務的信念：「刀劍是上帝在基督的完全之外所任命的。……基督徒不適合擔任地方行政官員，理由如下。政府的地方行政事務是屬肉體的，而基督徒則是屬靈的。他們的房子和居所是在這世界中，而基督徒是在天上；他們的公民身分是屬於這個世界，而基督徒是屬於天上的；他們的戰爭和衝突的武器是屬於物質的，所對抗的是肉體，而基督徒的武器是屬靈的，所對抗的是邪惡的堡壘。」[13] 在這種觀點看來，政府雖然也是神所設立，但用新約的角度來看，卻是「在基督的完全之外」。政府的設置並非神在創造世界時已經設立的創世秩序，而是人類墮落後的安排。因為人的墮落，所以需要政府在這些罪人中維持一種秩序，以免敗壞的人類自相殘殺，而導致社會混亂。由於是在人墮落後產生的政府，所以由罪人構成的政府自然有著自身的嚴重缺陷與

[11] WA32，314；LW21，20；WA11，274；LW45，121。轉引自保羅・阿爾托依茲，《馬丁路德的倫理觀》，頁 124。

[12] 保羅・阿爾托依茲，《馬丁路德的倫理觀》，頁 135。

[13] 麥格拉思，《宗教改革運動思潮》，蔡錦圖，陳佐人譯，中國社會科學出版社，2009 年，頁 213。

侷限，容易成為撒但所特別使用的一種建制。正因為此，重洗派的主流思想都反對基督徒參與政治，或者擔任政府官員。好像這樣就會為撒但所利用，成為撒但的工具。

宗教改革時期所形成的上述兩種不同的教會－社會觀都對中國家庭教會有影響。在家庭教會走向公開化的過程中，不同的教會－社會觀傳統所施加的影響顯然有所不同。

## 中國家庭教會正在轉型

自上世紀 90 年代城市新型家庭教會興起以來，中國家庭教會的發展正在經歷一個重要的變化或轉型時期。這種變化或轉型我們可以從多個方面體察到。首先是教會的聚會場所愈來愈多地進入到社會的公共領域，成為較為公開的聚會；其次，一些家庭教會開始進行教會的建制化建設，包括制訂和公佈教會的信約、章程及各方面規章、教會懲誡條例等。第三，教會牧養除了主日講道、查經班等主要的形式外，還涵蓋到了包括興辦教會學校、兒童主日學、婚戀輔導、家庭及職場關懷、追思會等信徒生活的更多方面。第四，不少家庭教會更多地參與社會關懷，以及文化領域的事工。[14] 當然我們還可以繼續列出去，不過我們在這些變化中，最為關注到一個重要變化就是在家庭教會不斷走向公開化、進入到公共領域的趨向。城市家庭教會這個走向公開化的運動，從教會傳統上來看，無疑受到了主流改革派所體現的那種教會－社會觀的影響。下面我們可以從一個稍顯典型的例子來看這種影響。

SW 教會 2006 年向政府登記，從他們自己的神學表述來看，就反映了這樣一種觀念：「我們認為，世界不是神所放棄的。基督已經擁有天上和地下所有的權柄（太 28：18）。我們相信，這個世界應該有出自於神的基本法則和秩序。而這種基本法則和秩序一定會以某種方式體現在一個法治的社會中。並且，他自己的教會在這個法治社會中應有其合

---

[14] 參見劉同蘇，王怡，《觀看中國城市家庭教會》，台北：基文社，2012 年。孫毅：「作山上的城——對城市家庭教會發展的一點思考」，《舉目》第 45 期（2010 年 9 月）。

法的地位。……我們認為，登記乃是教會作為一個社會群體，自覺地把自己置於這個社會所有群體共同制訂的基本法則之下，是要使教會能夠在這個法治社會（公民社會）中肯定自己置身其中的合法地位。教會作為一個地上『有形的教會』，是這個世上所有社會群體的一員。而所有這個社會的群體都有責任和義務制訂並遵守一些基本的社會法則，包括政府也都應該受到這些共同的法則約束。這就是法治社會的基本特徵。在目前中國社會向公民社會轉型的過程中，拒絕進入到這個基本法則的範圍，就是主動地把自己放逐於這個法治社會的主流之外。」[15]

從這段引文中，可以看到如下的基本觀念：第一，認為復活的基督已經擁有天上地下所有的權柄；他不僅在教會中作王掌權，同時也在這個俗世的國度中作王掌權，他並沒有將這個世界交給撒但。第二，這個世界乃在那些出於神的基本法則的支撐之下，比如自然法或道德律等，透過民主方式制訂的國家法律體現出來。教會有責任參與到這些可能涉及到自身的（宗教事務之法規）的基本法則的制訂。第三，從這個世俗社會的角度來看，教會承認政府在其中所發揮的主體作用，及其擁有的從神而來的權柄，並願意透過登記將自己置於這些基本的法則之下。

從這裡我們可以看到，至少對那些在不加入「三自愛國會」的前提之下，願意通過登記與政府建立良性互動關係的家庭教會來說，其教會－社會觀顯然受到主流改革家們的影響；與路德或加爾文這些主流改教家們強調兩種治理秩序的教會－社會觀有很大的相似之處：「從有形教會的角度來說，教會除了是基督有形的身體之外，她同時也是一個社會群體。換言之，在現實世界存在著的有形教會同時處在兩種秩序之中，一個是屬靈的秩序之下，另一個是自然秩序之下。屬靈的秩序只存在於教會之中，神通過祂自己的話語、聖靈的工作，以及祂所呼召出來的教會的工人，把這個秩序顯明在教會之中，顯明在每一個有聖靈內在於其中的信徒的身上，也顯明在信徒之間的相互關係之中。基督是教會的主。教會站在基督的奠定的地位上。神教會的事工的權柄直接來自於神。由於教會所站基督的地位，決定了教會有其自主權。這個意義的教

[15]「我們為什麼要登記」，《杏花》2008 年春季號。

會是不需要登記的。教會的合法性直接來自於基督自己。這屬於教會的神聖性的一面。世俗政府沒有權柄來決定基督的教會是否可以存在，或者這是否是一個神的教會。同時，神的教會不等於任何一個世俗的社會團體。但這同一個有形的教會，作為一個社會群體，同時存在於其所在的社會關係之中，存在於神創造世界時所定下的自然秩序之中。在這個領域，神通過所設立的政府來維護所設立的自然秩序。教會在這個公共平面上來登記，意義並不是政府承認其作為教會的存在，而只是作為一個社會團體的法人，來享受她所當有的權力和義務。所以，登記只涉及到教會具有的社會團體的這個側面，為的是能夠作為一個社會團體來盡其在社會中的義務，同時享受其在這個社會中的權力。這裡的權力和義務是由國家法律所保證的。」[16]

不過，SW 教會的登記被拒絕，以及隨後所遇到的各種問題，也讓我們開始認識到中國家庭教會所處的處境，與路德及加爾文這些主流改教家們所處的處境相比，確實有比較大的區別。比如與路德那個時期所在的教會相比，就能夠看到如下的區別：第一，路德或路德宗教會的牧者們與其所在地的基督徒諸侯們有著很好的良性互動關係，至少在共同信仰的基礎上，彼此存在著一定的信任；在當時改革的艱難處境中，存在著某種共生關係。第二，在宗教改革的大背景下，國家法律的制訂過程中，教會（主要指路德等改教家們）有比較多的參與，因此，國家法律能夠比較多地體現聖經的原則或精神，與教會群體的日常生活有相容關係。第三，教會群體與城邦或諸侯領地的「同構性」：即教會群體與改教城邦或諸侯領地中的居民群體差不多是同一群體，其中的成員都是信徒。如果我們將具有以上特徵的地區或國家稱之為「基督教國家」或基督教世界的話，那麼，與之相比，我們今天所生活的處境顯然與之有很大的區別。那麼，這種區別對於我們這一代的家庭教會走向公開化、進入到公共領域會帶來怎麼樣的思考？在教會－社會觀上會與當年的宗教改革家們有怎樣的區別？

在意識到上述區別的前提下，關於登記的一個事後的反思是：如果

---

[16] 孫明義，「對家庭教會尋求登記的神學反思」，《杏花》2008 年春季號。

將登記直接作為教會尋求的一個目標，將教會走向公開化與尋求合法化等同，可能會帶來教會使命的模糊。其實，在中國社會所處的這個時期，教會不再隱藏，愈來愈走向社會－文化之主流，這種走向公開化的趨向有神的帶領，但走向公開化並不必然以走向合法化體現出來。從上述兩種治理的神學理論來看，走向公開化確實難以避免與社會建制的相遇，從而導致突破環境與尋求合法化的問題。不過，那只是長時期自然形成的一個結果，可能要經歷幾代人的時間（因此是上帝作為），而不是教會長遠追求的目標。教會作為一個「信仰群體」與其他社會群體不在一個層面上。教會可以在屬靈層面上影響這個社會秩序與法則的形成，而並不必然要實際地參與其中。

## 教會對公共領域的影響及參與

如果要與宗教改革時期的教會情況相比較的話，今天家庭教會所處的處境或許更接近於當年重洗派所處的社會處境。這種相似性在於：教會都處在一個多少有些敵意的社會處境下，其中的文化環境也顯出與基督信仰相異質的特點。

其實，上世紀中國本土教會，以及在其基礎上出現的傳統家庭教會，由於受到敬虔派神學傳統的影響，都多少有些「小群」或邊緣化的特點，其教會－社會觀無疑與宗教改革傳統中的重洗派傳統相接近。其中一個十分明顯的特點就是強調世界的異質性，即將世界解釋為一個受撒但控制的有秩序的制度：「因此世界這一個有秩序的制度，乃是由它背後的統治者撒但所管轄的，約翰福音十二章三十一節所記載主的話，說到這世界受審判，所指的世界並不是物質的世界，也不是指世人，因為以他們而論，審判尚有待於將來。這裡所說受了審判的世界，乃是指這個緊密的世界秩序，撒但是這世界的創始者，也是它的頭。」[17] 一個直接的結論就是：教會所生活在其中的社會文化從根本上說是異質的，教會不當參與這個世界的組織、制度、文化等方面，因為它們都不過是

[17] 倪柝聲，「不要愛世界」，《倪柝聲全集》第五卷，（台灣）福音書房，1991 年，頁 401。

這個「世界的王」控制這個世界的工具。這種看法就決定了教會在這個世界的主要責任或使命就是拯救個人的靈魂。這在一個著名的比喻中得到比較好的表達：「我們基督徒的看法，認為這條船沒有用了，太破舊了，就是救上來，也不過是破木頭爛鋼鐵，機器也是廢物，沒有一處是中用的，所以只救人，不管船了。把人救上來，船不要它了。而且我們的船東要另造一條新船，是全新的，那是我們所要的新船，這也是我們基督徒對這個世界的看法。」[18]

在這種教會－社會觀的傳統中，我們怎樣來看其對公共領域的影響與參與呢？以往我們流行的觀念是以為這種傳統完全是在躲避，背對著社會文化；其實也可以不是的，而是有其自身的公共領域的概念，或許可以將其稱之為狹義的單一公共領域觀。在這個方面，近年來最有影響的表達者就是身處浸信會傳統的尤達（John Howard Yoder）與侯活士（Stanley Hauerwas）。

美國神學家侯活士在他出版於上世紀 60 年代的那本著名的《異鄉客——基督徒的拓荒生活》一書中，反對傳統的基督教文化的觀念。他認為這種觀念帶來了如下的問題：不是教會群體的價值觀影響了這個社會，而是社會的世俗價值觀主導和影響了教會群體。造成這種局面的主要原因是，教會群體總在試圖圍繞著現代社會中的問題去回應這個社會，結果卻被其問題所牽著走：「信仰的現代詮釋者只打算讓『現代世界』來決定問題是什麼，因此也就限定了答案是什麼。教會的現代難題難道真的是蒂利希所提出的知性困境——如何把古老的信仰世界同不信的現代世界聯繫起來麼？……這種『翻譯神學』假定存在著某種真正的基督教精髓，某種抽象的本質；即便撕去了基督教古老的近東標籤，這些精髓本質都仍然會保存完好。但這種觀點扭曲了基督教的實質。」[19] 這種圍繞著世俗社會在當下所產生的問題去作出回應的態度，使基督信仰變成了眾多從不同宗教角度對時代去給予回應的宗教之一。

---

[18] 倪柝聲，「不要愛世界」，《倪柝聲全集》第五卷，頁 500。

[19] 侯活士，威廉姆，《異鄉客——基督徒的拓荒生活》，世界圖書出版公司，2013 年，頁 6-7。本書作者為侯活士與威廉姆兩個人，本文為方便期間只提侯活士。

在侯活士看來，教會與其所生活於其中的這個社會的關係是什麼？如果教會有其社會責任或者政治性，這種責任又是什麼呢？在正面闡明這個問題前，他首先說明了這種關係不是什麼：基督教會不應是國教化的教會，或者自己期待成為這樣的教會。教會的存在不依賴於其為這個社會的激進主義或保守主義勢力背書，不依賴於其表現出為這個或那個社會群體所稱讚的社會功用，以求得這些社會群體的認可：「自君士坦丁以來就頗為流行的假定是：教會在政治上是好是壞，根據教會在這世上到底起好作用還是壞作用來判定；而在本章，我們倆將挑戰這一假定。」[20] 確實可能在不少人看來，教會要進入到這個社會的公共生活中，首先要通過法律途徑被政府當權者所接受；其次則是通過社會服務而被社會大眾或文化所接受。好像這個過程是一個宗教本土化的通常途徑；教會的使命只有在教會團體被這個社會所接受時才能得以實現，教會只有在成全國家的或社會文化的使命中自己的使命才得以成就。這種心態被侯活士堅決給予否定。在他看來：「衡量教會的價值，不是看教會如何成為造福社會的組織，也不是將我們的牧者看成如同其他為人服務的專家。教會的存在自有其理由，它來自教會的使命，而不是來自世界。」[21] 就是說，教會存在的理由與基礎乃在於其自身，而不是為了服務社會。

對於侯活士來說，正如他這本書的書名所揭示的，他用這個處在異質文化包圍中的拓荒營地上「寄居的異鄉人」這個喻象，特別突出了他所理解的基督教會與美國社會及其文化的關係。今天的美國社會已經成為了一個日益世俗化的社會。這種當代的世俗社會文化對於基督教會來說，與其他地區的社會文化表現出的異質性沒有太大的區別。不過，侯活士並沒有為美國社會的這種變化感到悲哀，相反對於認識到這一點而感到慶幸。因為認識到這一點，給教會反思其與社會文化的關係帶來了契機。

由於存在著教會與社會文化的異質性，所以侯活士認為：「基督徒

[20] 侯活士，威廉姆，《異鄉客——基督徒的拓荒生活》，頁 16。

[21] 侯活士，威廉姆，《異鄉客——基督徒的拓荒生活》，頁 25。

的政治任務是成為教會，而不是轉化世界。若說基督徒的首要任務是讓世界更美好，這種說法乃有不足，原因之一是，不通過教會，基督徒就無法準確理解、無法正確詮釋這個世界。教會基於這樣一種假設——即使世界不知道『耶穌基督是主』意指什麼，他們也知道『和平與公義』意指什麼。」[22] 這裡的意思是說，只有當世界理解了「耶穌基督是主」意味著什麼，才能夠理解真正的「和解與公義」意指著什麼。教會所理解和追求的「和解與公義」與世界所追求的和平與公義之間可能存在著某種質的差別。

在這個背景下，侯活士藉著批評尼布林對兩個領域的劃分而批評了路德兩個國度或兩種治理的觀念。侯活士認為，尼布林把耶穌登山寶訓的教導理解為主要是適用於個人的社會實踐上，似乎只有個人才能在生活中活出其中與靈性相關的要求，而一旦進入到社會公共的群體領域，則只能照著社會的公義原則去行事。[23] 如果是這樣的話，這在侯活士看來，無論是登山寶訓指導下的個人生活，還是社會公義原則指導下的社會議程，都變成了個人的事情，教會已經不重要的了。如果教會按照社會公義的日程參與社會生活，其實是矮化了教會的社會責任，並沒有達到登山寶訓中對教會的要求。

其實，教會作為信仰的群體自身就是一種（狹義的）公共領域，信仰群體的生活就是一種公共生活。而登山寶訓是對教會的公共生活來說的，因為它涉及到了日常社會生活中包括婚姻在內的多個具體方面。在登山寶訓中，耶穌表達的語式是：「你們聽見有話說……，只是我告訴你們……」[24] 這裡前句雖然指的是摩西律法，但這裡可以理解為是一般自然法的書面表達，具有社會普遍意義的規範。[25] 而後句則是藉著這對比，耶穌表達出其對門徒的教導顯然是高於前面普遍規範的。這裡的要求不只是「不可殺人」，而是在生命中同時能活出對仇敵的愛；不只是

---

[22] 侯活士，威廉姆，《異鄉客——基督徒的拓荒生活》，頁 23-24。

[23] 侯活士，威廉姆，《異鄉客——基督徒的拓荒生活》，頁 60。

[24] 太 5：21, 27, 31, 33, 38, 43。

[25] 加爾文將摩西律法看作是具有普遍性的自然法的書面表達。見加爾文，《基督教要義》II，8，1，三聯書店，2010 年。

「不可姦淫」，而是生命中表現出去除了各種淫詞與淫念的聖潔。從這裡看，侯活士認為，基督徒的社會生活很難靠個人獨自地去實踐完成，每個信徒既需要依靠他們的救主耶穌基督，同時也需要依靠教會這個生命的團契。教會作為一個信仰群體，其社會公共生活所顯出的與信仰生命有關的倫理品性具有某種靈性因素，就其見證了基督及其上帝之國的意義上來說，教會最好地履行了其社會責任。

如果福音書中所記載耶穌的登山寶訓是教會這個團體之社會公共生活的主要規範的話，那麼它的目標顯然高於創造論或一般自然法的方面。按照尤達的表達：「上帝國是一種社會秩序，而這秩序不是隱藏的。」[26] 如果上帝之國（不再從自然法出發）是好的社會秩序的源頭，那麼通過教會群體之生活方式的見證，還是希望能夠影響到這個社會。不過顯露過程是間接而非直接的，是從無形走向有形的過程。這個過程或許可以用「向裡翻轉」來比喻。就如古代沙漠教父，雖然他們是生活在無人的沙漠地區，但他們對於外面世界之社會生活的洞察，並不比生活於其中的要更差。當人真有終末意識，對永世有深入的默想，可能就會對現世有更真實的認識，比他人更能真實地看清這個世界的真相。同樣，只有在當人們真正委身在信仰的群體中，對這個群體的生活有真認識，生命在其中發生過真實的翻轉，那麼他們就一定會影響到其所生活於其中的如同拓荒地一樣的社會。

不過，針對上述的看法，尼布林所提的那個問題依然是有挑戰性的：個人道德的提高並不意味著社會組織的道德提高。我們可以將這個句型中的詞語換作其他詞語，提出這樣的問題：這樣一個自成體系的群體的公共生活之見證如何能夠影響到與其觀念有質上差異的社會領域？如果是指望其中有生命翻轉的基督徒個別地進入到社會中來影響這個社會，那麼個人見識（道德或「三觀」等）的提升，是否一定會影響到社會領域中群體見識（道德或「三觀」等）的提升？

---

[26] 尤達，《耶穌政治》，廖湧祥譯，香港：信生出版社，1990 年，頁 111。

## 家庭教會公開化

1934 年，就是希特勒上臺後，認信教會在巴門開會通過了《巴門宣言》的那一年，朋霍費爾在其「誰是今在與昔在的耶穌基督」的授課講義中，明確地提出這樣的問題：今在的耶穌基督是誰？今天人們在世上如何能夠找到耶穌基督？今在的耶穌基督以什麼方式在我們的生活中？他的回答是：「基督對我們以兩種形式今在，一是作為教會，一是作為國家。」[27] 這是典型的路德宗式的回答。

不過從這個回答中，還是可以看到現代神學家的思考與宗教改革家們的一個重要區別：不再是從救贖論與創造論或者恩典與律法之間的區別來看待兩個國度或者兩種治理之間的區別。復活的耶穌基督同時在兩個領域中作王掌權，表明隨之而來的上帝之國同時在這兩個領域中顯明其重要的作為。基督的國就是指上帝之國，是伴隨著耶穌基督的道成肉身、受死與復活而來到這個世上。上帝之國能力不僅是臨在於有形教會中，那些已經得著基督救贖之恩典的人中，同時其影響也臨在於這裡所說的世俗世界中，影響著那些還沒有得著基督救恩的人群。[28] 就是說，如馬太福音二十八章中所說，天上地下所有的權柄都賜給了那位復活的耶穌基督。他不僅是教會的頭，在教會中作王掌權，同時他也在這個世界中作王掌權。我們所在的生活世界（自然世界）也都是以耶穌基督為中保。強調這種中保的地位與作用，不是一定要回到創造論才能理解，而是要與救贖論關聯起來；不是只限於被造時自然法之法則（道的種子），而是藉著基督裡之呼召而得到確定的那些身分或職分，影響和保護著其所形成的社會關係與秩序。如此體現宇宙之基督的作用：他是神榮耀所發的光輝，是神本體的真像，常用他權能的命令托住萬有。（來 1：2）在這個前提下，普遍恩典是特殊恩典經過重生之人的見證而固化在社會秩序中的結果。

---

[27] 朋霍費爾，「誰是今在與昔在的耶穌基督」，中譯本見，《第一亞當與第二亞當》，王彤，朱雁冰譯，香港：漢語基督教文化研究所，2001 年，頁 50。

[28] 這裡先略過在這兩個領域中發揮影響的方式之間的區別。

可以用河流的上下游的比喻來說明信仰群體之公共生活與世俗公共生活領域之間存在的關係。信仰群體如同一個上游的營地，社會公共生活的其他領域如同下游被開拓的荒地，真正能夠到下游來開拓的，是那些從上游下來的拓荒小隊。正因為有從上游來的源頭活水，流出來才會有下游的水流。從宏觀角度來看，在信仰群體生活中產生的靈性的光亮，會藉著思想上的描述與神學家的反思，變成某種成文且有影響的敘事；再通過一些思想家的闡釋與學術專家的疏理變成思想領域中精英把握的觀念；最後藉著思想的傳播變成公共領域中普遍流行的思想，這就是一個從上游到下游的過程。這在近代社會發展的過程多少可以看到一些，比如康德思想產生的影響，其實背後有一段基督教敬虔派的歷史背景。在這個從「上游」到「下游」的過程中，存在著一種分層與「身分轉換」的問題。

首先，從「上游」層面來看，就是站在信仰群體的角度來看。從這個視角，教會高於社會其他領域或群體。這個角度體現出來的教會－社會之關係，可以表現為如下幾個方面：1）教會以福音為使命，帶人重生，裝備聖徒；2）鼓勵每個聖徒明確上帝的呼召，敢於承擔社會關係中的那些正當身分與職分；3）社會關係與秩序正是由這些身分與職分所決定的，或者兩者之間存在著互動。因此社會關係與秩序是變化的；透過這些被召的身分與職分的見證，體現了神的保守與護理；4）這種被更新的社會關係與秩序，代表了對文化的更新，卻不具有救贖性，也不具有永恆的價值。

其次，從「下游」層面來看，就是站在教會－社會關係中社會角度來看。在這個角度，教會只是上帝所影響之社會領域中的某一個領域。對於在這個領域中受召承擔某種有益於社會之職分的信徒，或者受差在這裡拓荒的小隊（機構）來說，其所關注的有如下幾個方面：1）這個角度關注的確實不是人靈魂的得救，而是如何更好地改善社會關係與秩序。如果說教會牧者的職分代表了教會，那麼其他社會職分，如學者或官員等，可以代表其所在的社會群體的角度；2）屬靈原則如何應用在所屬領域，需要專業領域的吸收與消化，而這通常只能通過專業領域中被召的人才有可能；3）在基督再來之前，這兩個角度或兩個領域，以及屬世治理中的不同領域之間的區別，總是會有的。

總之，就家庭教會走向公開化，及其進入社會公共生活這個主題來說，宗教改革時期的兩種教會－社會圖景對於當今中國社會處境下的家庭教會都有著重要的影響。簡要概括，第一種屬於廣義而分層的公共領域觀念，認為教會可以作為公開的「山上之城」，透過與教會外其他相關的社會組織（如政府等），實際地與教會外的廣大公共領域產生聯繫。第二種屬於狹義的單一公共領域的觀念，教會如同隱藏的「山上之城」，其自成一體的公共生活所產生的影響可能是人眼所看不到的，卻對社會發揮著重要的影響。無論哪一種，都表現出這樣的精神：教會在這個世上並不是為了自己而存在，乃是為了榮耀神而存在，為了在這個世界中見證基督，並進而影響這個世界而存在。其使命並不是終生在營地中生活，而同時要向下游探索，找到可以被公共領域中接受的公共話語或表現方式，由此可以發出真正有影響力的聲音。

**孫毅**陝西西安人，北京大學哲學博士，現任中國人民大學佛教與宗教學理論研究所專職副教授，中國人民大學哲學院副教授。主要研究領域為新約聖經研究、宗教改革以及現代基督教神學思想史。北京守望教會長老。出版著作有《個體的人》、《聖經導讀》、《轉向：走在成聖的路上》等。發表的論文有〈基督教人性論在當代的發展〉、〈生存論視域中的理性觀念〉、〈論新約的死亡觀〉、〈論加爾文的良心觀念〉，等幾十篇。曾赴加拿大不列顛哥倫比亞大學維真學院、芬蘭赫爾辛基大學神學系、美國加爾文學院進修學習。

# 密契與聖約

## ——華人敬虔傳統的民主化

徐頌贊

## 提問：基督教推動中國民主化？

中國基督教被海內外許多知識分子視為促進中國民主化的重要力量，[1] 但在不少反對或保留意見者眼中，中國教會又被形容為醫病趕鬼的「民間基督教」：教會領袖威權、不涉公共事務、注重個人虔信，缺乏民主要素。[2] 然而，爭議多方仍存有共識，即擁有 60% 以上中國基督徒

1 家庭教會的「反抗」姿態，常被海內外異議知識人描述為當代中國的「公民不合作」運動或不從國教的「清教徒運動」，並將此與中國民主化作關聯。持此看法的有 David Aikman, *Jesus in Beijing*. Washington, D.C.: Regnery Publishing, 2003. 劉同蘇、王怡，《觀看中國城市家庭教會》。台北：雅歌出版社，2012。余杰、王志勇，《公民抗命與家庭教會》。台北：基文社，2015。

2 連曦以「民間基督教」來描述 20 世紀中國基督教，並在書末質疑了他們是否真能促進民主觀念。參見：連曦，《浴火得救：現代中國民間基督教的興起》，何開松、雷阿勇（譯），香港：中文大學出版社，2011 年，頁 203-215。另外，對當代中國基督教（包括鄉村教會、城市專業人士教會、新興家庭教會等）的調查研究，可參考：趙天恩、莊婉芬，《當代中國基督教發展史：1949-1997》，台北：中

的廣義家庭教會，是中國最大的非政府組織，涵蓋官員、知識分子、專業人士、農民等階層，教會內部相對於中國社會，存在較高的言論自由度，以及平信徒參與度，對社會的影響不容小覷。[3]

若比照國際經驗，許多國家或地區的民主轉型，確實與基督教會的「民主先知」角色關聯甚大，信眾在教會內部平等參與，培養民主習慣，自然擴展到公共社會。比如早期美國獨立並逐漸確立民主制度的過程中，基督教會為鄉鎮自治與民主共和提供了公民精神與民主習慣。[4] 類似教會這樣的團體承擔著培養公民信任感與責任感的重任，是民主社會生成的重要構成。[5] 而在亞洲，1970-1990 年代韓國與台灣的民主轉型過程中，長老教會以內部民主治理與民主的神學（如韓國的民眾神學、台灣的鄉土神學），鼓勵信徒積極參與社會運動，挑戰威權政府，促進了民主轉型進程。[6]

但是面對中國基督教，上述研究範式依舊奏效嗎？在反思「基督教推動中國民主化」這個問題之前，需首先觀看中國基督教自身的民主程度。

首先，「中國基督教」並非西方（尤其歐美）概念的基督教形態，而是已經本土化，且有中國特殊政治與宗教處境的基督教形態。[7] 尤其近七十年來，家庭教會已深度參與中國社會，形成了一體多元的本土傳

---

國福音會出版部，1997。歐陽肅通，《轉型視野下的中國農村宗教：兼以鄉村基督教為個案考察》，北京：中國社會科學出版社，2009。曹南來，《建設中國的耶路撒冷：基督教與城市現代性變遷》，香港：香港大學出版社，2013。

3 李凡，〈基督教與中國政治發展〉，《背景與分析（特刊）》19（2008）：3-24，北京：世界與中國研究所。

4 Alexis de Tocqueville, *Democracy in America*. J. P. Mayer(ed.), George Lawrence(trans.). New York: Anchor Press, 1969.

5 Doug McAdam, *Political Processes and the Development of Black Insurgency*. Chicago: University of Chicago Press, 1982. 另有 Robert Putnam, "The prosperous community-social capital and public life," *The American Prospect* 13(1993): 1-11.

6 韓國民眾神學中「恨」與「解恨」的內在理路，可見：Andrew Sung Park, *The wounded heart of God: The Asian concept of han and the Christian doctrine of sin*. Nashville, Tennessee: Abingdon Press, 1993. 比較韓國民眾神學、台灣鄉土神學與兩地長老會的民主參與，可見：郭承天，〈基督宗教與民主：台灣與南韓之比較〉，見彭慧鸞（編），《蕃薯與泡菜：亞洲雙龍台韓經驗比較》，頁 241-263，台北：亞太文化交流基金會，2008。

7 段琦，《奮進的歷程：中國基督教的本色化》，上海：商務印書館，2004。

統，包括本土的神學論述和治理方式。[8] 其次，目前關於家庭教會與中國民主化的流行論述，多從政教關係、階層分化等宏觀社會政治視角進行分析，而未能深入教會與信眾的宗教經驗、神學傳統和教會治理等內在理路，來展現家庭教會與民主政治的內在關聯。

針對以上缺如處，本文首先嘗試引進「新制度論」的視角。新制度論（New Institutionalism）關切意識形態與行為者之間正式或非正式的制度關係，如上述提及信眾的宗教經驗、神學傳統和教會治理等面向。以新制度論來檢視宗教與民主政治之關聯，決定於宗教自身是否建立民主神學的意識形態，以及民主教權 [9] 的正式或非正式的制度行為。[10] 民主神學即在傳統宗教和現代民主思潮之間找到理論關聯，民主教權則是民主神學的制度載具，在日常生活和教會生活中培養民主習慣。[11] 因此，分析宗教與民主的關聯，重點便落在宗教是否能經過本土化，建立民主神學與民主教權，進而分析其民主神學是否存在契約、平等觀、對權力的批判、政教分立與制衡等，其民主教權是否存在言論自由保障、平信徒的教會參與、是否鼓勵積極參與社會政治等。[12]

針對上述問題，本文首先檢視三類家庭教會的神學與教權是否民主化，還是蘊藏潛流，有待重新詮釋？抑或在哪些層面有利於或不利於民主？其次，本文嘗試返本開新，回溯教父密契神學，從中國教會共用的敬虔傳統，來建構民主神學。

---

[8] 陳佔江，〈「基督下鄉」的實踐邏輯：基於皖北 C 村的田野調查〉，《重慶社會科學》9（2007）：105-107。

[9] 「教權」即 ecclesiology，通常譯為「教會論」，本文則想切合漢語情境，以此呈現牧者、平信徒、教會章程等之間權力關係。

[10] 郭承天，〈基督教與美國民主政治的建立：新制度論的重新詮釋〉，《中央研究院人文及社會科學集刊》14：2（2002）：177-180。

[11] 同上，頁 178-179。

[12] 本文重點在於以「新制度論」檢視中國家庭教會與民主的關係，對理論本身不作具體論述。理論可見相關學者的梳理：王躍生，《新制度主義》。台北：揚智文化，1997。郭承天，〈新制度論與政治經濟學〉，見吳玉山（編），《邁入二十一世紀的政治學》，頁 171-201，台北：中國政治學會，2000。另外，台灣學者曾以新制度論來重新詮釋宗教與民主之關聯，非常值得參考，相關研究可見：郭承天，〈民主的宗教基礎：新制度論的分析〉，《政治學報》32（2001）：171-208。郭承天、陳敦源，〈基督教倫理與民主制度發展：從美國經驗看台灣〉，《公共行政學報》5（2001）：67-100。羅彥傑，〈伊斯蘭教與民主：一個新制度論的分析〉，《問題與研究》44：4（2005）：45-73。

## 處境：當代中國家庭教會的演變

當我們在談論「當代中國基督教」時，通常存在幾種流行說法。第一種是歷史性視角，或以歐美基督新教宗派，或以東亞歷史上的差會來理解當代中國基督教。第二種是規範性視角，以神學、教義、聖經詮釋等理解中國基督教。這些視角背後的問題，是當代中國多數基督徒，在改革開放後出現，而與 6 世紀的景教、13 世紀的也裡可溫、16 世紀的天主教修會、18-19 世紀的新教差會，甚至 20 世紀的本土宗派等都關聯不多。

本文聚焦於目前千萬基督徒正在實踐的、日常的「中國基督教」，即已本土化的各類教會，來探究中國基督教與民主之關聯，而非西方（尤其歐美）脈絡和概念裡的基督教宗派。（見圖 1）鑒於家庭教會含納至少 60% 的中國基督徒，本文又以家庭教會作為中國教會的「主流」（至少就人數而言），來探討中國教會與民主的關聯度。

1807 年馬禮遜來華至今兩百多年，基督新教大致歷經三個階段：19 世紀為近代差會時期，20 世紀上半葉差會基督教逐漸演變為本土基督教，出現多元的本土教派，如聚會處、真耶穌教會等。20 世紀中葉，三自運動興起，教會分化、地下化，形成家庭教會。20 世紀下半葉，則是 1980 年代以來三自與家庭教會的復興時期，1970-90 年代五大宣教團隊[13]引領的福音運動。還有 1990 年代尤其 2000 年以來的城市新興家

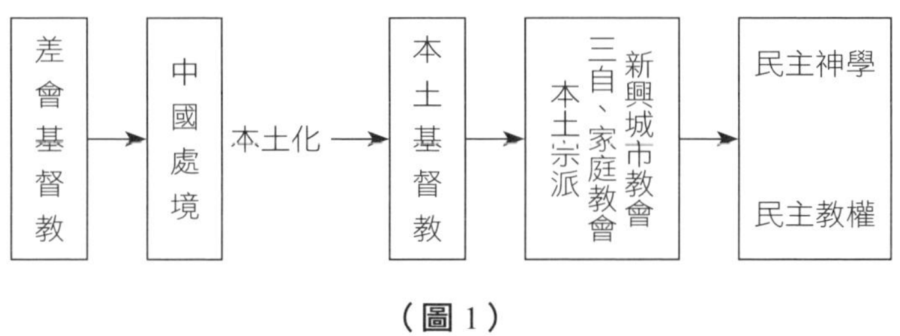


（圖 1）

[13] 河南的方城團隊（後改名為華人歸主教會）、唐河團隊（後改名為中華福音團契）、安徽的潁上（中華真理教會）、利辛團契（中華蒙福教會），還有溫州教會。

庭教會。[14] 總之，自 1949 年來，雖然經歷頻繁政治運動和嚴厲管制，但不論三自教堂還是家庭教會，人數增長迅速，形成「基督教熱」的現象與研究潮。[15] 雖然廣義的家庭教會亦在經歷宗派發育、階層分化等過程，[16] 呈現不同的教會治理方式，但仍存在相通的身分認同、宗教經驗和屬靈傳統。（表 1）

| 家庭教會分類 | 身分認同 | 屬靈傳統 | 宗教經驗 |
|---|---|---|---|
| 本土宗派 | 不承認三自，獨立教會，屬於普世大公教會 | 接續宗教改革傳統、20 世紀初倪柝聲、王明道、賈玉銘、宋尚節等建立的敬虔傳統，偏福音派神學，不認同自由主義神學。 | 疾病、生活意感、政治反抗、屬靈生命等 |
| 五大團隊 | | | |
| 新興城市家庭教會 | | | |

**（表 1）**

在當代中國家庭教會版圖中，傳統如本土教派，如聚會處、召會、真耶穌教會，新興如五大宣教團隊、改革宗教會，雖然神學態度各盡不同，但均認同家庭教會立場，對「三自運動」持反對或保留意見。本文選取上述三類家庭教會，通過田野調查、文獻資料、訪談等，梳理這些社群成員的神學認同、宗教經驗、身分建構、公共參與等面向，來分析他們是否確實具備民主要素或潛質，或者有待發掘甚至重新詮釋。

---

[14] 如以知識分子、大學生為主的大學周邊教會，農民工教會，海歸團契，老闆基督徒、白領等專業人士的工商團契、改革宗教會等。

[15] 這些背景說明，還可參考 Feng-gang Yang, "Between secularist ideology and desecularizing reality: The birth and growth of religious research in communist China," *Sociology of Religion* 65(2): 101-119.

[16] 如近年來不少傳統福音派家庭教會轉變為聖公會、浸信會，出現「再宗派化」的趨勢。

## 比較：三類家庭教會的民主程度

### 一、傳統家庭教會本土宗派

二十世紀初是中國本土基督教的發育期，如 1917 年魏保羅於北京發起「真耶穌教會」。1922 年倪柝聲、王載在福州發起地方教會（也稱為「小群」、「聚會處」等）。1921 年敬奠瀛於山東泰安建立「聖徒信用儲蓄社」，1926 年改辦「蠶桑學道房」，1927 年改為「耶穌家庭」。1935 年王明道於北京建立「基督徒會堂」。這些本土基督徒領袖將中國基督教從「差會」階段帶進「本土」階段。其中，聚會處、召會、真耶穌教會等更是跨越國共內戰及冷戰，即使在文革期間依然存在並多次服刑。而台灣的召會和真耶穌教會，更擴展到北美、歐洲，吸引白人黑人，1980 年代又反哺中國大陸，已成為最國際化的本土宗派。

**（一）神學：**聚會處、召會系出同源，其領袖倪柝聲、李常受均受德國敬虔主義之影響，講求個人靈命的養成，堅持聖經無誤論和前千禧年主義，有強烈的宣教熱情和緊密的共同體。真耶穌教會為中國自發的聖靈式自立教會。[17] 這些教會創始人皆有「重洗派」的色彩，魏保羅、敬奠瀛更是經歷三次洗禮。他們視「世界」（kosmos）是墮落的系統，主張基督徒避世、自守，等候基督再臨，而非積極參與世界事務。加之 20 世紀 20-30 年代中國民族危機日益惡化，更說明世界末日、基督再臨的合理性，加深前千禧年的悲觀色彩。因此，從其當時所處的中國處境以及神學傳統等來看這些教會均與民主關聯甚少，更未神聖化民主價值，並未為信徒爭取政治行動提供合法性以及系統的神學或解經論述，多強調遵守政府、安靜自守。

**（二）教權：**因為神學保守，更加強這些教會的內聚力，成為延續至今並極有擴張力的國際化宗派。均反對牧師制度，大多強調平信徒共同參與治會。雖無聖職制度，但在實踐中存在長老、同工、傳道等角色

---

[17] 真耶穌教會常被認為「靈恩派」、「五旬宗」等，葉先秦（2017）從真耶穌教會的本土內質與全球發展，反駁了這些觀點。參見：葉先秦，《全球五旬節運動視野下的真耶穌教會》，台北：國立政治大學，2017。

和權力分配。中國大陸的聚會處和召會，在 1983 年因為「呼喊派」和李常受的角色等問題而產生分裂，至今未癒。大陸召會因與北美、台灣召會保持密切聯繫，發展較快。但是總體上皆未建立民主教權：其一，聚會處、召會都強調「屬靈人」，有時亦會造成「屬靈權威」對教會治理的轄制。在杭州蕭山、河南南陽等地，曾因「話語職事」與「屬靈權威」之爭而造成教會分裂。其二，均缺乏言論自由制度保障，對神學異見容忍度低。[18] 其三，宗派認同強，不易和其他宗派相處。但目前北美和台灣的召會、真耶穌教會積極尋求基督教內對話，也正在影響大陸的同宗。

## 二、五大家庭教會宣教團隊

擁有千萬信徒的五大家庭教會宣教團隊（以下簡稱「五大家」），[19] 包括河南的方城團隊、唐河團隊、安徽的穎上、利辛團隊、溫州團隊，興起於 1970 年代的鄉村教會大復興，到 1990 年代已經形成跨區、結盟的大型宣教團隊，如唐河團隊、華南教會均成為聯邦型教會系統。[20]

**（一）神學**：受普世福音運動、靈恩運動的雙重影響，發展迅猛。早期多見自發靈恩現象，信眾多在鄉村，1990 年代向城鎮移工發展。其神學色彩也十分鄉土，五大家領袖均為充滿魅力氣質的農民基督徒，多結合鄉村生活來創意解經，強調個人敬虔、孝順自守、遵法愛國，神聖化「上帝救中國」，且有較強的末世論和前千禧年主義色彩，並以此來動員眾多遊方傳道人。

1998 年，河南、安徽的宣教團隊領袖，在北京共同簽署發佈《中國家庭教會信仰告白》，申明其信仰內容、政教關係等。總體上，未神聖化民主、自由等政治理念，堅持信徒和政府雙方都應守法，用既有法律解決爭端，反對暴力抗爭。[21] 這份聯合信仰告白，亦為民主政治留下

[18] 可從 1983 年「呼喊」問題看聚會處與召會的分裂。以及 1960 年至今港台和北美召會內部又因為李常受角色、「屬靈權威」和神學見解之差異而造成的多次分裂。

[19] 此另有一種表述包括重生派（生命之道），而不包括溫州教會，構成中原五大家。

[20] 趙天恩、莊婉芬，《當代中國基督教發展史：1949-1997》。台北：中國福音會出版部，1997。

[21] 張義南，《中國家庭教會六十年》。香港：國度事奉中心，頁 136-139，2010。

詮釋空間與期待視野，比如他們提倡信徒的公民義務、順服法律，以及強調教會行政不受世俗權勢的支配等等。

**（二）教權：**在 1970-1990 年代，五大家因為長期高壓政治環境，建立家長權威，但在政治環境寬鬆後，逐漸向長老、牧師、傳道分工演變。在 1990 年後，因為中國開始城鎮化，大量農村信徒轉向城鎮，五大家開始強調社會參與，如主動開展城市農民工宣教、海外華人文化事工等。在政教關係上，五大家主張政教分離，不干預政府。[22] 因為注重「聖靈帶領」和靈恩經驗，反而比較包容平信徒的神學見解。同時，受第三波靈恩運動影響，鼓勵信徒積極進入公共社會，在文化、職場、教育、政治各領域作見證，比如培養福音歌手，影響娛樂界。宣教團隊培植的教會愈發熱心參與公共事務，比如唱出迦南詩歌的呂小敏，亦是宣教團隊的「代言人」，她為公共事務如汶川地震、北京奧運等寫讚美詩，動員宣教團隊積極參與社會事務。[23]

## 三、新興改革宗家庭教會

自 1990 年代以來，文化熱、基督教熱、改革宗熱開始交織出現於中國公共言論界，眾多知名學者、作家或其他專業人士對基督教產生好感，有些成為基督徒甚至教會領袖。這些以知識分子領導或參與的教會，多以改革宗為神學認同與建制取向，教會事工偏向「文化宣教」，主動推動家庭教會的公開化和社會參與。他們以對中國教會的影響愈來愈大，業已形成一種新的社群面貌。[24]

---

22 可見 1998 年的《中國家庭教會信仰告白》。

23 徐頌贊，〈鄉土中國與迦南歌聲：從迦南詩歌探究宗教經驗之展演與社群結構之形塑〉，頁 71-101，收入《2016 年台灣宗教學會年會論文集（下冊）》，台北：台灣宗教學會，2016。

24 邢福增、袁浩和劉紹麟（2016）以北京的三自教會、農民工教會、溫州商人教會、城市新興教會為個案，比較教會組織、信眾參與、教會使命和問題處置等面向，論證在這些類型的教會中，城市新興家庭教會最能助益於公民共同體。參見：邢福增、袁浩、劉紹麟，〈宗教信仰與公民文化建構：當代中國中原地區四個宗教團體的個案研究〉，見楊鳳崗、高師寧、李向平（編），《田野歸來（下）中國宗教與社會研究：道德與社會》。台北：基督教文藝出版社，2016。

在此以改革宗華西區會及其四間教會為例，[25] 試論其神學與教權的民主程度。2013 年秋雨之福教會的調查，發現新會友在進入教會之前，幾乎沒有參與過任何公民團體，而在進入教會後才開始行使民主選舉等權利。此確如王怡所說，家庭教會（尤其改革宗）是中國公民社會的雛形。[26]

**（一）神學**：繼承普世福音運動、家庭教會傳統，以加爾文主義為主。[27] 神聖化民主、自由、人權等理念，為平信徒參與社會事務、爭取政治權利提供合法性論述（如建立「聖約子民」、「城市之光」、「中國的清教徒」等身分認同）。教會領袖們均在 1970 年前後出生，直接或間接參與過 1980 年代學生運動，所以自青年時代就確立「獨立知識分子」認同。在他們成為基督徒後，或推動教會公開化，或推動平信徒事工，積極參與教會和社會事務，在教會內部率先實行民主。

**（二）教權**：改革宗家庭教會的形成路徑，通常從家庭查經聚會開始，人數增多後，開始主日崇拜與聖餐禮，等到人數進一步增加到上百人，且有同工會時，會考慮租購聚會場所（如寫字樓等），形成會堂。接下去則堂會之間合作、結盟，形成區會。改革宗華西區會以及各堂會的《治會章程》，對長老、執事、平信徒之間的權利與義務有明確規定。以信徒大會為最高權力機構，長老團內分權制衡。教會內部採用會友制、長老制，堂會與區會採用聯邦制。[28] 平信徒主動發起的事工也會被納入教會建制，兩者互動較好，也能包容信徒的神學異見。近幾年多次出現言論事件，此有待進一步觀察。

至 2016 年 12 月為止，秋雨之福教會發起事工包括 2 間大學查經班，18 個社區團契，每月讀書會、每月電影會、家庭小組、親子講

---

[25] 分別為「（成都）秋雨之福歸正教會」、「成都恩福歸正福音教會」、「成都溪水旁歸正福音教會」、「基督教成都生命之泉教會」。筆者曾於 2013 年 8 月 1-15 日，2014 年 8 月 20-25 日，2016 年 11 月 6-11 日，在成都的改革宗教會進行田野觀察與人物訪談。

[26] 王羚，〈「中國民主化轉型的社會基礎」國際論壇〉，《中國宗教與社會研究中心通訊》6：1（2013）：6。

[27] 承認早期教會四大信經：使徒信經、尼西亞信經、亞他那修信經、迦克頓信經。同時接納《威斯敏斯特信條》、《威斯敏斯特大、小要理問答》及《海德堡要理問答》等。

[28] 參見：《治會章程（第一版）》。成都：改革宗長老會（華西區會），2013 年。

座、聖約法律人團契、恩慈老年團契。另有歸正神學論壇、華西植堂論壇、聖約學人講座、聖約公益圖書室、神學教育基金、歸正學堂基金、慈惠基金、良心犯家屬基金、反墮胎基金等。[29] 另外還有恩福教會彭強牧師的「以諾文化」出版、生命之泉查常平長老的「生命學園」。而改革宗華西區會從 2012 年開始自主辦學，如建立華西聖約大學、華西聖約人文學院、聖約歸正學堂等、設立國家禱告月、六四紀念、良心犯關懷基金等，平信徒主動發起上訪者福音團契、「兒童節不要墮胎」事工等，積極參與社會事務。

## 三種類型家庭教會與民主之關聯度

根據上述分析，傳統家庭教會中的本土宗派與五大家庭教會宣教團隊，以及新興的城市改革宗家庭教會，其政教關係、神學和教權，可參見表 2。

| 家庭教會分類 | | 政教關係 | 神學 | 教權 |
|---|---|---|---|---|
| 傳統家庭教會 | 本土宗派 | 政教分離 | 基要派，<br>敬虔主義，<br>屬靈神學 | 平信徒治會，<br>存在長老或傳道分工，<br>有屬靈權威 |
| | 五大宣教團隊 | 政教分離 | 基要派、<br>福音派、<br>靈恩派 | 早期：寡頭制、中央集權制；<br>轉型：家長制的殘留影響、長老制、聯邦制 |
| 新興家庭教會 | 改革宗 | 政教分立 | 家庭教會傳統加爾文主義 | 會友制、長老制、聯邦制 |

（表 2）

[29] 信息綜合來自《秋雨之福》、《主日週報》，以及筆者與王怡牧師、李英強副執事的訪談。

家庭教會與民主之關聯：

①有利於民主：平信徒參與（公民獨立組織、合作、自我管理）、眾長老治會、地方教會聯盟等類似共和制或聯邦制、普世宣教、文化事工、包涵多元階層族群、平信徒的神學訓練深化，可培育民主習慣。

②不利於民主：較難與多元社會對話：前千禧年主義，強調基要真理、甚至反智、屬靈專制等，但也正是這些要素增強社群內聚力，抵禦外部風險。

③仍處於張力：信徒言論自由的界限、宗教國族主義、政治與宗教管制環境的不確定。

總體而言，中國家庭教會有助於豐富中國的社會資本，有助於培育公民自主結社的習慣，但不一定直接關聯於民主政治。就家庭教會內部的不同宗派而言，傳統福音派家庭教會，包括本土宗派與五大家，在民主神學方面比較缺如，尤其屬靈神學和家長權威，互相加強其集權要素，壓抑信徒言論自由。新興的城市改革宗教會，在平信徒參與、長老治會、神學教育等有長處，為傳統家庭教會從鄉村走向都市、從地下轉向公開、從威權走向民主，提供了制度、治理等強大樣本。但改革宗家庭教會囿於城市中產階層和專業人士，自身在本土神學論述上尚未紮根，也未形成具有神聖性的本土經典與精神動力，較難擴展到多數傳統家庭教會。

如果要溝通改革宗神學和家庭教會屬靈傳統的關係，促進傳統家庭教會轉化因地下反抗而塑造的屬靈威權、反智、內閉等，則不可僅僅歸因於鄉村／都市、福音派／改革宗、本土／西化、舊三多／新三多等二元建構。而是需要深入各教會共用的敬虔傳統，進行民主化詮釋與制度轉化。這需從兩方面著手：首先需理解中國基督教是什麼、怎麼樣。其次需梳理華人屬靈傳統如何源自大公教會傳統，如何在東亞形成本土教會的面貌與內質，從而始可返本開新、內在突破。

## 溯源：從屬靈傳統到密契主義

建構民主神學的路徑，首先需反思華人教會的敬虔傳統，比較大公教會的密契主義傳統尤其是教父密契神學。進而從密契主義的內在聖約開出外在聖約，從個人敬虔開出公共敬虔，由內而外轉化華人教會。最後在本土經驗裡民主化詮釋華人敬虔傳統，共同培育當代華人基督徒的民主神學。

近百年來，倪柝聲、王明道、賈玉銘、魏保羅、李常受、張榮亮、徐永澤等，這些本土教會領袖早年幾乎都在不斷尋找「重生的確據」和「更深的生命」，並依此內在經驗和屬靈權力，超越當時的差會或國教會，建立新的教會秩序。[30]

20 世紀華人本土敬虔傳統，綜攝了 18-19 世紀的德國敬虔主義（German Peitism），英國普利茅斯弟兄會運動（Plymouth Brethren Movement），第三次大復興（聖潔運動）、開西運動（Keswick Movement），以及天主教寂靜主義（Quietism）。[31] 而在本土教會處於殖民、民族發育、內戰、冷戰、地下化等歷史情境中，又更深磨練「十字架」、「禱告」、「信心交託」、「屬靈生命」、「不要愛世界」等面向，以致塑造並匯流成我們今日所見聞所實踐的基督教面貌。

從這些不斷發生的復興運動，可溯及基督宗教的「裡衣」與「暗流」：密契主義。論及密契主義（Mysticism），[32] 人們通常會刻板地認

---

[30] 吳東生將倪柝聲的屬靈神學，重新置於基督教靈修傳統，特別是聖公會神學家 Mark McIntosh 的理論框架，來為其定位，指出倪柝聲是正統思想家，而非人們指責的諾斯底主義、道家基督徒等。參考：吳東生，《屬靈認知與屬靈生命：倪柝聲與靈修傳統的對話》，新北：聖經資源中心，2016。相關辯駁也可參考：梁家麟，《倪柝聲的榮辱升黜》，香港：巧欣，2004。謝文郁，〈倪柝聲的人觀：傳統和詮釋〉，「中國基督教神學文庫」，http://theologychina.weebly.com/358742599137057-205222658922768303402015435266653062025632479216443580837322.html，2017 年 8 月 13 日下載。

[31] 人們常將「敬虔主義」誤認為「自了漢」。孰不知普世教協對社會的關注，可追溯至 18 世紀的敬虔派，而美國的社會福音運動亦可視為清教徒初結的果實。尤其施本爾的古典敬虔主義，是非常關注社會參與的。漢語學術界對此的反思，可參考：資料室，〈敬虔派、福音派及解放〉，《景風》，53 期，1978，頁 36-38。劉幸枝，〈重新發現敬虔主義：從施本爾的敬虔主義談起古典內涵〉，《華神期刊》（2）：148-169。

[32]「Mysticism」源自希臘文「mystikos」，意為隱秘，常被譯為「神秘主義」、「奧秘主義」，可參考：王六二，〈近現代神秘主義研究現狀〉，《世界宗教研究》，2001：3，頁 125-140。威廉・莊士頓，威廉・莊士頓；張譯心譯，〈神秘主義有未來嗎？〉，《輔仁宗教研究》，2007：15，頁 1-12。然而，基督徒密契主義，尤其教父密契神學，其不同於希臘哲學密契主義的地方在於，強調信徒與上帝的合一，始終存在位格互動，且有神學與聖經為依託與導引，並非神秘、奧秘無端而不可探究。因此，在這些層面上，「密契主義」更能準確傳達「Christian mysticism」的意涵。相關辯證亦可參考賴品超，〈中譯本導言〉，載梅延多夫著，譚立鑄譯，《拜占庭神學中的基督》，《拜占庭神學中的基督》，香港：道風書社，2011，頁 xxviii-xxx。

為其奧秘不可言、屬於個人私事，甚至不乏從「正統」（Orthodoxy）或「異端」（Heterodoxy）的角度予以裁定。猶有甚者，將密契者與極度狂喜的自了漢，以及對他人苦難無動於衷等等的刻板印象掛鉤。[33] 針對這些誤會，已有不少學者作過分析與澄清，[34] 在此亦無必要贅述。

本文探討的基督徒密契神學，既包括聖經中的密契經驗，諸如摩西、福音書、使徒保羅、約翰等，也包括西元二世紀到五世紀的教父神學，他們均富含密契經驗。雖然密契主義在聖經中並未以理論建構的方式呈現出來，但仍可從他們的經驗書寫、世界觀、道德觀等角度看出端倪。而在教父密契神學中，則顯見密契的神學論述。西元二世紀的教父以迄於五世紀晚期亞略巴古的丟尼斯（Denys the Areopagite），是密契神學發展的形成期，其開創性與基本框架，對後世神學的其他領域之重大影響，則不言而喻。[35] 密契神學對上帝本體、三一關係、道成肉身等提供了直接的理解方式，而教義神學則在此脈絡中加以具體化、客觀化、教義化。兩者在教父神學那裡是相輔相成的，教父神學便是敬虔與理性的奇妙融合。[36] 因此，回溯教父密契神學，既有助於貼近早期基督教的靈性經驗與神學脈絡，亦有助於通過教父密契神學來與其他哲學或宗教傳統來對話。

但是 Pere Festugiere 認為「當教父們『思考』他們的密契主義時，他們就『柏拉圖化』了」，因此對他而言，教父密契主義即為柏拉圖主義的變形。[37] 安德斯・尼格倫（Anders Nygren）進而認為密契神學是

---

33 司泰思，楊儒賓譯，《冥契主義與哲學》，台北：正中書局，頁 457-458，1998。

34 如 William James, *Varieties of Religious Experience*. Cambridge: Harvard University Press,1985. Andrew Louth, *The Origins of the Christian Mystical Tradition: From Plato to Denys*. New York: OxfordUniversity Press, 2007. 麥奎利；吳恩揚、樓世波譯，《天人無間：基督教密契主義導論》，香港：道風書社，2012。

35 Andrew Louth (2007): p.x.

36 M. F. Wiles, *Working Papers in Doctrine*, Norwich: SCM Press, 1976, p.100. 另外，Andrew Louth 通過在《基督徒密契傳統之源》中的分析，糾正了密契神學與教義神學之間的關係，指出兩者在古教父那裡沒有衝突，密契反而是教父神學核心，深刻影響著教義神學，並使之化解於其中。當然，密契神學與教義神學，在教父時期以後，在西方教會長期是被分離開的，如 Thomas Merton 所言，教義神學和密契神學，或者神學與靈性被分開，以至於兩者互相排斥，好像密契就只是屬靈之人的事，而神學則屬於講究實踐的不屬靈之人。此可參見 Thomas Merton, *Seeds of Contemplation*, Anthony Clarke Books, 1972, p.197.

37 Andrew Louth (2007): p.186.

欲愛（Eros）對聖愛（Agape）的侵入，而只有 Agape 才稱得上是基督教的，即或如伊格納修（Ignatius）、愛任紐（Irenaeus）、屈梭多模（John Chrysostom）等教父的神學亦只是一種「哲學靈性」（philosophical spirituality），本質上並不屬於基督教。[38] 當代東正教神學家兼教會史家安德魯・勞斯（Andrew Louth）則反駁了上述兩種評價，他認為雖然教父密契神學使用了類似柏拉圖主義的知識表達方式，但是兩者對上帝本體、靈魂與上帝的關係，以及對道德的思考等等都是相當不同的。[39] 安德魯・勞斯認為：「基督徒密契神學，是教會的，是參與基督奧秘之碩果，亦與教會的奧秘無法分離。」[40] 在強調精英、智性的希臘哲學密契面前，基督徒的密契有強烈的位格互動和教會認同之傾向。依此區別於柏拉圖主義和新柏拉圖主義，甚至其他任何一種非基督徒的密契神學。[41]

## 一、主要內容：關係與實踐

### （一）神人關係

柏拉圖覺得世界上充滿了變化不定的猜想和觀點，都不算永恆的真知識。因此，人的靈魂需超脫身體和變化不定的現象世界，返歸其真正的源頭：理念世界（Ideas）。但是作為靈魂追尋的至高定點——善與美的理念，卻是不確定的超位格之存在。在普羅提諾處，萬物之源「太一」超越任何位格，其自身卻混沌不清，亦不積極涉入靈魂的活動之中。總之，在柏拉圖主義和新柏拉圖主義中，至高之神在靈魂的活動中巋然不動，頗有些「天地不仁，以萬物為芻狗」。雖然他們對於靈魂源

---

38 Anders Nygren, *Agape and Eros*, London: S.P.C.K., 1957, p.228.

39 Andrew Louth (2007): pp.188-194.

40 Andrew Louth (2007): p.194.

41 當然本文在討論基督徒密契神學的獨特性時，是放在希臘哲學的密契主義中比較的。暫未對東亞的儒佛道傳統進行比較。因此本文暫且可證成基督徒的密契主義、敬虔主義不是「異端」、希臘哲學或諾斯底主義，而不能反駁「倪柝聲屬靈神學」的道家化、敬虔主義佛道化等常見指責，將來筆者會專門轉述。參考：曾慶豹，〈倪柝聲的聖經心理學〉，頁 269-283，收入林四皓、周復初等主編，《不死就不生：2011 近現代中國基督教神學思想學術研討會論文集》，台北：橄欖，2011。

頭及其上升、下降的具體觀念不同，但是兩者都是十分知識精英式的，強調個體的努力、單打獨鬥，偏向道德與智性淨化等。

新約聖經中的神人關係建基於耶穌基督，使徒保羅說：「我已經與基督同釘十字架，現在活著的不再是我，乃是基督在我裡面活著；並且我如今在肉身活著，是因信神的兒子而活；他是愛我，為我捨己。」[42]「身上常帶著耶穌的死，使耶穌的生也顯明在我們身上。」[43] 耶穌基督作為神與人的中保者，使人因為聯於祂的生命、釘十字架、復活而得以與神聯結，分享神聖生命。這位神不是柏拉圖主義裡那位模糊、寂靜的存在，而是親自取了肉身，在人間生活的位格之神，更是將神人關係具體化，使人可以親近祂、與祂同住同行。

教父們以位格的語言來描述上帝的行動：祂以「恩典」來主動吸引靈魂，使其與自身合一。若無恩典，靈魂自身則無法尋找上帝。奧古斯丁嘗言人們能夠認知自身的源頭，是因為上帝的「照耀」：「因為對我自身而言，我所知的，是由於你的照耀，所不知的，則我的黑暗在你面前尚未轉為中午，仍是無從明徹。」[44] 在基督徒認識上帝的密契經驗中，至始至終都存在與上帝的位格互動，並通往合一。即使在「精神的黑夜」中依然存在這種神人之間的互動關係。

首先，在黑暗中，靈魂等候互動。神聖的黑暗，是密契經驗所能經歷的高階。在此之前，靈魂已然經過身體感官、欲望等考驗，而進入了一種虛空、黑暗的存在狀態。不同於柏拉圖與普羅提諾，此狀態不是靈魂上升的最終階段。在聖十字若望的《登上加爾默羅山》中，靈魂進入「感官之夜」時，感官的部分欲望在靈魂中睡著。然後描繪當靈魂在黑夜中等候的場景：「在黑夜裡，藉著秘密的階梯而隱藏。哦，純粹的恩典！在黑暗和隱蔽中，我的殿堂裡一切靜止。」[45] 在此階段，雖然靈魂已然淨化，即將與上帝密契，但又未能進入完全的合一狀態，而顯露

---

[42] 加拉太書 2:20

[43] 哥林多後書 4:10

[44] 奧古斯丁，周士良譯，《懺悔錄》，北京：商務印書館，1998，頁 202。

[45] St. John of Cross, *The Collected Works of St. John of the Cross*, translated by Kicran Kavanaugh, Washington, D.C.: Institue of Carmelite Studies, 1979, p.67.

出無法忍受的空虛。密契經驗起自交談，達頂峰於交談，且終需返回交談。[46] 即使在「精神的黑夜」中，靈魂亦始終面朝上帝，等待與上帝的互動與對話。

其次，是在聖愛中，經歷互動。基督的道成肉身，親自來到人們中間，是人得以經歷聖愛的前提條件。當施洗者約翰打發門徒問耶穌：「那將要來的是你嗎？還是我們等候別人呢？」耶穌回答：「我可用什麼比這世代呢？好像孩童坐在街市上招呼同伴，說：我們向你們吹笛，你們不跳舞；我們向你們舉哀，你們不捶胸。」因為「人子來了，也吃也喝。」[47] 在基督宗教信仰中，與人互動的是「道成肉身」的神，而非寂然不動的「天」、「自然」或其他靜默的神明。上主超越於宇宙及其內所有被造物，但也以道成肉身的方式，住在人們中間。

另一方面，在聖愛之中的互動，亦指向基督徒之間的彼此委身與服事。使徒保羅的書信時常以「身體」與「肢體」來比喻基督的教會和基督徒：「你們就是基督的身子，並且各自作肢體。」[48]「我們這許多人，在基督裡成為一身，互相聯絡作肢體，也是如此。」[49] 他勸告基督徒應該效法基督「虛己」：「各人不要單顧自己的事，也要顧別人的事。你們當以基督耶穌的心為心：他本有神的形像，不以自己與神同等為強奪的；反倒虛己，取了奴僕的形像，成為人的樣式。」[50] 在基督裡，基督徒們因為上帝的愛而跟隨基督，在聖愛中經歷聖靈的帶領，享受與上帝互動的恩典。Agape（聖愛）除了神的愛以外，亦有社群的維度。誠如現代神學家保羅・蒂利希（Paul Tillich）所言，Agape 在新約聖經中占據主導地位：「並非因為 Agape 是愛之最後和最高的形式，而是因為 Agape 是從另一個維度進入生命之整體，進入愛之全部特性的。人們可以稱 Agape 為愛之深層，或與生命之基礎相關的愛。人們也可以說，在

---

[46] 沈清松，〈表像、交談與身體：論密契經驗的幾個哲學問題〉，《哲學與文化》，1997（24）：3，頁 266-270。

[47] 馬太福音 11:1-19

[48] 哥林多前書 12:27

[49] 羅馬書 12:5

[50] 腓立比書 2:4-7

Agape 中，終極實在顯現了它自身，而且轉化了生命與愛。」[51]

基督徒密契就是對 Agape 的參與和分享，既在基督裡得以享受密契的恩典，也在教會中與他人分享聖愛裡的恩典，以彼此成全，共同長成基督的身量。

### （二）群己關係

在貴格利《摩西的生平》中，摩西呈現給讀者的不是獨居的隱士形象，他上山見神是為了百姓的福祉，身邊也總是被群眾圍繞。[52] 這裡象徵的靈魂之旅，不是孤獨的上升，而是有隨行者陪伴的旅程。靈魂的淨化不是為了它自身，而是為了淨化他人。所以，他們在密契中接受上帝的恩典，便具有使徒的職分。密契者的靈魂成為其他靈魂的恩典之施予對象。聖十字若望對此以有類似描述，即與上帝密契而來的恩典，對教會而言十分有益，看上去未做一事，卻勝過已做過的萬事。法國赤足加爾默羅會的小德蘭修女，更認為默觀的聖召是所有使徒職分中最能結出豐盛果實的。在使徒保羅看來，他的受苦，他的密契經驗，無一不是為著教會、為著眾人得益處的。[53]

使徒保羅向哥林多的基督徒們說：「死是在我們身上發動，生卻在你們身上發動」，[54]「並且為基督的身體，就是為教會。」[55] 這集中呈現出一道三重關係：我（們）－基督－你們。正是因為密契者出於上帝的愛，而與神密契，委身於基督身體這個場域之中，並在此場域內，享受由聖愛中的密契所得來的恩典，將恩典分享給別人，服事他人，從而使眾人更好地成長。

總之，密契者通過密契，是為更好地服事他人，使他人也能一同分享神恩。這種由密契帶來生活上的實踐，終而形成一種基督徒密契者的生活方式。

---

[51] John Carey, *Being and Doing, Paul Tillich as Ethicist, Macon, GA: Mercer University Press, 1987,* P. 214.

[52] 尼撒的格列高利，石敏敏譯，《摩西的生平》，北京：三聯書店，2010 年，頁 73-76。

[53] 歌羅西書 1:24

[54] 哥林多後書 4:12

[55] 歌羅西書 1:24

## （三）個體實踐

基督徒密契者的實踐是統合默觀與行動。回溯希臘哲學中的密契者，通常注重孤獨且虛靜的生活，摒棄在世上汲汲於攫取的生活。亞里士多德更是認為默觀的生活勝過行動的生活。而在基督徒密契中，卻統合了默觀與行動這兩種原本分裂的生活方式，將兩者聯結合一。教父們對此常以路加福音第十章中的馬大與瑪利亞作譬喻。[56] 通常而言，馬大指的是忙碌於世事而遺忘主的基督徒，馬利亞則象徵靈裡火熱、單純愛主的基督徒。但在奧古斯丁看來，兩者均為「教會雙柱石」，因為在不同處境中，相應地則會有不同行為。譬如一者在誘惑中需要幫助，而另一者無需默觀而仍保持喜樂。一者如保羅在世界末了之前即已聖別，另一者如約翰需在世界末了方得完全。[57] 雖然馬大、馬利亞能力有差異，但在主裡，基督徒因應不同處境而有不同的實踐，兩者都是高貴的，都值得眾人效法。

## （四）教會實踐

深刻的密契狀態總是十分短暫的，而人生在世，占據絕大部分部分時空的仍是日常生活。因此在短暫的密契之外，基督徒密契神學十分重視在教會中持久的委身與服事，以達成「聖徒共融」。在使徒保羅的書寫中，呈現出一種為著教會的更加豐滿的教會密契主義（ecclesial mysticism）。保羅曾說：「現在我為你們受苦，倒覺歡樂；並且為基督的身體，就是為教會，要在我肉身上補滿基督患難的缺欠。」[58] 我（們）受苦、死是因為基督的緣故，並且為了基督與祂的教會，而這些好使眾聖徒得以重生、成長。密契者有明顯的教會認同，在經歷短暫密契

---

[56] 路加福音 10:38：「他們走路的時候，耶穌進了一個村莊。有一個女人，名叫馬大，接他到自己家裡。他有一個妹子，名叫馬利亞，在耶穌腳前坐著聽他的道。馬大伺候的事多，心裡忙亂，就進前來，說：『主啊，我的妹子留下我一個人伺候，你不在意嗎？請吩咐他來幫助我。』耶穌回答說：『馬大！馬大！你為許多的事思慮煩擾，但是不可少的只有一件；馬利亞已經選擇那上好的福分，是不能奪去的。』」

[57] 奧古斯丁，〈約翰福音講道辭〉，卷七第五章，參考：奧古斯丁著作線上版：http://c.thirdmill.org/books/augustin.asp，2017 年 8 月 10 日下載。

[58] 歌羅西書 1:24

後，仍須返歸生活和身體的場域。密契者及其服事之人，都在基督的身體——教會裡相遇並互相服事。

不同於希臘哲學的密契主義，靈魂也不可在密契中與神合一。對基督徒而言，密契不是終點，而是預嘗天福。密契者仍須返歸日常生活，等候基督再臨。只有在最終極的救贖中，才能達到「榮福直觀」（beatific vision），完全地看見神。

## 二、小結

若比較使徒保羅到教父密契者，如奧古斯丁、亞略巴古的丟尼斯、尼撒的貴格利、聖十字若望等的神學論述，會發現基督教密契不是孤獨、虛靜的，也無法主動達至終點。即或如人們所說的「極端私人」的密契經驗，也始終存在神、人、群、己的位格互動與教會實踐。即使在靈魂的黑夜中，它亦朝向上帝，渴望被引領而與神密契。縱使在經過短暫、非持續的密契狀態之後，基督徒仍需返歸日常生活，委身於教會身體，將密契中的恩典分享給肢體，使眾人得以彼此成全。並且過等候主來的生活，直到那時全人方得終極救贖。

基督教神學，尤其是拉丁傳統的西歐教會，受希臘哲學影響，偏重以「邏各斯」、「實體」等範疇來詮釋信仰經驗，但 John P. Keenan 批評這是將希臘化的本體論模式硬套在福音之上，而且未能瞭解到信仰的心靈擁有多層次（polyvalent）的意義領域。[59] 這種被希臘化形上學形塑的本質主義的福音，既無法展現出基督福音對個人生命的巨大魅力，也無法為浸潤在東方文化中的人們所充分理解。而當教會過於強調個人屬靈生命或者教理認信，忽略個人信仰所處的關係網絡，如家庭、教會或公民社群等，甚至輕忽在聖靈中個人與他人的群體關係，從而將基督宗教傳統中豐富的關係性論述化約為非此即彼的二元教條。[60] 面對教會內外的這些兩難處境，由密契而來的位格互動，以及聖經和教父神學中的密

[59] John P. Keenan, *The Meaning of Christ: A Mahayana Theology*, Maryknoll, NY: Orbis Books, 1989, P.2.

[60] Enoch Wan. "Relational Theology and Relational Missiology," http://www.enochwan.com/english/articles/pdf/Relational%20Theology%20And%20Relational%20Missiology%20-%20Orig.pdf. Download at 10/8/2017.

契經驗，是基督宗教亟需反思和傳承的珍貴精神傳統。[61]

## 展望：敬虔傳統的民主化

中國基督教最急迫的問題依然是確立主體性和身分認同。

共同體的焦慮，是中國基督教最大最急迫的問題。如何建構共同體？我認為首先從經驗出發，從平信徒的日常實踐出發，而非從神學教義制度規範等出發，後者在共同體內會自然發育，而前者是當下更要緊的，即召喚經驗、動員經驗、重構經驗、累積傳統，比如從敬虔傳統、宗教經驗中，由內而外自發開出自治共和等民主習慣。只有如此，家庭教會各宗派，才能在差會和官方教會之外，日益發育為新主體。

作為中國少見的自發秩序，家庭教會若要更深入社會大眾的經驗與期待，則需從自身的傳統中汲取養分，重新詮釋並建構民主神學與民主教權，培養教會內部的民主習慣，進而為中國社會提供更紮根、更貼切的民主樣本。而「比較不壞」的民主制度，正是維護教會敬虔的必要不充分條件。

而要提升家庭教會的民主程度，首先需要建構華人教會共用的民主神學與民主教權。

本文僅就民主神學而言，一方面傳承、復興中國基督教的本土傳統，比如將倪柝聲的「屬靈神學」擴展為敬虔的公共精神，將整個中國社會視為屬靈生命成長的場所，而非避世出離。也可將王明道的「不合作精神」擴展為公民的自主精神，與治理者保持良好互動，用聖經的公義與慈愛來督促政府官員遵守法律、尊重公民！還可繼承宋尚節和當代宣教團隊昂揚、勇猛的福音精神，激勵市場經濟中漸趨世俗化的教會。

[61] 愛任紐、尼撒的貴格利等，或可借鑒與東亞文化進行更順暢的對話。可參考沈清松（2015），分析中華文化靈修與密契主義的對話。曹錦榮（2015）關注 20 世紀中國屬靈神學與西方神學的對話。參考：沈清松，〈人與終極真實的合一：中國靈修與基督宗教密契論之比較〉，《宗教哲學》，2015：47，頁 1-18。曹錦榮；李彥儀、黃偉業譯，《成神論與天人合一：漢語神學與中國第二次啟蒙》，香港：道風書社，2015。

另一方面則回溯大公教會的教父密契神學。

從密契經驗開出社群盟約，從個人敬虔開出公共敬虔，使家庭教會不同宗派，加深身分認同，彼此守候，更有效地自治並積累傳統。在密契主義裡，我們發現無處不在的位格互動和教會論底色。

即或如倪柝聲、王明道等所詮釋的敬虔經驗，依然存在內在之約的面向，比如人的內在治理。不論二分論還是三分論，分開是為了看清楚，合在一起卻是人的本相，就是人面向上帝等候救贖的全部存在，在主權轉移中過信心的生活。[62]

除了家庭、教會、國家，人首先就是一個聖約組織，被置於上帝的肯定與否定之中。因此，在等候寄居的終末時空裡，人的靈魂和身體等所有層面都處於上帝主權和護理。這意味著「基督徒」是在所有空間、時間和處境中「效法基督」，不但在教會，也在社會中，更是在人與神、人與人、人與物的所有相遇裡。不但在教會，也在公民社會做敬虔的基督徒，將基督徒的敬虔經驗和人格模範，帶入中國公民社會的人格養成，以博愛鄰舍、榮神益人。

這種內在更新的理路，平衡個體密契的群體面向，以及群體聖約的內在經驗，只有內外協調，才能確立主體，更深造就基督徒。

基督徒從治理自己的靈魂身體甚至密契經驗開始，在家庭、教會、社會、政府之中，由內而外實踐聖約。

如果中國家庭教會各宗派，不論在神學和教權上，都能堅守自治，並在自治的基石上，逐漸擴展公共敬虔、民主自由等，從而培養出敬虔仁愛、自主自治的基督徒，爭取並守護聖約的內外層面以及「比較不壞」的民主制度，使教會與社會減少許多不確定的風險，那麼一個敬虔教會與民主社會亦能來日可期！

---

[62] 謝文郁在倪柝聲詮釋的「屬靈生命」上，進一步提出「信心生活」。前者呈現人的內在結構，自然引起相應的生活實踐（比如：「魂的破碎與靈的出來」、十字架的功課、靈管理魂和體、「不要愛世界」等），而在約翰福音和保羅書信中，肉體（σαρξ）和中性的身體（σῶμα）不同，是聖靈（πνεῦμα）引領基督徒的身體（σῶμα）而得著生命（ζωη）。因此，聖靈在人的信心交託中引領並更新，使整全的人超越對內在結構的重視，而全體面向上帝的救贖，過「信心生活」。參見：謝文郁，〈倪柝聲的人觀：傳統和詮釋〉，「中國基督教神學文庫」，http://theologychina.weebly.com/358742599137057-205222658922768303402015435266653062025632479216443580837322.html，2017 年 8 月 13 日下載。

**徐頌贊** 現為台灣政治大學宗教研究所碩士生、研究助理，台灣神學院 2017 年度「馬偕訪問學者」。1993 年出生於浙江寧波的基督徒家庭，2003 年開始閱讀《天路歷程》、倪柝聲等基督教著作，2005 年受洗歸主。2011 年前往廣西大學就讀，開始教會服事。2015 年前往台灣讀研，曾在台灣宗教學會、台灣政治大學宗教研究所、香港中文大學宗教與中國社會研究中心、《文化中國》、《財經文摘》等發表學術論文或演講。研究興趣在宗教學、神學、文學等，藉此分析中國人與社會的宗教性和精神關懷，從基督教與儒教、佛教、公民社會的對話切入中西文明交流。目前正著作學術專著：《〈漢語讚美詩〉的生成與變奏：中國本土基督教的詩歌圖景》。預備發表論文：《敬虔傳統與民主神學：從新制度論重新詮釋家庭教會與中國民主化》。

# 第三卷
# 轉型激盪的港台社會與教會

# 香港教會與香港民主運動

戴耀廷

在香港的爭取公義的路上，基督徒的聲音一直不缺。或許在香港教會內，也如在香港社會內，對和平的民主抗爭有不同看法，教會也難以有帶領的角色，但一群基督徒堅定地本著基督信仰走在香港的公義路上，他們是會為香港帶來改變的。

## 教會與專制政權

綜觀人類歷史及教會歷史，基督教會在不同國家和社會，在民主化的歷程中曾扮演過不同的角色，對那社會的民主化產生過不同的作用。民主化是在近代人類歷史才出現，故教會也是在近代才需就民主取態。

民主化就是要把人民從專制的統治中釋放出來，並由人民建立起由民主選舉產生、向人民問責的政府來肩負管治社會的責任。在人類歷史，早期的專制政權多是血統承繼的王權統治。在教會的歷史，教會與專制政權有過千絲萬縷的關係。在一世紀當基督教初開始的時候，教會是被當時統治以色列地區的羅馬政權所迫害的宗教群體。但當在三世紀羅馬帝國皇帝君士坦丁成為了基督徒後，基督教逐漸變為了羅馬帝國的國教，基督教反被利用來為王權提供統治的正當性。政教合一，由政主導教，教會成為了幫助王權實施專制統治的工具。

在羅馬帝國崩解後，教會的統一系統卻能維持下去，令教會可以在之後歐洲的不同王國中，在不同的領域，與王權競爭主導權。教會在不少涉及人倫關係的範疇享有獨一的管轄權；在一些關乎社會秩序的，則由王權享有獨一的管轄權。在另一些範疇如商業活動，教會與王權則共享管轄權。在羅馬附近的廣闊地區，更受羅馬教廷的直接統治，政教合一，教主導政。

但隨著羅馬教廷的權威逐步下滑，及民族國家的興起，在絕大部分的國家，教會所管轄的範圍，一步步被王權所蠶蝕，致使教會原先所享有獨一管轄權的範疇，都置於國家法律之下，教會又再受王權所管轄。不同地區的教會，採取了不同的方法去應對專制政權。一些教會依附專制政權，從中換來更大的宗教活動空間及實質的利益，令教會享有崇高的社會地位。另一些教會利用與專制政權的關係，以信仰的原則向王權進言，希望專制政權能起碼不會太過分地去運用自己的權力，損害人民天賦的權利。還有一些教會以政教分離為由，選擇完全撤離政治，只專注於宗教事務，獨善其身，即使專制政權多行不義。

## 教會與民主運動

當民主化浪潮捲至時，教會在不同地區、在不同時候，曾選取不同的定位。不少教會面對專制政權，都選擇獨善其身，只關注單純宗教的事。即使這樣，教會對民主發展仍能發揮正面作用。教會起碼能在專制社會內，保留了僅有的自主空間，讓人們可在有限的自由下追求真善美，就算焦點只是天上世界。

有了這基礎，即使大部分信徒只是在教會建構起的安全區內向上天祈求，但還是會有少數信徒，能把追求屬靈的真善美帶回到地上，並走出教會的四面牆，成為他們在屬世盡可能實現公義的原動力。

教會所宣揚的基督信仰雖不是直接關乎民主的教導，但所包含尊重人類尊嚴的信念，卻與民主的價值是相容的。因此，民主理念逐漸成為信徒評核政權是否正當的一個重要指標。即使教會選擇噤聲，但有一些信徒仍會組合起來，組織社會行動，以基督信仰去勸誡專制政權得尊重人民的基本權利。

教會所提供的自主空間，亦成為了政治人才的培育場。有一些加入專制政權，成為內裡較開明的力量；有一些則成為民主運動的核心。到了關鍵時刻，因有著相同的信念，他們雖站在不同位置，卻能產生意想不到的協同效應，帶來巨大改變。

教會或教會領袖在民主轉型的過程中，也能發揮直接的作用。在以基督教為文化基礎的社會，教會領袖多享有崇高社會地位，也因他們不直接涉及政治權力，故在社會出現重大政治危機時，能擔當起社會良心的角色，為走向民主提供正當性。

民主化歷程不會是一帆風順，故在爭取過程中，專制政權必會用盡方法打壓反對力量。在這艱難時期，教會可為抗爭者提供庇護場所。教會雖未必直接參與抗爭，但仍會組織宗教活動，展示實踐和平與公義的決心。也有教會，在民主轉型的關鍵時刻，直接參與抗爭，終與其他民主力量一起結束專制統治，成功建立起民主制度。教會雖有份建立新的民主制度，卻不享特權，因教會所作的，只是為了整體社會的利益，而不是為了自己的權勢。

## 香港教會與香港民主

香港基督徒佔人口比例雖不高，但香港的基督教會對社會的影響力卻不小。因香港曾受英國殖民統治，而英國是基督教國家，故教會在體制內享有一些便利。主權移交前，很多歷史悠久的學校及社會服務機構都是由教會籌辦，並得政府財政支持。主權移交後，教會得到的特別照顧減少了，只是眾多主流宗教之一，但不少主要基督教宗派，仍與政府保持良好關係。為了延續影響力，就算不是積極支持政府，也少就敏感的政治問題發聲。

至於大部分的基督教堂會，會友人數都只是約一百人，這些堂會大都是相當內聚，焦點都是放在內部培訓及能增加會友人數的傳教工作。基督信仰重視窮人，故教會也有關懷各類弱勢社群的活動，並在活動中向受助者傳教。他們傳播的信仰內涵，主要關乎靈魂得救。在教會內，教會領袖多以政教分離為由，少有談及社會議題如香港民主發展，令信徒不知可如何按信仰回應這些爭議。若有關注社會議題的，焦點都是道德議題如反性傾向歧視、同性婚姻等。

即使教會普遍是非政治化或傾向保守，但還是有少數基督徒成立關注政治議題如民主及公義的組織，或是加入其他公民社會團體，直接或間接地按著他們的信仰，關注及推動社會及政治改革。自上世紀 70 年代香港經濟初起飛社會矛盾始浮現時開始，到中、英兩國政府談判香港前途，至主權移交後，直至現在，都不乏基督徒在不同崗位，以他們的信仰為基礎，為香港的民主發展與社會公義發聲。

他們人數雖少，但因不少都是有學識的人，在社會的地位不低，故他們在社會的影響力是超乎比例的。基督教信仰在英國的統治時期，是塑造香港文化的重要源頭，

但因香港始終不是以基督信仰為文化基礎的社會，故能對社會發揮影響力的基督徒，少是基於他們的基督徒身分，而是源自他們另外的身分，如是政黨或公民社會團體領袖、獲委任公職或學者。

到了關鍵時刻，即使主流教會噤聲，香港社會仍能聽見基督信仰的聲音。

## 教會去了哪裡？

美國黑人民權領袖馬丁路德金，因組織公民抗命行動，在百明罕市被拘禁。在監獄中，他向美國教會發出了一個個問題。

為何教會認為社會秩序比公義更重要？為何教會只滿足於表面沒有紛爭的假和平，而不去追求存有公義的真和平？為何教會能代表其他人決定他們能得到平等和自由的時間表？你們說我們的行動即使是和平的，也必然會引發暴力，這合乎邏輯嗎？這不是指責被打劫的人因他們身上懷有財物，才是引發盜劫罪行發生的原因嗎？

在那些宏偉的教堂內，究竟甚麼人在那裡敬拜？你們的神是誰？當那些受盡壓迫的人終突破自已的恐懼，敢起來有創意地抗爭時，你們又在那裡？過去教會曾是改變社會的強大力量，為何教會現在變成了不義

的現狀捍衛者？教會是否因為與政權的關係太過密切而失卻了改革社會的力量？最後馬丁路德金說：「我對教會很失望！」

五十年後，在 2013 年 4 月，那時我剛開始在香港社會推動「和平佔中」運動。一班基督徒邀請我到九龍佑寧堂，出席一個「公民抗命的信仰及教會反思」講座去解說我當時的想法。那天晚上，有三百多人出席，整個教堂擠滿了人，不少人更要坐到講台上面及旁邊的位置。

我引述馬丁路德金那篇給美國教會的信函，回應所有對我及「和平佔中」的批評。馬丁路德金當年所受的批評，差不多與我受到的是完全一樣。因此，我只是把他的信函重新解說一次，已能完滿地回應所有批評。在最後，與馬丁路德金一樣，我向香港教會發出了同樣的問題：「當香港面對此民主發展的關鍵時刻，為何香港教會選擇了沉默？為何香港教會不走出來發聲？」

發出這些問題時，我忍不住流下淚來，因我的心在痛，痛心香港教會未能發揮信仰的力量，去為這個我們愛的社會追求和平與公義。那天之後，我到過幾十間堂會，先後向幾千名信徒解說基督信仰與公民抗命的關係。我對他們也是發出了同樣的問題：「當面對自己的良心時，你會如何回應公民抗命的呼喚？」

## 教會內的分歧

在推動「和平佔中」的十多個月，我去過很多基督教堂會解釋公民抗命的理念和「和平佔中」的計畫。有一次我被邀到一個堂會，主任牧師告訴我，過去堂會攪一些與社會議題有關的論壇，最多只會有三人出席，就是他自己、牧師太太和執事會主席，但那次有過百人參與，是過去未發生過的。堂會中的老、中、青信徒都有參加，問了很多問題，有贊成，也有反對。

在另一間堂會，邀請我的主任牧師對我說，在堂會內有來自不同政黨的信徒，故他自己及堂會都不能就「和平佔中」及公民抗命公開表態，因無論怎樣說，都會有會友反對。他能做的，就是提供一個平臺讓我向信徒們解說公民抗命與基督信仰的關係，由他們自己決定是否支持和參與。

還有一間邀請我去擔任講者的堂會，主任牧師告訴我，這關於政改的論壇險些要取消，因執事會中一些信徒領袖反對讓我來到堂會分享。但一些年輕信徒知道了，就向牧師說若不讓我到堂會分享，他們就會離開。最後，堂會邀請了一位也是基督徒的建制派立法會議員與我同場分享，平衡我的看法，才能平伏爭議，讓論壇終開得成。

政治議題如民主發展，在過去是香港教會較少去關注的。但當2017年普選特首及應否以公民抗命去爭取，在香港社會開始激烈爭辯之時，一些基督教堂會雖是後知後覺，還是能及時在堂會內開展討論。教會與香港社會一樣，在堂會內也是有人支持、有人反對、有人觀望，還有人認為這事與基督信仰無關故不予理會。

隨著事態的發展，不同意見的信徒間爭執愈來愈激烈，各自都引用聖經來支持自己的觀點。有一些信徒就此政治議題本沒太大意見，但當見到教會內的弟兄姊妹為此而爭執不斷，有違彼此相愛的教導，就埋怨不應把這麼複雜的政治議題帶進教會內，製造不必要的分裂。他們認為這些問題與信仰無關，信徒們要爭執這些事，大可以在教會外，教會應只關心信仰的事。

但當民主發展必會影響整個社會，教會能逃得掉嗎？教會應迴避嗎？

## 教牧無力

很多次，有教會的牧師和傳道人半帶投訴、半帶埋怨地走來對我說，我在香港提出以公民抗命去爭取民主，為他們帶來了不少麻煩。當公民抗命的爭議浪潮從社會湧進教會時，大部分教牧完全不知道如何處理。

民主普選或許並非基督信仰必不可少的部分，但信徒是否應該支持民主呢？教會一直秉行政教分離的原則，那麼信徒是否應遠離政治行動呢？在教會內，不少信徒都問教牧們對這些問題的看法，甚至期望他們能給予一個權威的信仰答案。但很多教牧都不懂得回答這些問題，因在接受神學訓練時，神學院沒有教過他們。

他們因而想方法迴避，很多時候就只能淺薄地把政教分離解讀為教會完全不能沾染政治，那他們就不用對這些變得愈益敏感的問題表態。卻不知政教分離實是指政府不能扮演教會的角色，教會不能扮演政府的角色。因權力分配不公而導致資源分配不均，複雜的政治爭執往往涉及社會不公義，教會是有責任去指出來，甚至要想方法去把不公義改變過來，這才是行公義的真義，但很多教牧卻未能明白，或因對社會問題了解不足而不懂怎樣帶領信徒去實踐。

另一個難題就是當堂會內會友們因對公民抗命持不同立場出現激烈爭執時，他們不知怎樣才能化解這些紛爭。堂會過去也有過內部爭執，但多是因人與人之間出現衝突，或是對教義有不同理解，或是對堂會發展方向有不同想法。但因社會出現的政治爭議而引起教會內的爭執，過去卻少有發生。

面對那麼複雜的政治爭執，許多教牧都想不到用甚麼方法才能化解紛爭。當然一定不能由教牧一錘定音，因怎也難以得各方信服。其實最好的方法就是建立一個平臺，讓不同意見的會友，在相互信任的氣氛下，用心聆聽不同意見者的想法及感受，再鼓勵大家細心反思自己的想法是否可修正，以達成最大程度的共識。得出的共識未必能包括大家都完全同意的細節安排，但起碼能把不少誤解消除，及讓各方明白不同意見者背後的價值及信念。可惜是很少堂會能做得到。

## 基督徒與商討

「和平佔中」初期最重要的工作就是在社會各群體籌組商討會議，就運動的方向、設計特首選舉辦法的基本原則，及選取具體的普選特首方案，開展商討程序以盡力尋求共識。有基督徒群體也組織了兩次商討日，數百名信徒參與。

商討最重要的元素是讓持不同意見的人，在掌握基本及平衡的資料後，真誠地向不同意見者解說自己的觀點，認真聆聽不同意見者的看法，及後反思會否修正自己的觀點，從而尋求最大程度的共識。要整個過程順利進行，不單參與者需按著商討精神與持不同意見者展開對話，也需要具親和力的人運用適當的技巧去促導整個商討過程。

香港一位神學家江丕盛教授曾論及商討與基督信仰的關係，認為對話是基督信仰的本質。他說：「聆聽是對話的基礎，因為真正的聆聽不會只是單向的。認真的聆聽會繼續透過問答和對話來驗證自己是否聽清楚，理解正確。在持續的對話和聆聽中，人往往會發現自己先前的誤聽和錯讀。聆聽因此不僅是一種態度，更是一種嚴謹的學習和紀律。只有虛心聆聽才知道聆聽其實是一種對人極高的要求。

對話是持續的聆聽。沒有聆聽的執著，就無需對話，只有誤解和衝突。持續的聆聽有如打開自己心靈的門扉，容許他者進入自己的內心世界。人透過對話和聆聽給予自己和他者時間和空間，可以有機會彼此認識和理解。持續的對話和聆聽因此是建立對話各方關係的重要途徑。

多元社會的價值差異難免有爭執和衝突。今日社會的危機，在於企圖繞過真誠的對話和持續的聆聽把差異消弭於無形。要麼，站在道德高地，把對方標籤為不公義；要不然，就依賴已有的法律或政治強勢，把對方陷於囹圄。漠視差異，自然無需聆聽。不願意對話，自然沒有持續的聆聽。只有持續的對話和聆聽，才有真正有差異的多元社會。」

雖然不少基督徒參與了商討，但因大部分都對公民抗命和民主普選持較正面看法，沒有太多持反對意見的信徒參與，故得出的共識還未夠全面。

## 尋求共識

在幾位神學院的教授努力奔走下，在 2014 年初開始，一群對「和平佔中」持不同立場的教牧和信徒領袖，有支持、有反對、有同情、有質疑、也有持中立意見的，走在一起用了幾個月時間，進行了數場真誠對話，我也有機會參與。

不同意見的基督徒領袖各自表述立場與想法，也有不少問題針對我，希望我能解釋為何在這時候提出這種對抗性的爭取民主策略，及為何不能接受循序漸進的發展而要一步到位達到理想的普選特首方法。雖然經過討論，持不同意見的牧者最後還是不能認同我的想法，但他們至少明白我不是為自己的利益去做這些事，即使他們還是認為我太急進，也為教會帶來不必要的紛爭。

經過幾輪討論，參與的基督徒領袖們明白要在那一階段就政改方案達成共識是非常困難，但起碼大家能就著如何處理這令教會分化的政治紛爭的基本原則，達成一些共識。最後參與的基督徒領袖一起聯署了《關懷香港牧函》，有以下的共同認信：

**一、以仁愛寬容消弭紛爭：**在多元社會，信徒須學習在分歧中仍以基督的心為心，以仁愛與寬容超越分歧，竭力持守聖靈所賜合而為一的心，為香港尋求公義政制的同時，不忘致力建立仁愛和平及彼此尊重的社會文化。

**二、以謙卑憐憫擁抱公義：**公平、公正、公義既是普世價值，也是聖經教導的核心價值。在追求公義時，信徒須一方面心懷謙卑地與神同行，承認無人能掌握絕對公義，不把一己所執之公義絕對化。另一方面，亦須存謙卑的心與人同行，避免自義；對那些抱持不同信念的人保持尊重與仁愛，避免激化矛盾。

**三、以聆聽對話建立共識：**信徒應謙卑地承認及面對自己的罪性與侷限，並以基督的愛去超越，無畏無懼地與同處時局之人真誠對話。唯有在愛裡聆聽，才能顯示對他人尊重；承認自己不足，投入真誠對話，方能建立共識。

雖然大家還未可以就具體的方案達成共識，但應已奠下一個很好的基礎，可惜還是來得太遲。在「831 決定」後，一切有意義的對話已變得不可能了。

## 積極推動

在整個占領運動中，基督徒參與的比例，遠高於基督徒佔香港人口的比例。一個可能原因是佔中三子中，我與朱牧師都是基督徒。雖然我們並不是以基督信仰為運動的綱領，但我們二人也不可能把基督徒與政治參與的身分切割開。我們發動這場政治運動，必是受我們個人對基督信仰的領受所促使，不少信徒或受啟發而有著一樣領受。「和平佔中」的幾個統籌組織的成員及主要義工中，不少都是基督徒。

陳健民雖不是基督徒，但他過去也有一段時間參加過教會聚會，對基督信仰相當熟悉。這場運動全名是「讓愛與和平占領中環」，很多人都從「愛與和平」感到它是有著很強基督教影子，因「愛與和平」與基督信仰很相近，甚至可說是基督信仰的重要價值。但「愛與和平」其實是由陳健民提出，而當時他的想法並不是要賦予這個運動有甚麼基督教味道，而只是希望喚醒更多港人，能出於愛香港而甘願犧牲，以和平的方法去實踐民主普選的目標。

不少主流的基督教宗派及大型的基督教堂會，如對其他政治議題般，對真普選及公民抗命這「和平佔中」兩大元素，都不作公開表態。有的也只是表達希望特區政府能落實普選，但對公民抗命既不表示鼓勵也不表示反對，由信徒們按自己對當前政治局面的判斷，自行決定是否參與佔中。反是天主教會發表了《有關普選及公民抗命的緊急呼籲》，確認公民抗命是合理的方法去爭取改變社會不公義，但公民抗命的行動本身必須符合正義，且此行動必須與它試圖避免或消除的不公義情況合乎比例。

在堂會以外，不少一直關心社會事務的基督教團體卻積極支持「和平佔中」的工作，更主辦相關的祈禱會、論壇及研討會。亦有教牧和信徒成立了新的關注政改的組織，「和平佔中」的基督徒商討日就是由他們籌辦。在「831 決定」之後，他們也積極部署如何去配合「和平佔中」的占領行動。但當學生跳進公民廣場及警方發射催淚彈後，局面就變得完全不一樣了。

## 基督在占領

那 87 枚催淚彈在港人的心劃下了一道道深深的傷痕，也改變了整個占領運動的發展方向。與其他港人一樣，有一些原先準備參加佔中的基督徒，因催淚彈引發的新局面而改變了部署。也有一些基督徒是被催淚彈所催使，才參與已變得與原先計畫不一樣的「雨傘占領」。

原先有一群教牧組織了教牧團，有部分會參與佔中並準備被警察拘捕，另一些在場外為他們及其他參與占領的基督徒提供支援。當占領並不按原計畫發生，規模及時間遠超原先想法，他們就改變了做法，在金鐘占領區設立了一個心靈支援站。他們在那裡設置了一個大帳篷及豎立了一個大的白色十字架，並掛起了一些標語如「爭真普選、與民同行」和「背起十架、守護我城」。有幾十位教牧輪更留守，與占領者傾談、聆聽他們的需要、也為他們禱告。他們也有在占領區主持崇拜及聖餐。

有一些在占領區附近的教堂，當警察發放催淚彈及之後出現衝突時，他們開放大門讓教會成為一個避難所，讓占領者及其他人可走到教堂內暫避，並向他們提供清水及食物。這些教堂並不是支持占領行動，而只是為受傷的人提供援助，無論是身體還是心靈受傷的人，也不論他們的政治立場。

在金鐘占領區外，有信徒在添馬公園內設立一個緩衝區，讓對占領持不同意見的人可心平氣和地分享自己的想法及感受，不求達成甚麼共識，只求相互多一些了解。

有一班基督徒在旺角街頭設立了「聖法蘭西斯小聖堂」，小聖堂內擺設了祭壇、十架、聖經及聖像畫，與街頭另一邊的關帝廟，在旺角占領區並存。在占領初期，小聖堂曾被清場，但之後又再重建起來。有一些堂會在占領期間在小聖堂舉行戶外崇拜。因旺角占領區常有衝突發生，故小聖堂見證了一份抗爭味道更重的信仰體驗。

還有一群教牧與信徒在占領後期組織起來，為最後清場做準備，希望清場過程能和平進行，不會對留守者造成太大傷害。

透過這些基督徒，我相信基督已用了不同方法，也參與了占領。

## 必須順服掌權者嗎？

雖然很多基督徒支持佔中，但亦有不少教牧及基督徒是反對佔中的。有一些是真誠地基於基督信仰反對，有一些是被政治動員才出來反對，也有一些二者皆有，可能連當事人也攪不清哪個才是他真正反對的原因。

因佔中倡議公民抗命，故反對理由主要是佔中所倡議的公民抗命不符基督信仰，因聖經要求信徒順服掌權者。但即使反對公民抗命的，也不會說信徒應絕對順服掌權者，只是有條件地順服。其實支持公民抗命的也不會認為信徒在任何情況下都可抗命，亦是要符合嚴格條件才能合理地抗命。大家的分歧其實只在於按哪些條件信徒才可抗命。

反對佔中的信徒認為只有當政府敵擋神並且行惡的事情、強制地禁止信徒行神吩咐的善行或強迫信徒助紂為虐和為虎作倀地去行不義的事情，信徒才能不順服掌權者。但支持佔中的信徒卻指出聖經有不少抗命例子，並不在這些較狹窄的抗命條件內。他們認為只要政府施政漠視公義，信徒就有責任透過公民抗命的行動去幫助政府糾正。

但無論是反對或支持佔中的信徒，都應同意「順服掌權者」並不是普遍性原則，要具體看掌權者的行為、時代背景、信徒個人的處境等因素，才能決定抗命的行為是否合符信仰的要求。聖經有一條普遍性原則：「順從神不順從人是應當的。」相信反對及支持佔中的信徒都會同意，這是大家都應遵從的基本原則。

或許反對及支持佔中的信徒，都認為他們對佔中和公民抗命的立場就是在順從神，因這是他們主觀地從神所得的領受。有些人或許會認為，神的旨意只能有一個，故在佔中的問題上，只能有一方是對。從我個人的領受，直至此時此刻，我當然認為在當下香港的處境，推動佔中和公民抗命，是順從神而做的。但我也不敢說我的領受必然是對，不是因神有錯，而是我的領受或許有誤。我也不敢說反對佔中的信徒是不順從神，或許我們在各自的崗位，都在做著合乎信仰的事，只是以我有限的智慧，還未能明白神如何成就祂要行的大事。

## 化解紛爭

香港教會在香港的民主運動，未必如在一些有更強基督教傳統的社會般，能直接發揮帶動甚至領導角色。香港的宗教自由仍受法律保障，故教會保持著相當大的自主空間。即使只是專注於信仰的教導與培訓，雖不與政治教育有直接關係，但因教會非常重視信徒的品格塑造，仍超乎比例地栽培了不少政府及民主運動內的政治領袖。不少基督徒以他們個人身分，不是代表所屬堂會或教會，只是實踐他們對信仰的領受，為民主運動提供支援，也有些積極參與了行動，更有些扮演了領導角色。

在培育民主運動領袖及支持者和直接或間接地推動民主發展之外，教會還可扮演一個角色，就是化解社會內在過去幾年，因民主發展的方向及步伐而出現的嚴重分歧甚至衝突。耶穌說：「使人和睦的人有福了，因為他們必稱為神的兒子。」這是神給信徒的使命，不單要化解信徒間的紛爭，更要化解所有人之間的紛爭。由民主發展所產生的分歧同樣也出現在教會內，故在走到社會去嘗試化解這紛爭前，可能先要在教會內解決由此而產生的紛爭。

不過，在現在中共強勢之下，香港也已進入威權時代，民主要再向前走，在一段不短的時間內是無望的了。因此，民主抗爭的行動及社會內現存的不公義，在短期內仍會在社會持續。在此時此刻談化解紛爭仍是言之尚早，分歧在未來幾年甚至可能會進一步惡化。即使真的有社會條件可開展這化解紛爭的過程，要從何開始，也是無從說起。

在這樣的環境下，信徒堅持爭取民主與公義，必會觸碰當權者的底線而招來打壓。一些認為當絕對順服在上者的教友，也會嚴厲批評抗爭行動是錯誤的，甚至說紛爭就是由抗爭者所挑撥起來。即便如此，信徒當記著，爭取民主與公義的最終目的，是要改變現在不公義的制度，好締結真正的和平。既是要使人和睦，那無論在爭取的過程中受到多大打壓及多無理的批評，心中也不能有恨，只可有愛。主必知我們的心，有一天會讓我們看見，那用心栽種的和平終結出果子來。

**戴耀廷**基督徒，香港法學學者，現任香港大學法律系副教授。其於2013年提出以「讓愛與和平占領中環」而聞名。主要著作有：《信仰與法律：基督徒在多元社會的公共角色》(2007)、《香港的憲政之路》(2010)、《法治心：超越法律條文與制度的價值》(2010)、《憲政・中國：從現代化及文化轉變看中國憲政發展》(2012)、《占領中環：和平抗爭心戰室》(2013)。

**參考資料：中文**

香港中文大學崇基學院神學院教牧事工部：「從政改風雲到七一遊行」,《教會智囊》，第 21-22 期，2004 年 7 月。

香港中文大學崇基學院神學院教牧事工部：「政改風雲」,《教會智囊》，第 30 期，2005 年 12 月。

香港中文大學崇基學院神學院教牧事工部：「政制向前往哪裡走？」,《教會智囊》，第 54 期，2010 年 2 月。

胡志偉：「回歸廿年以來的香港教會」,《時代論壇》，2017 年 7 月 30 日。

戴耀廷：「公共神學、公義與法律：一些初步的想法」,《中國神學研究院期刊》，第 54 期，2013 年 1 月。

羅秉祥：「公民抗命的聖經基礎」,《時代論壇》，第 1561 期，2013 年 5 月 12 日。

戴耀廷、朱耀明、龔立人等著：《公民抗命與占領中環——香港基督徒的信仰省思》，雅歌出版社，2013 年 9 月。

**參考資料：英文**

Albano, J., Colomobo, M., and Kuiper, M. Divine to Divided: How Occupy Central Split Hong Kong Christian Leaders, *South China Morning Post*, 24 September 2017.

Berman, Harold J., *The Interaction of Law and Religion* (New York: Abingdon Press, 1974).

Berman, Harold J., *Law and Revolution* (Harvard University Press, 1983).

Catholic Diocese of Hong Kong, "An Urgent Call for Earnest Dialogue and Resect Regarding Universal Suffrage and Civil Disobedience." (Available at http://www.catholic.org.hk/v2/en/diocesan_eng_statement_240713.pdf; accessed on 18 February 2018.)

Chan, Shun-hing, "The protestant community and the umbrella movement in Hong Kong," *Inter-Asia Cultural Studies* 16.3 (2015): 380-395.

Chan, Shun-hing, "Religious Competition and Creative Innovation among Protestant Groups in Hong Kong's Umbrella Movement," *Asian Journal of Religion and Society* Vol. 5 (No. 1, 2017): 23-48.

Donahue, Charles Jr., The Interaction of Law and Religion in the Middle Ages (1980) 31 *Mercer L. Rev.* 466-476.

Freston, Paul (ed.) *Evangelical Christianity and Democracy in Latin America* (Oxford, New York : Oxford University Press 2008).

Friedrich, Carl J., *Constitutional Government and Democracy: Theory and Practice in Europe and America* (Boston: Ginn and Company, 1950).

Friedrich, Carl J., *Transcendent Justice: The Religious Dimension of Constitutionalism* (Durham, N.C.: Duke University Press, 1964).

Guterman, Simeon L., The Interaction of Religion, Law and Politics in Western Society: Its Historical Character and Influence, (1963) 17 *U. Miami. L. Rev.* 439-468.

Huntington, Samuel P., *The Third Wave: Democratization in the Late Twentieth Century* (Norman and London: University of Oklahoma Press, 1991).

Hui, Victoria, "Not a Christian Movement." (Available at https://victoriatbhui.wordpress.com/2015/10/01/not-a-christian-movement/; accessed on 19 February 2018.)

King, Martin Luther, Jr., "Letter from Birmingham City Jail," in Hugo Adam Bedau, ed., *Civil Disobedience in Focus* (London: Routledge, 1991), 68–84.

Levin, Ned, "Hong Kong Democracy Protests Carry a Christian Mission for Some," *The Wall Street Journal*, 3 October 2014.

Lumsdaine, David (ed.), *Evangelical Christianity and Democracy in Asia* (Oxford, New York : Oxford University Press 2009).

Ng, N. and Fulda, A. "The Religious Dimension of Hong Kong's Umbrella Movement," Journal of Church and

State Vol. 60 (2018).

Ngo, Jennifer, "Religion on the Occupy Central front line puts faith into practice," *South China Morning Post*, 27 October 2014.

Pope Francis, "Non-violence: A Style of Politics for Peace." (Available at https://w2.vatican.va/content/francesco/en/messages/peace/documents/papa-francesco_20161208_messaggio-l-giornata-mondiale-pace-2017.html; accessed on 18 February, 2018.)

Ranger, Terence O. *Evangelical Christianity and Democracy in Africa* (Oxford, New York : Oxford University Press 2008).

Rivers, Julian, "Liberal Constitutionalism and Christian Political Thought," in Beaumont, Paul (ed.) *Christian Perspectives on the Limits of the Law* (Paternoster Press, 2002).

Stepan, Alfred, "Religion, Democracy, and the 'Twin Tolerations'," (October 2000) 11 *Journal of Democracy* 37-57.

Tai, Benny, "Public Theology, Law and Justice: A Preliminary Note", in Brian Edgar, Paul Babie and David Wilson (eds.) *Public Theology in Law and Life* (Australia: ATF Press, 2012).

Tse, Justin K.H. and Tan, Jonathan Y. (eds.) *The Theological Reflections on the Hong Kong Umbrella Movement* (New York: Macmillan, 2016).

Villa-Vicencio, Charles, "Theology, Law and State Illegitimacy: An Agenda for Theologians and Lawyers," (1987) *Journal of Law and Religion*, pp. 241-257, at 247.

Volf, Miroslav, *A Public Faith: How Followers of Christ Should Serve the Common Good*, (Baker Publishing Press, 2011).

Yuen Mee-yin, Mary, "Occupy Central increases the dignity and political consciousness of Hong Kong." (Available at: http://www.asianews.it/news-en/Justice-and-Peace:-Occupy-Central-increases-the-dignity-and-political-consciousness-of-Hong-Kong-32470.html; accessed on 17 February 2018.)

# Notes

# 十字路口的抉擇
## ——六七暴動與香港基督教

邢福增

## 引言

2017 年是香港主權移交（官方稱作「回歸」）中國二十年，也是「六七」暴動五十年。這兩個標誌性的事件，正好將戰後半世紀以來香港的歷史連接起來。1967 年的暴動，是中國文化大革命在香港的延展，以推翻港英殖民地政府為鬥爭目標，是戰後香港社會面對最嚴峻的政治危機。六七暴動成為戰後香港歷史的分水嶺，[1] 一方面香港左派勢力在暴動後受到重大衝擊，另方面英國殖民地政府在暴動後加速了社會改革的步伐，「六七後」形成的微妙政治空間，打開了七十年代香港社會

[1] Ming K. Chan, "Labour vs Crown: Aspects of Society-State Interactions in the Jong Kong labour Movement before World War II," in *Hong Kong: A Reader in Social History*, ed. by David Faure (Hong Kong: Oxford University Press, 2003), 591. 張家偉：《六七暴動：香港戰後歷史的分水嶺》（香港：香港大學出版社，2012）。

發展的新一頁。

六七暴動是戰後香港歷史的重大事件。本文以六七為時代背景，探討暴動對香港基督教[2]的衝擊，及香港教會對事件的回應與反思。藉著史料的發掘，重構出在動盪時代中，今天香港教會業已遺忘，卻又影響深遠的一段歷史。

## 1967：時代動盪下的香港

### 香港：左右夾縫下的英國殖民地

英國在 1841 年占領香港島，並於 1842 年與大清帝國締結南京條約，正式將香港島併為英屬殖民地。其後再於 1860 年的北京條約將殖民地範圍擴展至九龍半島，復於 1898 年從大清手上租借「新界」，為期 99 年（租約於 1997 年 6 月 30 日屆滿）。

對大英帝國而言，香港這殖民地的主要角色，是作為進入中國的踏腳石。同時，香港是個典型的移民社會，大量華人因不同原因（政治、經濟），在不同時期進入香港。職是之故，在南中國邊陲的香港，一直與中國維持著緊密的互動關係，並成為中西文化交流的樞紐中心。香港這個英屬殖民地，在地緣政治上，始終沒法擺脫中國因素的影響。

1949 年中國大陸政權轉易，中共執政，國民黨退守台灣。處於共產政權邊陲的英國殖民地，不僅是超過一百萬中國難民的避秦地，更成為國共兩黨博奕與交手的另一個戰線。國共在香港均有其代理機構，香港成為「左」與「右」兩種政治意識形態宣傳及對壘之地，居港華人也分別是兩黨的支持者。英國殖民地政府一直小心翼翼地處理與國共的關係，惟恐影響其管治。

戰後香港，由於大量難民湧入，對社會帶來重大考驗。從 50 至 60 年代，香港社會也經歷了重要轉型——經濟上步入工業社會，而本地出生者開始成為人口結構的主流——在在影響著社會的發展。期間，香港又經歷了三起暴動事件，分別是 1956、1966 及 1967。誘發暴動的原

---

2 本文所指的香港基督教及香港教會，以基督新教為主，亦會兼及天主教。

因，誠然具複雜的社會因素，但也分別與國民黨右派（1956）、香港本土（1966）及中共左派（1967）有關。其中，六七暴動不論在爆發規模、對社會衝擊及影響方面，均為三起暴動之最。

## 六七暴動

毋庸置疑，六七暴動的爆發，是受到中國大陸 1966 年開始的文化大革命所影響。香港左派勢力，利用勞資糾紛的矛盾，全面策動一場以衝擊及推翻英國殖民地政權的群眾運動，其手段也從文攻、示威及罷工，演變成放炸彈及各種街道暴亂（縱火、擲石），成為香港史上前所未有的政治動亂。

六七暴動歷時超過半年（5 月至 12 月）。有學者將暴動劃分為三個階段：首先是 5 月至 6 月，涉及由勞資糾紛引發的示威及與警方的衝突；接下來是 7 月至 8 月底，開始蔓延至罷工，嚴重衝擊香港經濟，警方與騷亂者的衝突增加；最後是 9 月至 12 月底，涉及炸彈浪潮至社會恢復秩序。[3] 另有人歸納為勞資糾紛到民族鬥爭（「五二二」後），再至政治鬥爭（七月後）。[4] 下文先按相關研究，整理關於暴動的重要史實。[5]

暴動的誘發點，與 1967 年 4 至 5 月間的勞資糾紛有關。先是 4 月 13 日，新蒲崗香港人造花廠爆發勞資糾紛，工人因不滿廠方的新例，與資方交涉。4 月 28 日，資方辭退 92 人。29 日再關閉倒模部，566 工人失業。左派工會團體全力聲援工人，並發生騷動。5 月 5 日警方出動防暴隊，5 月 6 日，工人與防暴警察衝突，21 工人被捕。演變成上街集會示威，警方拘捕 127 人。差不多同時，又發生另一起工潮。4 月 29 日，紅磡青洲英泥公司兩名澳洲籍工程師涉嫌打傷工人，工人在門外齊誦《毛語錄》，廠方召警入廠，左派聲援工人。

從上述兩起工潮可見，香港左派工會團體均積極介入及動員力量聲

---

[3] Ian Scott, *Political Change and the Crisis of Legitimacy in Hong Kong* (Honolulu: University of Hawaii Press, 1989), 98-99.

[4] 西門丁：〈「六七風暴」的前因後果〉，《明報月刊》，2017 年 5 月，頁 41 至 47。

[5] 有關基本史實，參張家偉：《六七暴動：香港戰後歷史的分水嶺》；關震海：〈回到 1967：大挪裂的時代〉，《明報周刊》，2017 年 1 月 23 日，頁 71 至 73。

援工人。由於警方的介入，並發生衝突及拘捕工人，結束左派工會號召更多工人聲援。5 月 11 日，大約千多名工人在新蒲崗街道外聚集，並與防暴警察發生衝突，警方宣佈東九龍宵禁，百多人被捕。是次騷動擴散至黃大仙，出現首名死者，左派稱為「五一一血案」。

5 月 12 日，「港九各業工人反對港英迫害鬥爭委員會」成立，暴動蔓延各區。5 月 13 日，港督府外亦有示威抗議。5 月 15 日，中國外交部表示支持香港左派抗爭，並指此舉乃港英當局對文化大革命的反擊，「妄想使用暴力鎮壓來遏制毛澤東思想的影響，繼續維護他們的控制，因而製造了這次野蠻的法西斯暴行」。[6]《人民日報》又發表題為〈香港英國當局必須懸崖勒馬〉的評論員文章。[7] 5 月 16 日，「港九各界同胞反對港英迫害鬥爭委員會」成立，由工聯會理事長楊光任鬥委會主任，並發表抗議書，正式標誌著事件進入新的階段。

楊光在成立大會上，指「港英勾結美帝對中國同胞的血腥鎮壓和迫害」乃是「法西斯暴行」，「一定要揭發，一定要聲討，一定要鬥爭，一定要把他打垮」。他形容事件乃對中國同胞「進行瘋狂的民族壓迫」，這場「反迫害鬥爭就是一場民族鬥爭」。[8] 就在鬥委會成立的同一天，北京有 40 萬人示威支持香港左派鬥爭。[9] 5 月 18 日，北京再舉行大規模集會，「聲討英帝國主義鎮壓香港愛國同胞的暴行」，[10] 時為北京市革命委員會主任的謝富治在大會上發表講話。[11]

在北京全力支持下，香港局勢進一步惡化。5 月 18 至 21 日，鬥委會動員近千群眾到港督府示威，示威者在港督府外張貼大字報，大聲朗讀《毛語錄》。5 月 22 日，警方與示威者發生衝突，多名示威者受傷。

---

6 〈香港英國當局勾結美帝猖狂反華，血腥鎮壓香港中國同胞我國政府向英國政府提出最緊急最強烈抗議〉，《人民日報》，1967 年 5 月 15 日。

7 〈香港英國當局必須懸崖勒馬〉，《人民日報》，1967 年 5 月 15 日。

8 〈楊光講話〉，《大公報》，1967 年 5 月 17 日。

9 〈首都四十萬革命群眾到英代辦處門前示威堅決支持香港同胞把反迫害鬥爭進行到底〉，《人民日報》，1967 年 5 月 18 日。

10 〈首都今日舉行大規模集會聲討英帝鎮壓香港愛國同胞暴行〉，《人民日報》，1967 年 5 月 17 日。

11 〈在北京市各界革命群眾聲討英帝國主義鎮壓香港愛國同胞暴行大會上謝富治同志的講話〉，《人民日報》，1967 年 5 月 19 日。

新華社稱事件為「血腥大屠殺」，《人民日報》加以轉載報導。香港政府將香港島北部列作宵禁範圍。

踏入6月，形勢更形緊張，6月1日，港府再頒緊急法令，禁止張貼煽動性傳單。6月2日，廣東省成立「廣東省支援香港愛國同胞反迫害鬥爭委員會」。6月3日，《人民日報》發表社論，呼籲香港左派「響應偉大祖國號召，粉粹英帝國主義的反動統治」。[12] 局勢持續惡化，防暴隊與抗議者發生多起衝突，甚至有被捕者在拘留期間喪生。6月10日，《人民日報》再發表評論文章，呼籲「我港九愛國同胞要做好一切準備，掀起一個反英抗暴鬥爭的新高潮，向敵人展開更強大的反擊。全國的工人、農民、人民解放軍戰士和一切革命群眾，都要做好充分的準備，用實際行動來支援香港同胞的鬥爭。」[13] 同時，左派亦發起聯合大罷工。6月13日，中國外交部再抗議港府暴行。[14]

7月起，暴力升級，真假炸彈開始出現，市民活於恐懼之中。先是7月1日，港府制定新法例〈1967年緊急「防止煽動性標語」規例〉，禁止張貼煽動性標語及圖畫。7月8日，沙頭角中英邊界發生衝突，中共民兵衝入英界實彈掃射，投放炸彈，5名警員喪生。7月12日，大埔發生炸彈爆炸事件。7月24日，港府制定新例〈1967年緊急「預防恐嚇」法例〉，禁止非法集會。8月起，港九各處出現炸彈，市民被炸身亡。港府全力鎮壓，8月17日先後勒令《香港夜報》、《新午報》及《田豐日報》停刊。8月21日，北京紅衛兵火燒英國代辦處。8月24日，商業電台節目主持林彬被暴徒燒死。左派又發出要處死名單。9月，港府實施緊急法令，禁止收藏煙花炮竹。9月學校復課後，又出現學生在校內張貼標語，散發傳單，不少學生被捕。港府更於11月宣佈查封一所左派學校（中華中學）。

不過，到1967年12月底，形勢開始緩和，發現炸彈的報告減少；在過去數月間愈演愈烈的六七暴動，突然轉勢。到1968年1月，市面

---

[12] 〈堅決反擊英帝國主義的挑釁〉，《人民日報》，1967年6月3日。

[13] 〈針鋒相對，堅決鬥爭〉，《人民日報》，1967年6月10日。

[14] 〈我外交部發言人就香港的嚴重局勢發表談話英帝如此殘暴地鎮壓我香港同胞中國人民有權給英帝以加倍懲罰〉，《人民日報》，1967年6月14日。

騷動亦已平息。導致有關轉向，顯然與中央的態度有關。據悉，周恩來在年底召集香港左派重要人士至北京學習，逾兩個半月之久。由於鬥爭失去領導，只能按兵不動，結果便不了了之。[15]

上述僅為六七暴動的扼要經過，由於篇幅關係，許多細節未及交代。毋庸置疑，香港左派（新華社及工聯會）要為暴動負上最大的責任。[16] 但就現時掌握資料可見，周恩來一直密切介入這場鬥爭，參與整個過程，中央的支持也對局勢發展起了重要作用。[17] 不過，背後許多重要及關鍵問題，特別是中共中央在整個暴動過程中的決策細節，仍有待更多檔案資料的開放。[18] 但暴動受到中國文革風氣的影響，甚至指此乃一場「香港式的文化大革命」，[19] 相信也不為過。

## 六七暴動期間的香港教會

### 紅色風暴中的「基督教戰線」

六七暴動涉及了左派在香港社會不同界別建立的鬥爭戰線，除了公開的左派勢力（紅色），也顯示了其在其他非左派團體（灰色）內的工作與動員。按中共的鬥爭傳統，宗教鬥爭往往和政治鬥爭不可分割，正如 20 世紀 20 年代的「非基督教運動」及 50 年代的「基督教控訴運動」，均是配合反帝鬥爭而開展，那六七暴動中的基督教戰線，又如何進行？六七時任群眾鬥爭組組長的吳荻舟，在其私人筆記中曾以「落後」來形容教會。[20] 筆者相信，宗教（特別是基督教）戰線在六七暴動中的角色，也不應忽視。這涉及三方面可以注意的地方，分別是文宣、

---

[15] 西門丁：〈「六七風暴」的前因後果〉，頁 46。

[16] 當時在新華社香港分社（即中共港澳工委）工作的金堯如，曾回憶梁威林（社長）及祁烽（副社長）的角色。參金堯如：《香江五十年憶往》（香港：金堯如紀佬基金，2005），第 6 章。

[17] 冉隆勃、馬繼森：《周恩來與香港「六七暴動」內幕》（香港：明窗出版社，2001）。

[18] 羅恩惠拍攝的紀錄片：「消失的檔案」，是迄今最詳盡整理六七暴動的「文本」。

[19] 金堯如指出：「一九六七年的香港『反英抗暴』鬥爭，實質上是大陸無產階級文化大革命在香港的延長和翻版，是極左路線在香港的肆虐，是徹底破壞香港繁榮穩定的自殺行為。」參金堯如：《香江五十年憶往》，頁 121；另余汝信：《香港，1967》（香港：天地，2012），頁 291。

[20] 1967 年 6 月 20 日。蒙羅恩惠女士提供有關資料，特此鳴謝。

教會學校及地下黨。

在文宣方面，六七暴動初期，左報《大公報》於 5 月 26 日，刊登了批判美國傳教士林樂知的文章，指其為宣揚「所謂西方文明，毒害中國人民思想」的「美國特務」。[21] 林樂知（Young J. Allen）是美國著名來華傳教士，其貢獻在於興辦學校及報刊，傳播西學，促進中西文化交流。《大公報》選擇林樂知作為批鬥的第一砲，正好和基督教在香港教育及文化方面扮演的重要角色有關。9 月下旬，《大公報》又刊登了兩篇文章，一是批判第一位新教來華傳教士馬禮遜（Robert Morrison）及其兒子馬儒翰（John Robert Morrison）。馬禮遜本人和香港並無關係，但其代表的倫敦傳道會，卻是最早來港宣教的組織，而香港歷史最悠久的教會學校英華書院，也是由倫敦會（即後來的中華基督教會香港區會）所辦。香港島的「摩利臣山」（Morrison Hill）便因紀念馬禮遜而設的馬禮遜教育協會（Morrison Education Society）所在地而命名的。至於馬儒翰雖非傳教士，卻曾任香港定例局議員。文章形容馬氏父子為「披著宗教外衣的豺狼」，藉醫院、學校及辦報進行「文化侵略」。[22] 9 月 29 日，又刊出聲討「教案」的文章，特別「英帝」如何利用教案（即民教衝突）為侵華服務。[23] 在中共批鬥基督教的往跡，主要藉著「文化侵略」、「教案」及傳教士介入政治來指控基督教與帝國主義侵略的關係。至 12 月 31 日，雖然局面已經平靜，但《大公報》仍刊文，藉教會學校的「聖誕派對」來批判「奴化教育」如何利用宗教，來傳播「精神鴉片」。[24]

上述的文宣工作，只能發揮輿論批判的果效，但更重要的鬥爭，必然是全面開展以針對教會及教會機構為對象的群眾鬥爭運動。這種鬥爭，既須要從外面進行衝擊，同時也要策動教會內部的「群眾」起來鬥爭。六七暴動期間，曾有個別信徒在左報刊文，批判教會及教會人士。如 6 月 5 日，有「一群基督徒」批評香港基督教協進會對暴動的聲明（參下文），認為此乃「民族敗類」，並呼籲「全港基督徒團結起來，與

---

21 史仁：〈美國特務林樂知〉，《大公報》，1967 年 5 月 26 日。

22 聞昭：〈披著宗教外衣的豺狼馬禮遜父子〉，《大公報》，1967 年 9 月 22 日。

23 淩霜：〈從「教案」看英帝罪行〉，《大公報》，1967 年 9 月 29 日。

24 朱狄：〈從「聖誕派對」想起的事〉，《大公報》，1967 年 12 月 31 日。

全港愛國同胞共同鬥爭」。[25] 此外，9 月 1 日，又有「愛國報紙讀者」撰文，批評宗某教界人士在電台發表支持政府的言論。[26] 9 月 4 日，《大公報》又刊出一位「老教徒」的來信，針對同一位在宗教界人士，批評其支持政府是「穿著宗教的外衣，進行邪惡的目的」，「為洋主子大賣氣力，作蠱惑人心的說教」，「公然為殘殺自己同胞的劊子手港英作無恥的宣傳」，他提醒基督徒要「當心你們面前的魔鬼」。[27] 不過，相對而言，教會在暴動期間並未受到直接的示威群眾的衝擊，也未見有信徒有組織地發動針對教會的鬥爭。例如，在暴動期間，香港教會舉行的大型聚會——第三十九屆港九培靈研經大會仍如期（8 月 1 至 8 日在灣仔循道公會；8 月 11 至 18 日在九龍循道公會）舉行，未受影響。[28] 中華基督教會方面，曾報告有一至兩位外籍傳教士受到不禮貌的對待，傳教士並未受到普遍的針對。[29]

然而，基督教界在暴動中衝當其衝的，卻是教會學校。打從港九學生鬥委會於 6 月 1 日成立後，[30] 最早響應的當然是十多所左派學校。6 月 19 日，官津補私學生鬥委會宣告成立，意味著學界的戰線已經拉闊。[31] 6 月 21 日，港九學生鬥委並號召全港學生起來行動。[32] 其實，早於 5 月中旬，已有教會學校學生個別表態，[33] 但自 6 月起，為數不少的

---

[25] 〈一群基督教徒向戴麟趾抗議〉，《大公報》，1967 年 6 月 5 日。

[26] 〈「宗教界人士」在電台發謬論，一愛國同胞列舉事實駁斥〉，《大公報》，1967 年 9 月 1 日。

[27] 〈老教徒提出事實講道理，斥宗教界敗類廣播謊言〉，《大公報》，1967 年 9 月 4 日。

[28] 〈港九培靈研經大會，八月一日開始舉行〉，《基督教週報》，期 153（1967 年 7 月 31 日）。不過，培靈研經大會主席楊濬哲承認，因「罷工、罷市、暴動、騷亂」，「人心因而有些浮動。由於交通的不正常，各教會的聚會，多少也受影響」。而舉行大會的地區灣仔及加士居道，「均為騷動最多之區，邇來更因真假炸彈案件頻仍，行人戒懼」。他承認「本屆港九培靈研經大會，能否如常繼續舉行，真難逆料」。但「在主的保守帶領下，已如期舉行和圓滿結束」。楊濬哲：〈序〉，《培靈講道：一九六七年》，第 19 集（香港：港九培靈研經會，1969）。

[29] "Things are Quite Today," *Hong Kong Newsletter*, 42 (July 1967): 1. 參基督教中國宗教文化研究社資料目錄，香港中文大學圖書館特藏（http://religion.lib.cuhk.edu.hk/search.jsp）。

[30] 〈港九學生界鬥委會宣告成立〉，《大公報》，1967 年 6 月 4 日。

[31] 〈官津補私學生鬥委會成立〉，《大公報》，1967 年 6 月 21 日。「官津補私」即官立學校、津貼學校、補助學校、私立學校。這四類學校，實際上就是全港學校的主體。

[32] 〈學生鬥委會昨號召全港學生組織行動起來三視三擊港英〉，《大公報》，1967 年 6 月 22 日。

[33] 〈何明華中學同學，揭露傳教士反華〉，《大公報》，1967 年 5 月 21 日；〈九龍華仁書院學生〉，《大公報》，1967 年 5 月 23 日；〈培正愛國受學投入鬥爭行列〉，《大公報》，1967 年 5 月 21 日。

教會學校（天主教及基督教）的學生紛紛被動員起來，成立了鬥委會或戰鬥隊（小組）。暫時見到，最早成立戰鬥組的教會學校是浸會書院的「紅旗戰鬥組」（6 月 14 日）與「換新天戰鬥組」（6 月 21 日）、聖士提反「延安第一戰鬥兵團」（6 月 23 日）；至於鬥委會則是嶺英及培正兩校（6 月 26 日）。[34]

筆者從 5 月至 12 月的《大公報》報導中，整理出共有五十多所教會學校的學生在不同程度捲入了這場紅色風暴之中，有關具體情況將在另文再作處理。誠然，左派報章關於教會學校的鬥爭情況，或會有誇大及失實的報導。但即或如此，這仍反映出左派企圖藉這些「報導」所凝造的鬥爭氛圍，及其在基督教界中產生的「寒蟬」效應。就《大公報》所見，「起義」的教會學校學生，以天主教最多（21 所）、其次為聖公會（10 所）、中華基督教會（6 所）、浸信會（3 所）及崇真會（2 所），其餘的宗派尚有：循道、宣道、信義會、青年會及獨立宗派等。就以聖公會及中基督教會兩個較著名的基督教辦學團體為例，涉及的學校為：何明華會督銀禧中學、聖士提反女校、聖馬可中學、拔萃男校、拔萃女校、協恩女子中學、聖保羅男校、聖巴西流實用中學、聖保羅男女校（以上為聖公會）；基協實用中學、真光、英華男校、英華女校、何福堂書院、培英（以上為中華基督教會）。此外天主教的名校也有：九龍華仁、聖瑪利書院、聖約瑟書院、聖心、慈幼、喇沙、瑪利諾女校等等。除了教會中學外，浸會書院及崇基學院兩所具基督教背景的大專院校也先後成立了鬥委會。事實上，在 11 月內，新成立的學生戰鬥隊即有 31 個，從 11 月 1 日至 25 日間，官津補私學校的學生舉行的遊行示威、抗暴行動多達 80 多次。[35] 這反映出，鬥委會有意將全港的鬥爭運動，作更上層樓的推進，故有謂 10 月後暴動呈現退潮，似與事實不符。

一般而言，各教會學校鬥委會或戰鬥小組成員主要在校內發表聲明，或張貼標語、散發傳單，甚至燃點爆竹。各校學生並不僅僅單獨行

[34] 參《大公報》，1967 年 6 月 19 日、6 月 22 日、6 月 24 日、6 月 27 日。

[35] 〈學生運動進入新階段〉，《大公報》，1967 年 11 月 28 日。

事，亦會聯合起來，參加學界鬥委會的控訴大會。[36] 10 月 29 日，更有一場專門由教會學校學生及工人組成的聯合控訴會。除了港英殖民地政府外，與會者也指控校方「利用宗教害人」，表達出「能救他們的不是聖母耶穌，而是毛澤東思想」。[37] 從上述的聯合行動可見，在各所教會學校背後，事實上已見到跨校的左派地下黨網絡的領導與組織。[38]

為何上述基督教及天主教的名牌學校也有學生捲入「反英抗暴」的行列？其中或涉及三方面的原因：（一）有關學生的家庭具有左派背景，或是左派工會成員；（二）學生個人思想自發呈現「左」傾取向，或對當前香港教育制度與學校管理層的不滿；（三）受學校的立場親中的老師影響，或是接觸了中共的外圍學生團體（如學校友），受其感染，其中部分親中立場的老師，相信乃滲透在教會學校內的地下黨員。就以聖保羅男校的預科生及學生長曾德成為例，他在 1967 年 9 月 28 日，因在校內從五樓處垂外一幅長達三層樓高的「愛國同學大團結萬歲！」紅色大標語及散發抗暴傳單，校方召警進校將他拘捕。10 月 9 日在中央裁判署被控「藏有煽動性標語」罪，被判刑兩年。[39] 曾的父親是左派的中華總商會文員，在中學會考取得一優六良的成績，並預備在港大畢業後至美國升學。不過，1967 年 5 月的工潮，令到曾開始同情左派，廣泛閱讀毛澤東著作，並投入鬥爭行列。一名學業成績優秀的青年因「愛國」而被判刑兩年，事件瞬速成為左派宣傳的重點，鼓勵更多愛國學生參加鬥爭。[40]

12 月起，官津教師開始行動，批判「奴化教育」，又有教會學校老師指，教會學校「極力對教師、學生進行宗教腐蝕」。「教會平日工作已夠疲勞，難得盼望週末的到來，可是，教會就常常在假日裡替教師們

---

36 〈五十所官津補私學生代表會師，八百人昨與工人集會控港英〉，《大公報》，1967 年 10 月 23 日。

37 〈教會學校學生和工人，昨聯合控訴港英罪行〉，《大公報》，1967 年 10 月 30 日。

38 吳荻舟在 6 月 26 日的筆記中，記下：「皇仁、真光，不要孤立行動，要隨大流，只要不單獨搞一套，就不會暴露。請速通知下去，如皇仁、真光這樣做，反突出和暴露了自己，如果是我們佈置的話，要馬上糾正。」蒙羅恩惠女士提供資料，特此鳴謝。

39 〈曾德成遭港英迫害，昨在「法庭」堅不認罪〉，《大公報》，1967 年 10 月 10 日。

40 〈衝吧，勇敢的闖將！——記聖保羅學生曾德成的成長〉，《大公報》，1967 年 10 月 27 日；1967 年 10 月 28 日。

安排甚麼『聚集』、『退修會』，強迫教師參加。」[41] 繼學生後，有跡象顯示，教會學校的教師也將投入戰鬥。不過，由於步入 1968 年後，中共中央政策急轉，故鬥爭並未按原有計畫開展。那些在教會學校隱藏身分的地下黨員老師，因此並未有進一步「暴露」出來。在此，可舉一個例子作說明，中共黨員，後任新華社副社長的毛鈞年，便於 1962 至 1984 年在九龍循道中學任教，為文史課主任。[42]

## 香港教會對六七暴動的回應

### （1）基督教聯合性組織

面對這次香港社會前所未有的衝擊，香港教會又如何作出回應？由於六七暴動最初乃因工潮所誘發，故勞資矛盾成為教會方面最早的回應重點。5 月 7 日，基督教協進會工業委員會呼籲成立獨立委員會，就新蒲崗香港人造花廠及青洲英泥公司的勞資糾紛作仲裁。不過，聲明也不諱言指出，工潮的本質並不單純，已滲入其他政治因素在內。故工委會希望「那些利用此等糾紛作其他目的的人士」，應把社會整體「安定和福利」為重。最後，則提出各方要「共同磋商謀求除去存在社會之不公義、不安全的因素」，讓工友能夠過合理的生活。[43] 5 月 22 日，基督教

---

[41] 〈官津教師怒責港英，奴化教育禍害深遠〉，《大公報》，1967 年 12 月 9 日。

[42] 〈原新華社香港分社副社長毛鈞年逝世〉，新華網，2013 年 3 月 26 日。http://news.xinhuanet.com/politics/2013-03/26/c_115168488.htm。新華網關於毛氏的生平簡述如下：「香港知名愛國愛港人士、原新華社香港分社副社長毛鈞年先生因病醫治無效，於 2013 年 2 月 2 日在香港逝世，享年 76 歲。毛鈞年 1937 年 5 月在香港出生，祖籍廣東番禺。1956 年畢業於香港培正中學。1961 年畢業於香港大學文學院，獲文學學士學位。1962 年獲香港大學教育系教育文憑。1962 年 9 月至 1984 年 8 月，在香港循道中學先後任教師、文史課主任。1984 年參與創辦香港中華文化促進中心，並擔任總幹事。1985 年 1 月至 1987 年 6 月，任新華社香港分社副秘書長兼文化教育部部長。1985 年 6 月，任香港基本法起草委員會副秘書長，12 月當選為基本法諮詢委員會執行委員會秘書長。1987 年 7 月，任新華社香港分社副社長。2000 年榮獲香港特別行政區政府頒發的大紫荊勳章。毛鈞年對香港、對國家懷有深厚的感情，愛國愛港立場堅定，為基本法的誕生、為香港順利回歸祖國作出了重要貢獻。」

[43] 〈關懷最近工業問題，協進會工業委員會建議四項調解辦法〉，《基督教週報》，期 144（1967 年 5 月 28 日）。"Proposal for Mediation by Independent Body," *SCMP*, 19 May 1967. 另 "Hong Kong Christian Council Speaks," *Hong Kong Report* (monthly newsletter of the Church of Christ in China, HK Council), 41 (June 1967): 2.

協進會執委召開會議，就近日「因騷動所形容是次乃「社會危機」並發出公開呼籲：支持維持和平及社會秩序，又呼籲青少年「切勿參與任何足以引起社會安寧解體的行動，庶免觸犯法律與秩序為盼」。[44] 基督教協進會一直關注社會議題，成為最早回應的基督教團體。

與普世合一運動立場的協進會不同，香港另一個基督教聯合組織香港華人基督教聯會，則未有直接回應。惟其出版的《基督教週報》，在5 月 28 日發表以「天佑」署名，題為〈發揚人性，消弭禍患〉的「短評」，側面地回應六七暴動，指「在古今的歷史時件裡，我們也同樣看到不少抹殺人性，殘忍醜惡的行徑。」因此，「當前世界人類的禍福安危，決定的因素，就得看人類的抉擇如何？我們願走神的道路，發揚聖善仁愛的神性，好得肖乎上帝，建設天國於人間。抑或我們甘心走入魔鬼的圈套，而成為魔鬼的工具呢？」在當前這個「動亂不安的世代中」，「戰爭殺戮正催迫人類走向自我毀滅的緊急關頭」，他深信，「發揮人性，是消弭禍患悲劇的唯一的途徑」，基督教更當「力行倡導」，「以挽救人類所面臨的悲慘劫運」。[45]

6 月 4 日，《基督教週報》再發表題為〈論基督徒與人相處〉的「短評」，作者署名「約翰」，形容「香港這次騷動事件的導火線乃是勞資的糾紛，換言之，是資方與勞方的相處不能協調」。不過，作者並未有就此再作討論，而是將「勞資糾紛」置於人與人之間的矛盾。「其實，舉凡家庭的破裂，鄰舍的不睦，社會的動盪，國家之內亂，世界之戰爭，甚至教會之分裂，都是由於人與人之間的宿怨、爭議、戰鬥所導致的，從而造成人與人之間不能和平相處。」最後，作者提了三方面：「自我檢討」、「看人美好的一面」及「學習去愛別人」來作回應，務使「我們這個社會，人與人之間能和平相處，大家都享受安定而幸福的生活」。[46]

---

[44] 〈基督教協進會呼籲維持本港安寧秩序〉，《基督教週報》，期 144（1967 年 5 月 28 日）。

[45] 天佑：〈評論：發揚人性，消弭禍患〉，《基督教週報》，期 144（1967 年 5 月 28 日）。

[46] 約翰：〈評論：論基督徒與人相處〉，《基督教週報》，期 154（1967 年 6 月 4 日）。

### （2）宗派：聖公會及中華基督教會

基督教各宗派中，暫時見到的，僅有聖公會及中華基督教會香港區會公開作回應。5 月 18 日，聖公會白約翰會督（Bishop Baker）發表致教友書關注暴動。文告指：「安寧與秩序」是社會所必要維持的，公民須遵守法律，愛鄰如己。此外，他又呼籲勞資共濟，資方要給予勞方合理待遇，而勞方亦要其他工友負有責任。再者，教會要關心青年，並肯定「青年人所理想追求不受種族階級國籍限制之社會已實現於教會中」。最後，他重申「上帝呼召吾人同心建立一個更完善之香港」，如果並未回應上帝之呼召，並檢討當前社會的組織，吾人應「祈求赦免與更新」。[47] 6 月底，白約翰會督藉「基督徒公民主日」再回應局勢，指「近日吾人不斷聽到此種忿恨的言詞」，他「深信政府當局，各界領袖，定盡力保留打開談判之門」。雙方在日後「俱能冷靜地會談」。[48]

5 月下旬，中華基督教會香港區會以全體牧師名義發表聲明：（一）對「由輕微之人造花廠勞資糾紛事件演變而為影響整個市民和平生活，以及嚴重打擊工商業之騷動」，表達深切遺憾；（二）擁護政府維持治安的措施；（三）建議擴大輔警組織，防止騷動再起，基督徒應予參與；（四）基督徒應贊助警員子女高等教育基金；（五）政府應本「勞資兩利」原則，解決有關勞資糾紛，「廉價勞工並非一定有利本港工業發展」；（六）不應忽視青少年問題；（七）香港市民不分種族、宗教及政治信仰，應彼此尊重，和平共處，努力建設民主幸福的社會。[49]

### （3）天主教香港教區

相對而言，天主教香港教區的回應，卻更有針對性。5 月 17 日，

---

[47] 中文文版刊於《港澳教聲》，期 164（1967 年 5 月 31 日）。另，《基督教週報》亦作報導。〈針對本港目前環境，白會督昨書勉教友〉，期 144（1967 年 5 月 28 日）。〈白約翰會就告教友本主之愛關懷大家〉，《華僑日報》，1967 年 5 月 22 日。"Peace-loving People Appeal For Quick End to Unrest; Bishop's Call for Prayers for Peace," *SCMP*, 22 May 1967.

[48] 白約翰：〈忿恨與復和〉，《港澳教聲》，期 165（1967 年 6 月 30 日）。

[49] 〈對最近騷動事件，中華基督教會區會全體牧師發表聲明〉，《基督教週報》，期 144（1967 年 5 月 28 日）。另〈基督教會港區會牧師讚揚警察制止騷動擁護港府措施〉，《華僑日報》，1967 年 5 月 27 日。"C.C.C. Statement," *Hong Kong Report*, 41(June 1967): 1.

白英奇主教（Bishop Lorenzo Bianchi）公開指出，「某些人借勞工之名而採不法抗議手段，殊難令人贊同」。他呼籲天主教友及一切關心勞工利益者，「不可牽入非法行動之中，而應盡一切可能促進和平秩序」，並以合法合理的途徑，「為改善勞工的生活而努力」。[50] 從5月至9月中，教區的《公教報》合共發表了十二篇的社論，直接或間接回應暴動。[51] 除了一般關注勞工問題外，更罕有地指斥左傾分子及思潮。例如6月9日的社論，批評「左傾分子」企圖「破壞本港法治制度」。在中國揭起文革，正是「硬把西方的一種政治思想，應用於祖國，以仇恨和暴力為武器，把祖國整個社會弄得天翻地覆，偉大的傳統，掃蕩殆盡」。文中更明確以「暴政」來形容中共。[52] 9月8日，另一篇社論更呼籲教友要「認清共產主義的本質」，指出共產主義乃植根於「不合理的現象和人剝削人的制度」之中。文中不諱言「以基督徒自居的人，也常有不公義的行為，助長剝削制度」，此舉令更多人「寄望於共產主義」。故此，教會更應關注社會不公，「為社會興利除弊」。[53]

顯然，天主教香港教區更敏感及警覺到共產主義對宗教的敵視。例如6月9日的社論，便指「在我們之旁，正有一個國家禁止教會宣揚基督的福音，有人更企圖使香港步其後塵」。[54] 7月7日的社論，更指當前的暴動，乃「一小撮人」在散佈「仇恨的思想」，「他們要摧毀基督的宗教，他們要消滅一切宗教」。[55]

## 小結

暴動發生初期，香港教會界的公開回應及評論可分成三類：（一）將社會矛盾及暴動置於廣泛的人性及罪性問題來理解，並未有直接觸及

---

[50] 〈對九龍騷動事件，白主教發出呼籲〉，《公教報》，1967年5月26日。另〈天主教社團商會，沉痛呼籲維和平〉，《明報》，1967年5月18日。

[51] 參5月19日、26日、6月2日、6月9日、6月16日、7月7日、7月14日、7月21日、8月11日、8月18日、9月8日、9月15日的《公教報》。

[52] 〈社論：救我等於凶惡！〉，《公教報》，1967年6月9日。

[53] 〈社論：愛你的敵人〉，《公教報》，1967年9月8日。

[54] 〈社論：救我等於凶惡！〉，《公教報》，1967年6月9日。

[55] 〈社論：基督徒與公民〉，《公教報》，1967年7月7日。

問題的核心與根源，《基督教週報》的評論正屬此類；（二）從「勞資糾紛」的角度切入，呼籲雙方克制及協商；政府亦應介入調查，藉此處理勞資矛盾。針對騷亂，教會則積極支持政府，期望社會盡早恢復穩定局面。基督教協進會、工委會、聖公會及中華基督教會香港區會的回應，可歸入此類；（三）直接斥責左派勢力在六七暴動的角色，而不像基督教只以「間接」方式回應（有人利用工潮），天主教香港教區是唯一公開作出有關評論者。[56]

## 站在十字路口的香港教會

隨著局勢發展，特別是騷亂持續擴散及暴力愈益升級，迫使香港教會從不同角度對問題作更廣泛的思考，特別是聯繫到教會的責任及使命方面。下文從四方面整理及分析有關資料：（一）靈性的反思；（二）改革社會與教會；（三）反思教會學校教育；（四）香港前途與青年人的身分。

### 靈性的反思：信德與愛德

#### （1）信心危機

六七暴動誠然是香港社會面對最大的危機，不論是香港眾教會或信徒，均面對著極大的考驗，如何從信仰角度來作回應，顯然具有一定的逼切性。其實，香港社會的不穩定性，在 1966 年暴動已見端倪。雖然事件很快平息，但對於不少在 1949 年前後從中國南遷者而言，確在認真思考香港是否長居之地。六七後，民心更形不穩。例如，北角衛理堂是一所以上海信徒建立的教會，出現「一群熱心的基本教友源源不絕地離開香港」的情況，在 1967 至 1968 年間，合共 36 位信徒移居美國及

[56] 這一方面跟梵蒂岡的反共立場有關，另方面，1965 年舉行的梵蒂岡第二屆大公會議促成對社會公義的關注，也不容忽視。

加拿大。[57] 衛理公會的徐廉牧師坦言，離開香港的教友大多為了逃避共產黨而來到香港，現在出於同樣的憂慮而決定移民。他指出，即或在牧者中，也有類似的傾向。[58]

1967 年 10 月 23 日，香港華人基督教聯會召開冬季議事大會，劉治平牧師總結了教會受到的影響：

> **在過去半年，本港時局動盪不安，可說是戰後多年來之最，我們得到父神的保守，未受到任何直接的打擊與損失，但事工與經濟受到影響，則各堂都不能避免，許多教會被迫停止，到會人數減少，又因少人到會而奉獻數字隨之低落，雖在意料之中，但仍不算太壞。有人認為因有許多教會人領袖人材離港去外國，及認為香港經濟前途的隱憂，即是教會的隱憂，我們應該怎樣應付呢？**

他呼籲各代表「只有藉禱告，忍耐，加上基督徒公民意識，求神賜我們智慧及勇氣去行事。有時愈是動亂，愈可以顯出基督的光輝。」[59]

早於 10 月 2 日，循道公會及衛理公會的牧者在一次「聯合牧師會」上，便討論到一個十分實際的問題：如果信徒就去留問題來尋求意見時，應作怎樣的教導？是否鼓勵教友離開？眾牧師經討論後，認為可以表達出移民與否並非問題的重點，關鍵在於能否明白生命的意義。更重要的是，移民者畢竟只是少數，教會須務實地牧養那些在香港大多數。[60]

### （2）信德與愛德

那麼，教會該如何牧養？在 1967 年 6 月 28 日，英國聖公會的香港

---

[57] 李景雄：〈北角衛理堂報告書〉，《中華基督教衛理公會香港臨時年議會第六屆會議錄年鑑》（1968），頁 41。

[58] "Minutes of the Methodist Ministers Group of Hong Kong, 2 Oct. 1967," 1. 香港總議會，循道 Box 1，Joint Methodist Ministers Group, 1957-1968。

[59]《聯會月刊》，卷 9 期 9（1967 年？月？日），頁 3。

[60] "Minutes of the Methodist Ministers Group of Hong Kong, 2 Oct. 1967," 2.

教區事工促進會（Hong Kong Diocesan Association）在倫敦舉行的年度聚會，特別為香港祈禱。剛於1966年卸任的何明華（Ronald O. Hall）會督也出席聚會，對香港的局勢表達了極度關注。[61]

何明華在講道中提及，當人濫用自由時，上帝會因此而承受傷痛。雖然上帝看似容許這些敵對的事發生，但他卻繼續去愛、施予寬恕及傾倒自己，正如日光的溫暖臨在善，也臨在惡。上帝正在香港運行的旨意，既與上帝作為宇宙創造與管治者，並基督樣式的愛這信念有所衝突；也和基督管治世界的奧祕對立。何明華形容，當下的聚會，好像是毫無意義（insignificant），個人的能力，不論是施予援手幫助或愛與禱告，也似不重要（unimportant）。但他卻強調，基督信仰的大能，正如基督的死與十字，正是在「無能」中彰顯出來。他期望不要失去這份信念與信心，既然基督徒相信昔日上帝曾藉基督與世界和好，也是否相信上帝藉基督在當下，也通過其受苦彰顯其臨在？他最後再次為香港禱告，求上主讓每個人降服在其國度與旨意之中。[62]

會上又讀出白約翰會督的信函，指所有關心香港者，需要從事件中汲取嚴厲的教訓，包括悔改與社會行動。不過，蒙召作服務並不能解決所有問題，但仍要對基督的呼召持信心，意識到自己在香港的失敗，還有上主榮耀的大能。他呼籲眾人繼續為香港這個「勇敢的城市」（undaunted city）禱告。[63] 後來，白約翰又在8月的主教公函中，欣賞教友在「最近之事件」中「堅定不移」地對基督的忠誠。「基督期望香港教會處於何種處境，無人能加惴測」，但基督徒仍有信心面對「或好或壞之處境」。[64]

顯然，在如斯局勢下，信心成為教會主要的勸勉與教導。1967年10月，中華基督教會香港區會在暴動期間召開代表大會，梁小初在開會詞中，形容香港教會正處於「惡劣」的環境甚至「危機」之中。他指出，有條件者會因此「逃避遷離」，移居外國，他不諱言也有牧師在

[61] "Prayers for HK Offered in London," *SCMP*, 4 July 1967.

[62] "Bishop Hall's Sermon," *Outpost*, Oct. 1967, 5-6.

[63] "Bishop Baker's Message," *Outpost*, Oct. 1967, 7.

[64] 〈主教公函〉，《港澳教聲》，期167（1967年8月25日）。

內。對於不具備移民條件者，只能以「無可奈何的態度」留下來，但他們「因缺乏信心，理智不清，精神上大受威脅」，因而「日坐愁城」，不可終日。梁氏期望，基督徒能夠本著以下態度——「憑著信心，面對事實，堅守崗位，接受挑戰，盡了人事，唯聽神旨」來面對劣境。深信在憂患之中，仍可聽到上帝的呼聲，憑著勇氣，可以轉「危」為「機」。[65]

郭乃弘牧師在閉會禮中，形容目前的世界，正面臨「真正和平」或是「破碎紛擾」的抉擇。這同樣是教會面對的挑戰。他指出，「世界的進展愈來愈迅速，社會的問題愈來愈複雜」，教會的工作「一定會更感艱苦」。但是，他深信「主耶穌是一切力量的源頭」，「聖靈正引導著我們與主同工，來克服世界上一切惡勢力」。[66]

除了憑信德面對困難外，天主教香港教區又藉《公教報》社論，提出「愛德」的功課。針對暴動呈現的「仇恨」思想，社論承認「基督徒在香港人數不多，基此原因，他們更需要在生活上為自己所宣講的基督化愛德作見證」。即或左派企圖要消滅宗教，「對這些人，我們的答覆是基督的吩咐：你們要彼此相愛，猶如我愛你們一樣。真正的基督徒不會只顧權利而不講責任；他樂意履行他的本分，並設法以各種方式協助別人。」[67]

那麼，「我們究竟採取甚麼實際方式履行我們的愛德？」在另一篇社論中，作者首先指出，「愛德」並不是「放任歹徒為所欲為，消遙法外」，而是「繩之於法，不讓歹徒再有犯罪的機會」。再者，要培養愛德的「情操」。「愛之所在，必感化他人。我們必須為迷路的可憐人祈禱，他們也許會覺悟前非而走回正途，但那還是不夠的」。更重要的「愛德」，就是作「實際的事情」，「今天，我們對香港社會中存在的各種不公，大家都應負責，受吾主訓示的所有基督徒，為社會興利除弊，更是責無旁貸。」[68]

---

[65] 梁小初：〈怎樣應付惡劣環境——本年度代表大會開會詞〉，《中華基督教會香港區會會訊月刊》，期126（1967年11月），頁1。

[66] 郭乃弘：〈萬有靠主而立——本年度代表大會閉會禮講詞〉，《中華基督教會香港區會會訊月刊》，期126（1967年11月），頁2。

[67]〈社論：基督徒與公民〉，《公教報》，1967年7月7日。

[68]〈社論：愛你的敵人〉，《公教報》，1967年9月8日。

1967 年 10 月的《中華基督教會香港區會會訊月刊》，篇首文章的題目是〈願你們平安〉。文章以基督的復活為中心，到最後便作出如下的禱告：「感謝主耶穌！因為你所賜的平安。因為你是平安的後盾，平安的權威，你使我們能平安。阿們。」[69] 同一期《會訊》又轉載了《火柱》的一段文章，用作安慰及鼓勵信徒：「信心和工作必得同時進行，才能使天國來到我們的身上。天國的實現使錯誤的黑暗變為真理的光明；地下的悲哀改為從天而來的喜樂；屬人的軟弱變為從神而來的大能；無意義的人生變為有意義的目標。」「個人的悔改固然重要，但基督徒對整個社會的拯救都有責任，兩者不能離分。福音能深入社會，天國才能實現。」[70]

## 社會改革與教會

### （1）是改變的時候了

基督教協進會在 1968 年指出，「去年的動亂，雖則具有政治的因素，但同時亦實在是與人民的真正需要不無關係的」。[71] 如何回應市民的「真正需要」，成為教會當前的急務。正如《公教報》的社論指出，「愛德」需要實踐與行動。我們見到，在暴動期間及局勢平靜後，教會人士最常問的，就是「我們該如何作？」—— 教會如何參與社會的改革，促成實現更公正的社會？

誠然，戰後香港基督教已積極參與難民社會的福利及救濟工作。不過，步入 60 年代，有關工作亦在調整與轉型之中。1967 年 5 月，「香港基督教服務委員會」（Hong Kong Christian Service）成立，可說是極具標誌性的。該會的前身是香港基督教福利與救濟協會（HK Christian Welfare & Relief Council）與香港基督教世界服務委員會（Church World Service），正是五十年代難民救濟工作的重要組織。[72] 是次改組乃因應

---

[69] 〈願你們平安〉，《中華基督教會香港區會會訊月刊》，期 125（1967 年 10 月），頁 1。
[70] 〈社會安寧天國實現〉，《中華基督教會香港區會會訊月刊》，期 125（1967 年 10 月），頁 3。
[71] 〈香港基督教協進會年報導言〉，《基督教週報》，期 200（1968 年 6 月 23 日）。
[72] 邢福增：〈延續與斷裂——基督教在五十年代的香港〉，氏著：《香港基督教研究導論》（香港：建道神學院，2003），頁 139 至 144。

海外救濟資金開始部署撤離香港，將有關工作轉移至本土組織。因此，基督教服務委員會成為香港基督教協進會的附屬機構。主席彭紹賢在委員會首份年報中，明確指出暴動乃由左派所策動，利用勞資糾紛而破壞社會安寧。[73]

基督教服務委員會的成立，正值六七暴動爆發。主任華元博（Paul R. Webb）形容，暴動對大多數市民並沒有影響，因為在於他們仍然面對各種個人及家庭的困難，如低收入、惡劣工作環境、缺乏社會保障，及沒有免費強迫教育等。香港正如許多現代工業城市般面對福利保障不足的問題。他指出，在 1967 年底大環境的氣候開始轉變，愈來愈多團體關心社會問題，並希望作出改善。教會同樣在思考「我們應作甚麼來幫助？」（What should we be doing to help?）[74]

英皇書院榮休校長郭士熙（G. S. Coxhead），於 1967 年退休返英後，出任英國香港教區促進會刊物 *Outpost* 的主編。他在 1968 年 5 月號中，撰寫了〈香港與流放者〉（Hong Kong and the Expatriate）一文，表達了對六七暴動的反思。他形容暴動後的緊張局勢已平靜下來，香港人毋須再活在炸彈的恐懼之中。「現在正是清點的時候」。整個社會——政府、商界、工廠、教會與學校——都在這樣作。[75]

1967 年 9 月，原來一直迴避直接討論六七的《基督教週報》，也刊登了由中華基督教會宣教師何天佑撰寫的「評論」，雖然文章仍沒有直接提及「暴動」，但卻指教會對「當前香港社會所面臨的困境」，需要以「謙卑友善的態度去為人群療治痛苦，消除仇恨」。特別是基督徒要在個人的工作崗位上，「發生酵母的作用」，藉此見證上帝的「改造」能力。教會及基督徒在世界上的角色，正是「要成為光以消除世界的黑暗和不義」，忠心的基督徒「不只是應該把自己作為一個得人的漁夫」，同時更要「盡所能在消除窮困、疾病、饑餓和紛爭仇恨，以及為別人擔當缺乏憂患的工作上，付出代價」。[76] 聯會總幹事劉治平，亦在 1968 年 4 月撰

---

[73] S. H. Pang, "From the Chairman," in *Hong Kong Christian Service Annual Report 1967*, n.p.

[74] "1967 Annual Report," in *Hong Kong Christian Service Annual Report 1967*, 1.

[75] G. S. C., "Hong Kong and the Expatriate," *Outpost*, May 1968, 30.

[76] 何天佑：〈評論：見證上帝的作為〉，《基督教週報》，期 158（1967 年 9 月 3 日）。

「評論」，批評教會對社會問題「不聞不問，漠不關心」，他呼籲教會要就勞工、居住及失業問題發聲，「向政府遞送備忘錄，向人群作呼聲，使社會更符合天國的原則」。[77]

### （2）白約翰會督的反思

這股反思與改革的訴求，也在聖公會港澳教區白約翰會督身上見到。1967 年 6 月底，他藉「基督徒公民主日」呼籲「吾人應立即著手，進行改善現下社會積弊」。[78] 10 月，白約翰會督藉〈會督文告〉，表達了基督徒不能「與社會隔離，獨善其身」的教導。教會必須在社區之中「與市民打成一片」。[79]

他在 6 月感謝英國信徒在禱告中記念香港。他指香港的局勢，使眾人對中國及香港有更深的思考。他提及近日常常見到孫中山的遺訓張貼在各處——「革命尚未成功」。這大抵是左派在暴動期間常常引用的話，藉此合理化當前的鬥爭。但白氏又援引蘇聯小說《齊瓦哥醫生》（*Dr. Zhivego*），覺悟到革命的持續痛苦本質。他不諱言中國的意識形態風暴正在影響香港，但他又深信，香港社會長久建立的「具秩序的自由傳統」（tradition of ordered freedom），是難以輕易被拋棄的。白將翰進一步指出，香港人整體期望在和平協商及相互認識的基礎上建立工業及社會生活。他強調基督教協進會轄下的工業委員會正密切幫助教會認識及回應工業議題。同時，聖公會也有牧區（如聖匠堂）專注於工人佈道。教會願意全方位地關愛香港。[80]

11 月，聖公會港澳教區舉行教區議會，白會督在發言中，特別關注到工業關係的課題。他問道：如何能夠「令冷酷，不關心或自私競爭的勞資關係糾紛變為合理，合人道的勞資關係」？這需要上帝的恩惠臨在，特別是在「糾紛發生後願意商談」，他深信「上帝那種使人復和的

---

[77] 劉治平：〈在急遽轉變的香港社會中教會應有的新方向〉，《基督教週報》，期 189（1968 年 4 月 7 日）。

[78] 白約翰：〈忿恨與復和〉，《港澳教聲》，期 165（1967 年 6 月 30 日）。

[79]〈會督文告〉，《港澳教聲》，期 169（1967 年 10 月 25 日）。

[80] "The Bishop's Letter," *Outpost*, Oct. 1967, 3-4.

恩惠能恢復改變人彼此間的關係」。「我們要再次自問：基督徒的信仰究竟能否產生一個不同的局面？從聖匠堂、聖雅各福群會、香港基督教協進會的工業委員會的經驗中，我深信基督教的信仰確然產生不同的效果。當我們自問基督徒能否帶給香港的工友以和平，這是一個非常廣泛的問題，不過，我們確信上帝是無所不能。我認為當前這種恢復和好的工作，主要〔的〕應該是來自我們社會中各階層，各行業的基督徒所產生的影響力，而非由教會直接介入處理。不過，教會方面仍需竭盡所能幫助一切因政治思想而彼此疏遠的人，使他們彼此恢復和好的關係。」[81]

局勢穩定後，白約翰仍沒有忘記思考改革的問題。1968 年 6 月，白約翰出席在倫敦舉行的香港教區事工促進會年會。他在講道時，以「道路」（the way）為隱喻，指每一次旅程都是朝聖路（Every journey a pilgrim's progress）。今天許多人在香港，也在問：「接下來的三十年，將會發生甚麼？」「在哪是我們的引導？」「我應為我的生意、兒女及父母作甚麼？」。他提及與教友一起讀《香港：借來的地方，借來的時間》（*Hong Kong—Borrowed Place, Borrowed Time*）[82] 後，大家均認同暴動後的香港社會需要改變，特別是對暴動背後涉及的各種不滿，需要誠實地作檢討。「建立一個高參與度的社會，以及對未來的路向有更多共識的社會」。他認為，基督的福音不僅僅是為人們提供一些活動而已（the Christian Gospel is more than keeping people occupied and off the street）。暴動後的香港，正在「不危險的情緒下作自我檢查」（a not unhealthy mood of self-examination）。眾人意識到「縫隙」（gap）的存在——政府與市民之間、市民與教會之間、市民內的階級與財富之間。白會督坦

[81] 〈會督訓詞——致第 28 屆教區議會〉，《港澳教聲》，期 170（1967 年 11 月 25 日）。

[82] Richard Hughes, *Hong Kong: Borrowed Place, Borrowed Time* (London: Andre Deutsh Ltd., 1968). 作者指出，「借來的地方，借來的時間」乃出自韓素音在 1959 年的一篇文章："Squeezed between giant antagonists crunching huge bones of contention, Hong Kong has achieved within its own narrow territories a co-existence which is baffling, infuriating, incomprehensible, and works splendidly – on borrowed time in a borrowed place." 區家麟撰文中譯為：「擠於強敵狗咬狗骨之爭鬥中，只有寸土之香港竟能與之共存，原因令人困惑費解，但香港成功了，就在借來的時間、借來的地方。」區指出，韓氏引是引自一位 Tom Wu 的上海商人。參〈借來的時間，悠長假期的盡頭〉，http://aukalun.blogspot.hk/2016/10/blog-post_19.html。

誠，不知道如何作出轉變？但教會仍願意實踐，以及願意更多聆聽市民的聲音。[83]

後來，白會督在演講中，再提及六七暴動。他指暴動在 1967 年底聖誕節期間突然停止，並戲言是共產黨方面作出調整，放上的新年祝願！表面上，香港與左派一如既往地並存，但他強調不應滿懷樂觀，因為許多不滿與憂愁、挫敗的根源仍存在。左派青年依然活躍，只是改變了策略；香港社會需要學習與左派一起生活。但社會整體（包括政府）已有新的敏感度去探討社會不滿的原因，以及對中國更大的意識。儘管要了解中國發生的事情仍是困難。白會督特別關心那些因不同原因而參與罷工的工人，他們不一定是真正的共產主義者，可能受蒙騙而參與其中，但卻因此失掉工作，並難以再找到工作。他期望教會在青年工作、學校教育及社會福利服務上，可以作更多的承擔。[84]

1969 年，聖公會港澳教區發表《五年計畫書（1970 至 1975）》，這是白約翰會督任內首個教會發展企劃，明確指陳聖公會在步入 70 年代時面對的挑戰，特別是工業化及世俗化。報告沒有諱言，「一九六七年的政局動盪和部分市民隨後的遷徙異地，本港經濟的迅速復原及其他施政方針的改變，假若教會要在 20 世紀 70 年代的首十年向前邁進的話，我們得把教會的策略作一些基本的重新思考是需要的」。[85] 計畫書分別將重點放在教育（第三章）、社會福利（第四章）及教會與工業（第五章），為聖公會的發展奠下重要方向。

### （3）工業與教會

雖然六七暴動乃左派利用工潮策動的政治鬥爭，但事件仍反映出香港存在的深刻矛盾。誠然，教會對工業及勞工問題的關注，乃早於六七暴動。基督教協進會在 1959 年成立了工業委員會。在 1960 年的《年報》中，會方承認工業宣教工作須「小心翼翼按步就班」地展開，因為

---

[83] "The Bishop's Sermon at St. Martin's: 'How can we know the way?'" *Outpost*, Nov. 1968, 7-8.

[84] "The Bishop's Address," *Outpost*, Nov. 1968, 17-19.

[85] 龐德明著，廖翼顯譯：〈港澳教區發展委員會五年計劃書（一九七〇－一九七五）〉，《港澳教聲》，期 201（1970 年 6 月 30 日）。

「偶一不慎會招致政治滲入我們當中」。[86] 為了推廣教會關注有關課題，工委會在 1963 年首次訂下四月最後主日作「勞工主日」。[87] 關於如何開展工業佈道，也開始提上討論議程。[88] 1966 年 12 月，工業委員會正式聘任簡美稼（Margaret Kane）作主任。[89]

六七暴動的發生，逼使教會更不能迴避工業問題。簡美稼承認，正因為「此次動亂與工業頗有關係」，故「改善工業問題的建設性行動是急需的」。她注意到，「經過此次動盪，很多勞工失去原有的工作，再難找到適合的工作」。對於香港工業存在的問題，教會可以扮演甚麼角色？[90] 工委會也明確指出：「去年事件，明顯地說明工業是香港的主要生活。無論好與壞，工業實在能影響社會及個人的生活質素」。因此工業委員會的目的，「不祇是參觀工廠，個人佈道」，更須「重視工業社會之機構目標」。基督徒應關心香港工業的發展及其問題，認識教會在工業社會的使命。[91]

除了工委會外，上文也提及白將翰會督對工業與教會問題的重視。聖公會在《五年計畫》中明確指出現有的勞工法是「不合時宜」，在處理勞資糾紛方面，也「沒有一套有效的仲裁方法來解決爭端」。同時，工會組織又分為「左派、右派和中立派」，因而「顯得力量微弱」。因此，教會除了關心一般的「社會福利」外，應在「工業福利」方面作出更多的貢獻。港澳教區在 1968 年成立的「教區工業委員會」，就是了為計劃及協調教區內的工業工作，並「學習以基督教的方式去接觸工業界與及應用基督教的原理去解決工業問題」，促進基督徒「對工業界傳福音的關懷」，甚至訓練在工業界服務的聖職人員及信徒。[92]

---

[86] 《香港基督教協進會一九六〇至一九六一年度執行委員會報告》，頁 6。

[87] 《香港基督教協進會一九六三至一九六四年度年報》，頁 10。

[88] 〈香港的工業革命給教會場的一些問題〉，《基督教週報》，期 139（1967 年 4 月 23 日）；〈香港的工業佈道〉，《基督教週報》，期 140（1967 年 4 月 30 日）。

[89] 湯泳詩：《「社會良心」抑「搞事份子」：香港基督教工業委員會歷史之研究》（香港：基督教中國宗教文化研究社，2007），頁 8。

[90] 簡美稼：〈香港的工業與教會〉，《港澳教聲》，期 170（1967 年 11 月 25 日）。

[91] 《香港基督教協進會一九六七至一九六八年度年報》，頁 18。

[92] 龐德明著，廖翼顯譯：〈港澳教區發展委員會五年計劃書（一九七〇－一九七五）（續）〉，《港澳教聲》，期 206（1970 年 11 月 30 日）。

天主教方面，也意識到工人面對的困境與矛盾。《公教報》的「評論」指出：暴動正將社會問題的癥結突顯出來。「本報曾一再指出，香港在爭取繁榮之餘，還得求更公道的財富分配⋯⋯」「暴動既因勞資糾紛演變而起，那麼，徹底研究一下我們的勞工問題，正是其時了，首先可問：我們的勞工法例，跟上了工業環境的轉變嗎？」[93]「工人如果能夠分享本港的繁榮，他們不致輕易被人脅持參加罷工」。[94]

## 反思教會學校教育

由於六七暴動涉及青年人，除了左派學校外，也有政府官立學校及教會學校學生參與其中。青年問題成為六七暴動浮現的重大課題。正如前文指出，六七暴動中受到最大衝擊的教會學校，主要是天主教、聖公會及中華基督教會。為何青年學生會捲入暴動？這是否反映香港教育制度存在的問題？對此，教會學校的教育又應否作出檢討？

### （1）何謂基督教學校？

對此，聖公會因應六七暴動，確就教育問題作出不少反思。白約翰會督在 1967 年 11 月召開的 28 屆教區議會中，特別關心基督教教育的問題。他一方面認同要重視考試成績，「服從政府法例」，但另方面，他又不忘指出，「倘若我們沒有一個更高的標準，而只是遵行一些人為的制度要求，我們就未有完成基督教教育的目的」。他特別關注學生的德性培養，「訓練他們在道德倫理內作出他們的抉擇」。他反問：「我們能否誠實地說，我們的學校瀰漫著基督的平安的氣氛，我們的學校發展愈大，數目愈多時，我們也會面對著增加的人事問題。是甚麼特質使一所學校成為基督教學校？——這當然不只把教會的名稱冠在校名上面，或只在學校裡面舉行一些宗教活動，或具有優異的考試成績」。[95]

聖公會在 1968 年 1 月一份題為〈再思香港教育〉（Re-Thinking

---

[93]〈社論：香港市民的取捨〉，《公教報》，1967 年 5 月 19 日。

[94]〈社論：港人的齊心表現〉，《公教報》，1967 年 6 月 2 日。

[95]〈會督訓詞——致第 28 屆教區議會〉，《港澳教聲》，期 170（1967 年 11 月 25 日）。

Education in Hong Kong）的報告中，指暴動後香港在物質層面似已恢復正常，但在知識界及平民中的「靈魂尋索」（soul searching）仍然持續。大量青年人參與衝動地參與示威甚至暴動，在在反映出香港青年工作的深層次關注。這除了出於一般理想主義而投身公民抗爭外，香港青年本身似有更多使其感到苦惱、困惑及迷失的合理原因，有待關注。除了中學學位不足的問題外，學生畢業後的出路也是不容忽視的問題。[96]

為深入探討青年問題，三位聖公會中學校長呈交報告，就「六七後」的學生及青年問題作出反思。拔萃男校在暴動後，共有 69 名學生轉到英國及美國升學，衝擊可謂不輕。[97] 郭慎墀校長（Mr. Sidney James Lowcock）表示，暴動以來，學校師生情況大致冷靜，大部分同學仍專注於學業及考試。很多學生能開放地思考、閱讀、理解事件並評估不同立場，並沒有受到誇大的政治宣傳影響。不過，學校雖能安渡緊張局勢，但這卻不應簡單理解為在實力與耐力上有過人之處。「毋庸否定的事實是，一小撮人竟能製造那麼大的混亂，及極大的仇恨，這無疑是對整個社會的審判。」這審判不僅是針對政府，更是向工業制度、教會及學校發出的。「正因為所達致的暴力程度，一切都受到審判，指向我們集體的羞恥，需要查找不足」。郭氏從暴動反思到，社會的富裕階層與成功者（the haves）與貧困者（the have-nots）間的差距。其中不少參與暴動的貧困者，就是現有教育制度的失敗者與淘汰者。教會學校的學生，只是社會上「幸運的少數」（fortunate minority）。「我們成功教導他們通過考試，教導他們令自己變得受人尊敬，我們也教導他們成為好人，將自己擁有的一小部分與其他不幸的人分享。但是，我們沒能教導他們尊重那些不幸者，也未能諄諄教誨他們一個功課，就是我們，彼此之間，要作弟兄看守者」。他深信，要重建香港社會成為更好的地方，需要首先從學校開始作根本態度的調整。「這一定是價值的逆轉，讓擁有知識者尊重未受教育的人、義人尊重不義的、統治者尊重被統治的

[96] "Re-Thinking Education in Hong Kong," *Outpost*, May 1968, 12-13.

[97] Fung Yee Wang & Chan-Yeung Mo Wah Moira, *To Serve and To Lead: A History of the Diocesan Boys' School Hong Kong* (Hong Kong: Hong Kong University Press, 2009), 105.

人、富裕者尊重貧窮人，使前者的施予不會損害後者的尊嚴。「擁有的人」必須學習放下慣性犧牲的心態，而是明白每一個人生而為人的權利、尊嚴與自尊這事實。」他為到拔萃男校渡過危機與失望而自豪，但更重要的，是能否在將來學習到上述的功課，讓下一代參與建立一個具歸屬感及實現自尊的社會。[98]

### （2）教育與公民意識

拔萃女書院同樣受暴動後學生因移民流失的困擾。[99] 校長西門士（Joyce Symons）指出，未來的挑戰涉及學校的定位，她不認同學校教育是為了幫助學校到海外留學，並且不再回到香港。這是「香港的損失」。她期望教育的內容不僅是學術科目，更要整合至本地公民生活（local civic life）及傳遞人生的目標與價值。「如果我們要在香港建設新耶路撒冷，我們的教育模式必須提供參與意識（sense of involvement）」。青年學生願意本著良好的傳統，以及持平開放的思維來服事本地其他華人。香港的未來端在於今天的青年人。[100]

聖士提反女子中學也面對暴動後部分學生舉家移民的震盪。[101] 校長白居雅（Kathleen E. Barker）回應白約翰會督在教區議會關於何謂基督教教育的問題，她指教育的本質就是「反對洗腦」，同時啟發學生個人的潛能，使之在社會過完全負責任的生活。在自由社會的教育，就是拒絕向學生灌輸任何信念，不管是佛教或基督教，資本主義或社會主義、共產主義。真正的教育是給予學生自我判斷的能力，去回應急速改變的世界。教會學校在香港應該貫徹上述「真教育」的理念，並且讓學生追求真理。[102]

教育也是聖公會《五年計畫》的重點。計畫書提出，在 1969 年內

---

[98] "Mr. S. J. Lowcock, Headmaster of the Diocesan Boys' School," *Outpost*, May 1968, 13-14.

[99] Catherine J. Symons, *Looking at the Stars: Memoirs of Catherine Joyce Symons* (Hong Kong, Pegasus Books, 1996), 62.

[100] "Mrs. Joyce Symons, Headmistress of Diocesan Girls' School," *Outpost*, May 1968, 14-15.

[101] Kathleen E. Barker, *Change and Continuity: A History of St. Stephen's Girls' College, Hong Kong, 1906-1996* (Hong Kong: St. Stephen's Girls' College, 1996), 213.

[102] "Miss Kay Barker, Headmistress of St. Stephen's Girls' College," *Outpost*, May 1968, 15-16.

只有三分之一的小學畢業生可以升上中學。因此，教區除了繼續主辦文法中學外，也應設立以技術訓練為中心的工業學校。同時，教區學校要加強聖經科的教導，教會應在「學校靈性生活」方面，作更大的貢獻。[103]

## 香港前途與青年人的身分

### （1）青年人有前途嗎？

與教育息息相關的，是香港社會的青年問題。《公教報》的「評論」早於暴動初期便直接指出：「暴動中，青年小夥子最惹人眼目，那麼，我們便得問一下，我們對青年問題，有無加以適當的注意？」[104]

世界信義宗社會服務處（Lutheran World Federation, Depart-ment of World Services）的主任施同福（L. Stumpf）及副主任尼璐生（Carl Nielsen）指出，香港青年問題的關鍵，在於委身於積極的公民身分（commitment to active citizenship）。同時，兩次暴動的發生，正充分暴露了青年人的不滿。社會有沒有回應青年人的願景與期望？如果社會沒有在教育、就業及休閒方面為青年人預備更多，光說「未來屬於青年人」只不過是一種陳腔濫調。他倆進一步呼籲：

> **我們為到香港的現實主義，增長的出口與旅遊業等等而自豪，但我們卻無法實踐現實的人道主義（realistic humanitarianism），即有效地改善香港人道條件這強烈的訴求。我們需要批判地檢視香港青年在這方面業已實現的。這需要更多的思考、更多的工作，並調校如何善用資源的態度。如果真的能做到，那才不用為香港的前途擔心。**[105]

---

[103] 龐德明著，廖翼顯譯：〈港澳教區發展委員會五年計畫書（一九七〇－一九七五）（續）〉，《港澳教聲》，期 204（1970 年 5 月 30 日）。

[104]〈社論：香港市民的取捨〉，《公教報》，1967 年 5 月 19 日。

[105] L. Stumpf & Carl F. Nielsen, "Confidence and Commitment," *LWF Hong Kong Quarterly Report*, 1967: IV, 1-2.

中華基督教會香港區會總幹事汪彼得，特別指出要關心社會上「被遺棄」的青年。他們是「因學校嚴格執行金字塔式升班制而被排擠出來的」。教會應多關心這群青年的前途及苦悶。這涉及社會福利及教育制度的問題，也是教會面對的嚴重挑戰。[106] 對此，香港區會於 1968 年舉行諮詢會議，商討關於「推行青年事工四年計畫」。[107] 青年事工的目標，是「希望能站在社會的前頭起領導作用」，而不是「因時下傾向而跟隨社會路線，或因礙懼於青年勢力而施行一些息事寧人的活動」。他特別強調，教會對下一代青年的「真正的關懷與愛護」，並不是「企圖保留教會青年不『外流』，或爭取更多的青年加入教會作教友」。[108]

《報告書》分析了香港青年人面對的「四大人生問題」，即「自己」、「與神關係」、「與人關係」及「前途」。其中值得留意的是第四點——「香港青年的前途」。報告不諱言香港的特殊政治地位，特別是新界的租約將於 1997 年屆滿的問題。不少人認為，香港只是個殖民地，「對外沒有國家的地位，對內沒有共同歸屬的情操」，青年人更感到這「不是他們所應久留之地」。但是，青年人與上一代不同，他們在香港成長，不像上一次般抱著「暫住」的心態。因此，他們會對現況不滿，認為政府的政策只是有利於「少數人的利益而不是為大眾」。加上面對「畸形的教育制度和毫無安全感的就業機會」，青年人充滿不滿，千方百計想離開香港。那麼，教會對青年人的未來，「能作甚麼有效的行動，使客觀的政治形勢改進」？《報告書》強調，能離開的只是少數，對於大部分青年，「我們沒法都使他們到外國去，當然不能讓他們留在香港自生自滅」。那麼，教會的立場是甚麼？

**我們認為教會應幫助青年們建立一種高尚的遠象，同時香港青年應**

---

[106]〈在急激轉變世代中教會的貢獻——汪總幹事講於信義神學院暨協同神學院週年聯合退修會〉，《中華基督教會香港區會會訊月刊》，期 140（1969 年 1 月），頁 6。

[107]〈本會舉行諮詢會議，逐步推行青年事工〉，《中華基督教會香港區會會訊月刊》，期 134（1968 年 7 月），頁 4。

[108]〈「推行青年事工四年計劃」報告書〉，《中華基督教會香港區會會訊月刊》，期 139（1968 年 12 月），頁 5。

**該由自己決定其前途，而不應讓別人去決定前途。教會應該在這方面表現出影響力、呼聲、還要有社會行動，使天國不但藉個人的悔改接納而得到擴展、而且藉著社會的改革，使真理之光照耀出來。**[109]

## （2）香港青年要走的路

除了中華基督教會外，聖公會也在六七暴動後，加強青年事工。白約翰會督在 1967 年 11 月出席聖馬可中學的活動時致辭，指出當前青少年受到政治的利用，需要勇氣作出辨別。白鼓勵同學以「幫助」取代「傷害」，同時要區別真理與錯謬，善與惡。[110] 聖馬可中學在 7 月時已有署名「星火戰鬥兵團」在《大公報》刊文，批判學校為「奴才訓練所」。[111] 可見，白會督所言，是具有一定針對性的。另一所聖公會受暴動影響最深的學校——聖保羅男校，署理校長韋爾思（R. G. Wells）也指要防範學生受共產主義的影響，並積極地避免日後再發生類似的事故。[112]

1968 年 5 月號的 *Outpost*，白約翰形容暴動後的香港「表面上是平靜的」。但眾人均意識到，不應再浪費時間。整個社會需要為青年人及青年工人多作一些事。接著他分享了聖公會針對社會問題所作的最新發展後，他再問：「但我們所宣告的這些，是否真的能以基督的名回答人們深層的焦慮？面對香港前途，甚麼是我們對這一代或下一代人的真正盼望與恐懼可以提供的答案？」他認為，這涉及對教會所服事的這個城市中公民身分（citizenship）的意義，及其與上帝國度、對基督的忠誠的關係。教會需要在既有傳統中思考教會的界限（Church boundaries），也要作更多跨越傳統的思考。他期望可以與不同傳統的基督徒就此議題作更多對話。白會督重申，這並沒有現成的答案或是較多人認同的方案。但教會將繼續在教區內堅守信念，按上主完全自我捨棄的精神，在

[109]〈「推行青年事工四年計劃」報告書〉，頁 7。

[110] "Bishop Urges Pupils to Search for Truth," *SCMP*, 11 Nov. 1967.

[111] 聖馬可中學星火戰鬥兵團：〈奴才訓練所——聖馬可中學〉，《大公報》，1967 年 7 月 31 日。

[112] "Action Wanted on Youth Problems," *SCMP*, 26 Jan. 1968.

教會及學校中高舉十架，向世界展現希望。[113]

有形容暴動後的香港，正開展一場「靈魂的尋索」歷程，不同的建議旨在根治社會的不滿，避免動亂的再現。其中最重要的，是如何在這殖民地內植入更多的公民身分意識。教會業已曉得「人活著不是單靠食物」的教導，但卻需要在經驗、思維及靈性上的改進。「一如早於這個動盪的夏天，已經開始那微小卻重要的工作，正如燃點前路的一點燭光」。[114]

1968 年 1 月，聖公會的陳佐才牧師在《港澳教聲》撰文，剖析暴動後香港青年人面對的問題。他首先指出，戰後香港人的心態開始調整，香港從「暫居之所」變成「第二故鄉」，香港人不再是「寄居」者，而成為「落籍」的人。這種歸屬感導致香港人期望改進及建設這地方。然而，有兩個因素卻「常常作梗」：其一是國家觀念。香港人是「中國人」，卻活在香港這「英國殖民地」。受到民族主義思想影響，在參與建設香港時，便會問：「我們發展了香港，豈不即是替英國人做了好事，那不是出賣了自己的祖國？」其二是「沒有參加香港政務的權力」。陳明確指出，香港人並沒有改進香港的權力。特別是青年人對社會的關心得不到回應，他以 1966 年天星小輪加價為例，形容事件「刺傷了無數熱愛社會青年的心」。換言之，香港是「虛有其表的家鄉」，「再也不能提起青年效忠的熱誠」。他總結香港青年人的悲哀：「他既不能屬於中國，也不能屬於香港。他的心無處安放，有志而又有機會的當然溜之了了，沒有機會的，大部分只好混混生活……」[115]

關於第一個問題，相信陳所針對的是香港存在的「左派」勢力，特別在六七暴動後，為何要為英國殖民地服務？他特別提及「民族主義的澎湃聲音」及「排外思想」，[116] 正是六七暴動期間的真實寫照嗎？但他又指，香港青年並未有受其「掩蓋」，因為在香港這「自由」的土地上，「青年能旁觀者清地看到民族主義的優劣，認識到國家並不等於元首，

---

[113] "The Bishop's Letter," *Outpost*, May 1968, 5.

[114] "Workers' Tours," *Outpost*, May 1968, 17.

[115] 陳佐才：〈基督教信息與香港的青年〉，《港澳教聲》，期 172（1968 年 1 月 25 日）。

[116] 陳佐才：〈基督教信息與香港的青年〉。

而國家也不等於絕對的真理。」[117] 陳氏似乎要說的是，六七暴動更讓香港人認識到極端民族主義的問題。那麼，香港青年人面對的第一個悲哀其實是，香港青年人應如何建立自己的「國家觀念」？

他認為當前香港最重要的事，是「要它變成香港人真真正正的家，不再是酒店」。香港青年人既不能認同共產中國，又因著殖民地的關係沒有參與建設香港的權力，對於深深認同香港是自己的土地，具有歸屬感的香港青年人而言，這確是困局。他嘗試從耶穌的生平作回應。耶穌是「真正的猶太人，可是祂的言行，卻不肯和部分思想狹隘的猶太人一樣，以為只有本國本族的人才是好人。」耶穌清楚知道，「真理與善行不單在某一個民族裡，可是祂自己的一生卻沒有因此而背棄猶太民族」。「祂忠於自己的同胞，而同時又明白真理比一族同胞更重要」。陳氏指出，這正是「香港青年所需要走的路」。陳期望，社會及教會必須給予青年人「服務的機會」，讓他們懷著使命感參與建設香港社會。上帝「在人類的苦難中向有志者呼召」，「今日祂也在香港的問題上，向青年人呼召」。教會的責任，就是「要介紹這位超世而不離世的上帝給青年人，作他們人生的領導，我們不是硬生生的把一套有關上帝的理論給他們，而是在他們應上帝的呼召裡，通過服務人群的機會，自己去體會出只有祂才是宇宙的主宰，世界的真光」。[118] 陳牧師是教區青年事業委員會主席，自 1968 年 5 月起，《港澳教聲》新增「教區青年版」，每三個月出版一次。陳形容此乃「創舉」。[119]

基督教協進會在 1968 至 1969 年《年報》中嘗總結：「自動亂後，本港眾教會似已更關懷社區的動態」。其中，各教會及團體對「日本港青年問題的挑戰所作的積極反應」，正是教會注重其社會責任的表現。[120]

---

[117] 陳佐才：〈基督教信息與香港的青年（續完）〉，《港澳教聲》，期 173（1968 年 2 月 25 日）。
[118] 陳佐才：〈基督教信息與香港的青年（續完）〉。
[119] 陳佐才：〈創版詞〉，《港澳教聲》，期 176（1968 年 5 月）。
[120]〈一九六八－一九六九年香港基督教協進會年報〉，《基督教週報》，期 252（1969 年 6 月 22 日）。

### （3）對少年犯的關注

六七暴動期間，殖民地政府採取寧枉毋縱的檢控手法，企圖以從嚴治罪的方法來震懾搞事分子。[121] 結果，為數約 300 名青少年（學生或工人）因參與其中而接受審訊並判刑，他們被稱為「少年犯」（Young prisoner, YP）。[122] 社會上，普遍將這群捲入暴動的青少年人稱為「左仔」。毋庸置疑，不論是出於甚麼原因而參與六七暴動，這些「愛國青少年」因入獄及伴隨一生的「刑事案底」而付上極大的代價。

正如上文指出，暴動令香港教會在教育及青年事工上作出反思。不過，對於這群「少年犯」，教會似乎並未有表達關注。唯一一處論及有關題者，是刊於 1968 年 1 月 5 日《公教報》的一篇文章。作者尹雅白表達對「學生入獄問題」的關注，文章的重點，雖然是展望未來如何使青少年不致受到「左派惡毒仇恨及種族歧視等毒素侵害」，但也提出應否寬容處理少年犯的問題。尹氏指出：「罪情不重的青少年是否應該被判入獄，是否有一種較見效而人道的方法可行呢？」作者形容，青少年是「富有正義感與同情心」，「他們不怕犧牲、不怕威脅，他們是需要有正確的教育去引導他們走向人生的道路，去認識社會及對社會國家應有的責任。」由於種種原因，青少年學生「對於一種行為，還沒有負起整個責任的能力，尤其是在某種慫恿之下所作的犯罪行成，一方面出於被迫，另一方面是因為受到錯誤思想的中毒，不認識事件的嚴重性，他們這種被強烈宣傳手法所麻醉了的激動行為，無論如何，還有被原諒的餘地。」文章強調，學生被判入獄對其心理及前途的後果是極其嚴重的，因此，希望能「多方予以寬容」，「有機會抱救他們使他們自覺自新」。[123]

---

[121] 葉健民：〈「六七暴動」的罪與罰：緊急法令與國家暴力〉，趙永佳、呂大樂、容世誠編：《胸懷祖國：香港「愛國左派」運動》（香港：牛津大學出版社，2014），頁 17 至 21。

[122] 屈穎妍編：《火樹飛花：六七那些人》（香港：火石文化，2012）。少年犯的人數，參六七動力研究社，見〈過百老左派到墳場公祭「當年死者被囚者是英雄」〉，《蘋果日報》，2017 年 5 月 7 日。

[123] 尹雅白：〈從學生入獄問題談起：香港教育的新展望〉，《公教報》，1968 年 1 月 5 日。

# 代結語：五十年後的反思

## 五十年後

六七暴動距今剛好五十年。當年本地左派想推翻的殖民地政權，最終亦於 1997 年完成管治。中英雙方經過談判後，完成主權移交；香港由英國的殖民地，變身為中華人民共和國的特別行政區。曾代表中方參與香港前途談判的國務院辦公室前任副主任李後，在 1997 年時曾將六七評價為受「錯誤」的鬥爭和路線指導的鬥爭，是對中央對香港的正確方針和政策，「最嚴重的一次衝擊和干擾」，導致愛國力量受到「很大的削弱」。[124] 不過，自從主權移交以降，特區政府雖然仍然對「六七」作「冷處理」，但在暴動中扮演重要角色的鬥委會主任楊光，卻在 2001 年在一片爭議聲中，獲特區政府頒授最高榮譽的「大紫荊勳章」。近年社會上開始出現不少聲音，要求重新評價「六七」，認為事件的本質乃勞資糾紛及社會內部矛盾導致，參與者不是「暴徒」而是「愛國者」，並主張以「六七事件」、「六七群眾運動」或「六七風暴」來取代「暴動」。[125]

有關重新評價六七的聲音，反映主權回歸二十年來，香港社會悄悄發生的變化。特別是本地左派在政治及社會層面扮演愈益重要的角色。有關變化並非孤立的，而是反映出香港面對著更全面及深層的政治及社會矛盾。

按中英「聯合聲明」，香港會按「一國兩治・港人治港・高度自治」原則「回歸」中國。不過，1997 年香港告別殖民地統治，卻並未有如期實現「民主回歸」，相反，卻開始了在中華新帝國下的「再殖民」歷史。香港人多年來爭取民主與的訴求，終於被全國人大常委會在 2014 年 8 月 31 日的「先篩選，後普選」的決議否決。爭取民主的訴求，最終在 9 月 28 日警方的催淚彈下，激發香港史上最大規模的公民抗命運

[124] 李後：《回歸的歷程》（香港：三聯，1997），頁 59、61。

[125] 編者：〈六七事件五十年透視〉，《明報月刊》2017 年 5 月號，頁 40；西門丁：〈「六七風暴」的前因後果〉，《明報月刊》，2017 年 5 月號，頁 41。

動（雨傘運動）。

主權移交二十年來，北京政府愈益強化對香港的管控，在「中國因素」的主導下，近年更出現「兩制一國化」、「意識形態大陸化」、「西環治港常態化」、「治港班子左派化」的現象，[126] 香港原有的核心價值受到嚴重衝擊，特區政府面對前所未有的合法性危機。香港社會不論在政治、社會、經濟、民生方面，均面對嚴峻的挑戰，不少市民（特別是青年世代），對前景感到困惑與無奈。面對如此情況，香港教會又如何應對？

### 回到「後六七」的反思

關於香港教會在時代中的角色，誠然是獨立探討的題目。在此，筆者嘗試將之置於「後六七」反思的脈絡之中，特別是政教關係。

美國衛理公會俄亥俄州會督弗朗西斯・卡恩斯（Francis Keaens）在1967 年 10 月訪問香港，期間與本地循道及衛理公會的傳教士及華人牧者分享時，指出教會需要更多關心社會上人們的需要與掙扎。誠然，社會上也許只有少數人關注這些問題，因此，問題是如何令整個社會重視政治、經濟及社會的議題。「教會傾向自己被戰爭包圍的感覺。我們離開世界進入教會，變得更虔誠，並將基督徒與基督教信仰保存在教會內。今天，年青的牧者表達出極強的訴求，就是讓教會進入世界之中。」

## 擁抱繁榮安定

在六七暴動中，香港殖民地政府與左派勢力處於對立之中。對此，香港教會一開始，已表達了支持政府，反對任何破壞社會秩序的騷亂。

早於 1967 年 5 月 16 日，香港殖民地政府成立了宣傳委員會（Publicity Committee）以應付左派的文宣活動。6 月 14 日，為強化對抗左派的文宣，又再成立一個未有對外公佈的特別宣傳小組（Special Publicity Unit）。可見，六七暴動中，文宣也是重要的戰場，目的在爭

---

[126] 程翔：〈梁振英與香港的「四化」危機〉，《信報》，2012 年 4 月 19 日。

取民心的支持。其中，政府特別在非左派的中文報章上刊登支持政府維持法治的聲明，藉此營造主流意見，達到從眾效應。[127] 例如在，5 月 20 日《華僑日報》，便有百多個民間團體聯署題為〈支持政府，維持和平〉的廣告。在宗教團體上，便見到有香港佛教聯會及香港基督教協進會。[128] 5 月 25 日，香港道教聯會也發表聲明支持政府。[129] 5 月 26 日，政府公布共有 264 個民間團體公開支持政府，在基督教方面，新增了基督教浸信會聯會、基督教路德會。及至 6 月 1 日，有關團體更增至 509 個。其中新增的基督宗教團體有：香港天主教大專聯會、基督教真理團契、香港基督教青年協會、香港基督教青年會等。[130] 相信尚有更多曾公開支持政府的教會組織，有待發掘。

正如前文指出，基督教的主要領袖，如聖公會的白約翰會督及天主教的白英奇主教，均公開支持政府。白會督說：「在人所組成的社會中，安寧與秩序必需維持，執法者應同時服事上帝與人群。在此次事件中，負有維持治安職責有關人士之表現最大之勇氣及容忍，吾人應予感謝。為維持社會秩序與安寧，法律必須為人所遵守，正義必須伸張。」[131] 白主教對於秩序及守法，也予以重視：「我們勸勉本港天主教民以及一切真正關心香港勞工利益的人士，不可牽入非法行動之中，而應盡一切可能促進和平秩序。」[132]

香港的繁榮與安定，端在於市民團結一致，支持政府。周永新指出，六七暴動「無形中加強了香港人的團結精神」。[133]《公教報》的「評論」形容，「市民和政府彼此如何相依為命」，因為「我們仰賴政府保護我們的生活方式，政府則需要市民忠實履行本身的義務。沒有政府，

---

[127] 許崇德：〈攻心為上：香港政府應對「六七暴動」的文宣策略〉，《二十一世紀》，2015 年 2 月，頁 64 至 81。

[128]〈支持政府，維持和平〉，《華僑日報》，1967 年 5 月 20 日。

[129]〈道教聯會聲明，支持政府措施〉，《華僑日報》，1967 年 5 月 25 日。

[130]〈維護法紀秩序，支持政府社團障容日益強盛〉，《華僑日報》，1967 年 5 月 26 日；〈五百零九個社團，堅持支持政府〉，《華僑日報》，1967 年 6 月 1 日。

[131]〈會督致教友公函〉。

[132]〈對九龍騷動事件，白主教發出呼籲〉。

[133] 周永生：《目睹香港四十年》（香港：明報出版社，1990），頁 30。

我們不能前程盡毀；沒有我們的支持，政府必定無能為力。」[134] 另一篇「評論」又指：暴動讓更多「隱伏」的社會問題呈現出來，「香港社會需要改善之處良多」。因此，作者呼籲「在暴動中能夠同心支持政府維持秩序的市民，在昇平時期中亦能夠支持政府推行改革。雖然市民並不要求改革政制。」[135] 中華基督教會香港區會明確支持警察制止騷動，並擁護政府維持秩序的措施。[136] 在其英文通訊《香港通訊》（*Hong Kong Report*）中，指香港市民卻能團結一致面對動亂。[137] 基督教協進會在 1967 至 1968 年《年報》中指出：六七暴動的平定，反映出「大部分的居民都能以堅忍的心去盡他們的責任」，基督徒也與大多市民一起，「對政府平亂政策的擁護和支持」，「有助於維持法律及社會秩序」。[138]

暴動後，香港政府在 1967 年《香港年報》中，總結事件時指出，暴動並未獲得市民的支持。絕大多數的市民明確支持政府維持治安與秩序的措施，其中也包括了宗教團體。《年報》更展望未來，深信政府與市民間的努力，一定會將香港引領到「繁榮與進步的新高鋒」（new peaks of prosperity and progress）。[139]

香港社會「回復安定，經濟再趨繁榮」，無疑是值得向上帝感恩的事。[140]

香港教會對繁榮安定意識的擁抱，很大程度上，正是受到暴動中的「恐共」情緒所刺激。施易安（Ian Scott）指出，左派策動暴動的目的是企圖推翻殖民地政權，但結果卻是強化了市民對現存制度的合法性。[141]

誠如陳韜文指出，六七暴動加強了香港市民原有的「反共意識」，並催生了「一切以『繁榮安定』為大前提的信念，成為香港長期的普世

---

[134]〈社論：基督徒與公民〉，《公教報》，1967 年 7 月 7 日。

[135]〈社論：港人的齊心表現〉，《公教報》，1967 年 6 月 2 日。

[136]〈對最近騷動事件，中華基督教會區會全體牧師發表聲明〉。

[137] "Things are Quite Today," *Hong Kong Newsletter*, 42 (July 1967): 1.

[138]〈香港基督教協進會年報導言〉，《基督教週報》，期 200（1968 年 6 月 23 日）。

[139] *Hong Kong: Report for the Year 1967* (Hong Kong: Government Printer, 1968), 1, 7, 20.

[140] 楊濬哲：〈序〉，《培靈講道：一九六八年》，第 20 集（香港：港九培靈研經會，1970）。

[141] Ian Scott, *Political Change and the Crisis of Legitimacy in Hong Kong*, 104.

價值，進入了香港人的深層意識」。[142]

六七暴動雖然受文革極左思潮影響，但也暴露了原有的社會問題矛盾。[143]

有學者形容，此確反映出「根深蒂固的社會不安的徵兆」。[144]「後暴動」時期，殖民地政府積極回應社會矛盾，藉此重建政府與社會的關係。[145]

此舉令早於暴動前已在醞釀的社會改革，在六七後得以加快推行。[146] 其中最重要的發展，就是政府肯定志願機構扮演的角色，並提出建立「夥伴」（partnership）關係。所謂「夥伴」，不僅泛指一般的合作，及由政府提供經濟補助，而是容許志願機構「有深度參與的協力關係」，使之對政府政策的制訂，有更多的發言機會和影響力。[147]

六七暴動後，香港教會也積極地就勞工、教育及青年問題作出反思，期望促成公平社會的實現。此舉正好與殖民地政府在 60 年代後至 70 年代的改革方向配合，香港教會得以在教育及社會福利服務方面，成為政府的合作「夥伴」。[148]

這種參與，既反映出香港教會對自身社會責任與使命的尋索，但同時，也讓教會藉著參與辦學與社會福利服務，實踐社會責任。兩者之

---

[142] 陳韜文：〈六七騷亂暴動對香港政治傳播的影響〉，沈旭輝編：《1967：國際視野的反思》（香港：天地圖書，2015），頁 153 至 154。

[143] 香港政府早於針對 1966 年暴動的調查報告中承認：「假如本港社會不隱藏著對社會和經濟情況不滿的心理對誘發暴動所起的作用，則示威可能不會得到民眾這麼大的支持。潛在的實在的造成不滿情緒的原因，可能再在將來促成騷動。」《一九六六年九龍騷動調查委員會報告書》（香港：政府印務局，1966），頁 80。

[144] Keith Hopkins, "Preface," *Hong Kong: The Industrial Colony*, ed. by Keith Hopkins (Hong Kong: Oxford University Press, 1971), xiv.

[145] Ian Scott, *Political Change and the Crisis of Legitimacy in Hong Kong*, 106-126. 呂大樂：《那似曾相識的七十年代》（香港：中華書局，2012），頁 21。

[146] Alan Smart and Tai-lok Lui, "Learning from Civil Unrest: State/Society Relations in Hong Kong Before and After the 1967 Disturbances," in *May Days in Hong Kong: Riot and Emergency in 1967*, ed. by Robert A. Bickers and Ray Yep (Hong Kong: Hong Kong University Press, 2009), 145-159. 葉健民：〈「六七暴動」的罪與罰：緊急法令與國家暴力〉，頁 13。

[147] 呂大樂：《凝聚力量——香港非政府機構發展軌跡》（香港：三聯，2010），頁 95。

[148] 邢福增：〈香港基督教的政治及社會角色：歷史的回顧〉，趙崇明編：《當教會遇上政治：政治實踐的神學反思》（香港：基道出版社，2005），頁 41 至 48。

間，存在著一種微妙的張力與協力關係，前者突顯了教會對社會問題的批判與變革訴求，後者則使教會藉著參與殖民地政府的改革，而為「繁榮安定」意識的一部分。正是這種混雜性，形塑了 70 年代的香港社會與教會。

**邢福增**香港中文大學崇基學院神學院院長、教授，基督教中國宗教文化研究社社長、中國基督教史學會會長（2012-13、2016-17）。研究興趣為當代中國基督教、中國政教關係、中國及香港基督教史。近著包括：《中國乎？本土兮！身分認同的十字架》、《王明道的最後自白》、《基督教在中國的失敗？中西共產運動與基督教史論》，主編《吳耀宗全集》（全四卷七冊）。

# 時代與信仰脈絡中的台灣校園團契

郭明璋

台灣校園的學生事工在亞洲各國中是發展得最傑出其中之一，無論是在學校福音工作本身、文字出版、宣道事工，都是走在前頭，正如一位資深的校園同工在校園四十周年時回顧宣教士對校園的貢獻時這樣說：放眼東亞區各地學生工作，台灣校園團契是同工最多，尤其資深同工最多的團體，在制度、人力、財力上都居翹楚。[1] 也因為台灣校園的各項資源比較豐富，他們在國際學生福音事工上常被期待可以扮演更積極的角色。[2]

---

[1] 彭懷冰：〈宣教士在校園〉，《校園簡訊》1997 年 5 月第 226 期，頁 9。

[2] 國際學生福音團契東亞區主任偉業就曾建議：台灣校園團契資源如此豐富，應該要支援其他較弱小地區的學生工作，如柬埔寨、蒙古等；以及放眼全球。參編輯室：〈宣教的台灣〉，《校園簡訊》2001 年 8 月第 268 期。

## 歷史與信仰的淵源

這是因為校園擁有獨特的信仰與歷史傳承，他們至少承襲了四大傳統：英國大學校際團契的正統福音派神學路線、內地會在中國宣教的精神、資源和支持、抗戰末期的中國各大學基督徒學生聯合會（以下簡稱學聯會）學生工作的延續與傳承、中國獨立教會復興運動之重視靈命更新與信仰實踐。其中居關鍵樞紐的是內地會，另三項因素都與其密切相關。[3]

1920 年代反帝國主義與反基督教運動，促使中國教會本色化運動的興起，內地會是西方教會在中國的最大差會，很自然也必須面對這個充滿民族主義情緒的課題，尤其外國差會與本地教會中間的關係釐清。內地會總會在 1928 年重申了建立中國本地教會的政策，總主任何斯德（D.E. Hoste）強調以建立自治、自養、自傳的教會為目標，要將教會的監督權由宣教士完全轉移至中國領袖的手上。[4] 1930 及 1940 年代就是內地會落實這個政策的時期。

1943 年 10 月 18-30 日內地會在重慶召開會議，主要探討差會與中國教會合作與中國福音化的關係，訂出了抗戰勝利後他們在中國發展事工的原則與方向。這次會議的決定是內地會宣教政策的重大轉變的關鍵，內地會宣教士轉變成為教會的助手、輔助者，往後的宣教，不走設立教會與教堂的路線，而採行與當地教會或機構配搭、成全他們。他們與台灣教會或校園團契的配搭都是秉持這個原則，這也是校園團契能在創立之後，很快的走上本色化的一個重要因素。加上因緣際會的時代因素：例如內地會與英國大學校際團契的密切關係、內地會因最早在大後方宣教擁有其他差會或教會缺乏的教會資源，使得內地會本來以內地、本土、中下階層為主體的福音事工，一躍成為中國大學福音事工的最重要推手，直接間接帶動了學聯會在 1940 年代復興事工。

---

[3] 有關校園的信仰和歷史傳承，詳參郭明璋：《耕耘青春：校園團契五十年來的歷史軌跡》（台北：校園書房出版社，2007），頁 22-69。

[4] D. E. Hoste, "A Re-Statement of Policy," China's Millions, Jan., 1929, pp.3-4.

## 開拓期

台灣校園的成立與抗戰時期學聯會的興起有異曲同工之妙：先有 1920-1930 年代教會的復興，然後延續了學聯會學生工作的復興；在台灣先有 1950 年代國語教會的復興，然後延續了校園學生工作的復興，兩者同為保守派的復興。抗戰時代沿海各城市大學與基督教大學以及大批學生、青年往大後方遷徙，造成學生工作的勃興；而政府來台後普設大學、不少國立大學與教會大學也在台復校，也使大學生人數大增，造成學生工作發展的契機；學聯會的興起，宣教士扮演了重要的角色，同樣校園的興起，宣教士更是功不可沒；學聯會的興起多少與當時的美援和中美關係良好有關，校園的興起也是在美援與中美關係良好的時期。

台灣國語教會 1950 年代的復興，基本上也是 1930 年代中國本色化的獨立教會和基要派復興的延續，在短短十年中（1950-1960），國語教會得到了近十萬的信徒，建立了近千間的教會，這其中自然也有不少大學生因而歸主。然而學生福音工作興起的最重要、最直接因素就是宣教士的投入，內地會在中國有成功的學生工作經驗，這經驗自然也帶到了台灣，全省各地的學生工作幾乎都有內地會宣教士的參與。[5] 幾乎在 1960 年代至 1970 年代初期，加入校園全職的同工都深受這些宣教士的人格與神僕人風範的影響，他們服事的榜樣藉著許多老同工傳承下來，成為校園的精神傳統——生命影響生命。[6] 他們延續 1940 年代以後的

---

[5] 全省各地的學生工作幾乎都有內地會的參與，姚如雲牧師及姚李玉珍師母都先後參與台北、台南和高雄的學生工作的開創；台中有在大陸時期做過學生工作的韓寶璉－韓婆婆（Pauline Hamilton），她與杭陳越梅女士開始農學院團契（今天的台中中興大學團契）；鄧師母（Mrs. Gordon Dunn，譯成郭道明師母）1952 年在台南工學院教英文為學生開英文查經班，協同會魏德凱（Rev. Richard Webster，原海外基督使團宣教士），1953 年底台南接續鄧師母工作，接續其查經班，參加學生 95% 為非基督徒，年底另為高中生設立聚會，1954 年借關子嶺長老會為學生辦小型夏令會，1955 年學生中心建成之後，就稱學友團契；1954 年內地會之宣教士繆學理（Mr. Wesley Milne）、魏世德（Rev. Frank West）展開高雄學生工作，繆牧師組成的團契也稱為學友團契；1958 年內地會施福樂小姐來到屏東潮州開始潮州中學工作，協同會唐悅德在屏東成立學友之家；嘉義的學生工作是由內地會宣教士徐達、包教士、赫教士、吉牧師所開始。各地區宣教士，參陳鐳：〈校園福音工作與教會增長〉（中華福音神學院道學碩士論文，1973），頁 9-12。

[6] 饒孝楫口述，饒周芬芬執筆：〈我對內地會宣教士的回憶〉，校園 50 編輯小組：《這些人，那些故事》（台北：校園書房出版社），頁 35-37。

策略，不設立教會與教堂，而與當地教會或機構配搭、成全他們，而這時內地會的福音策略也更加靈活。[7]

當內地會在 1950 年代初期將其宣教工場從中國轉到東南亞地區的時候，與內地會關係密切的國際學生福音團契在亞洲區的工作也從中國轉移到東南亞各國。1956 年艾得理擔任第一屆國際學生福音團契遠東區總幹事，艾得理整合了英國學聯會、美國校園團契、中國學聯會、內地會等的宣教資源於一身，再加上他個人的人格特質，先知的眼光，成就了其他宣教士無法做成的事，他可以被稱為「福音派學生福音運動之父」。[8] 他的新任務就是在遠東這十幾個國家設立學生福音團契，[9] 在艾得理的帶領下，國際學生福音團契與各國校園團契的關係，至少都維持兩個重要原則：本地同工主導與學生自主承擔使命，這是國際學生福音團契也是台、港學生工作的特色。艾得理就是台灣校園團契的催生者，他首先鼓勵了查大衛於 1957 年 10 月獻身成為校園的第一位全職同工，這是校園的創始。其次，他整合了南北幾個獨立的學生工作系統，於 1963 年 10 月決議合成一個系統，促成全省學生工作聯合為今天之校園福音團契，在行政上成為同一個體系。

艾得理另一個重要的貢獻在於：他當年做了一件很具關鍵意義的決定，就是把國語禮拜堂學生工作領袖張明哲邀請投入校園，擔任校園的執行委員會主席，因著艾氏的洞見，將這兩股青年學生事工結合在一起。國語禮拜堂強大的資源、支援與人脈網絡是校園能順利成長的主因之一。而國語禮拜堂的兩條兼容並蓄的思想與路線也同時帶進校園（一

---

[7] 五〇年代初，內地會將新總部設在新加坡，並將工作伸展至日本、台灣、香港、菲律賓、泰國、馬來西亞、新加坡和印尼，稍後及於越南、寮國、柬埔寨和韓國。因著中國工場的關閉，以及東南亞地區對「中國」的敏感，內地會遂改稱為「海外基督使團」（Overseas Missionary Fellowship）。海外基督使團的異象是「在每個群體中建立教會，藉此向萬民傳揚福音」。其傳教策略包括了兩個層面，一是他們認識到在亞洲各大城市中剛開始萌芽的發展各項福音工作的重要，因為在這些城市集中了公僕、學生及工人等；同時傳教士也尋找那些在東亞地區的隱閉部落，要將福音傳給他們。差會的工作也包括出版、神學教育、醫療服務、難民工作及社區發展計劃等。

[8] 艾得理的生平與事工，詳參安達姬（Carolyn Aemitage）著，黃從真譯：《艾得理傳：全力以赴的一生》（台北：校園書房出版社，1994）。

[9] 中國學聯會的創立人趙君影在離開大陸後也曾擔任國際學生福音團契遠東區幹事，但未能為台灣學生工作開拓出格局，後來到北美從事留學生事工。

是獨立教會敬虔的信仰；二是注重理性思辨與社會見證），[10] 我們發現 1990 年以前國語禮拜堂與校園的發展有許多雷同之處。張明哲同時是國語禮拜堂與校園學生青年事工的建造者，張明哲多年獻身在國語禮拜堂學生工作培養許多人才，無論在教牧界與平信徒領袖，他都擁有眾多的子弟兵。張明哲的委身代表了國語禮拜堂地方教會已形成氣候的青年學生事工與校園團契的整合，為校園團契帶進了強有力的教會認同與支持，也帶來了豐富的屬靈資源與人才，同時也將國語禮拜堂具有包容力的兩條屬靈路線帶進校園團契。這一點是港台學生工作幾乎同時開始，但往後發展卻不一樣的關鍵，因為校園背後有一個強大的教會系統的認同與支持，而這個教會系統在 1980 年代靈恩運動興起之前，他們可以說是台灣國語教會的主流，即使之後也還是台灣教會的主導力量之一。

因著張明哲與國語禮拜堂第一代和第二代領導人在黨政界、教育界的強大的影響力，讓校園也擁有良好的政教關係，這對學生工作的發展是一個極其重要的無形的助力，校園初創時第一位查大衛時代不斷受到政府情治單位注意的事情很少再發生，這也是在國民政府在台灣實施戒嚴這麼長的時期，校園能成為台灣唯一的全國性基督教學生組織的最重要原因。而且校園的事工涵蓋大學中學，沒有競爭對手，就這點來說，戒嚴反而造就了校園學生事工有利的環境，而校園的政教分離立場，以及各學生團契也能專注在屬靈追求上，而未滋生事端，雖然解嚴之前，各學校團契無法在學校登記成為學生社團，然而並不影響學生團契的聚會與發展。

內地會與國語禮拜堂再加上以艾得理為首的國際學生福音團契的協助，校園團契得以順利誕生，並且順利成長。這種一開始就將事工交給本地基督徒並且為其建立各種本地支持系統（如畢業生團契、大專輔導會、顧問會、執委會、董事會……），加上台灣長期實行的戒嚴，使得校園很可能是台灣眾多與西方教會有關的基督教事工機構中，最快走上本色化以及三自的團體。

---

[10] 陳輝明：〈地方教會轉型淺議〉，陳漁主編《中國與福音》（台北：中國福音會基督教與中國研究中心）第一卷第四期（2001 年 10-12 月），頁 150。

艾得理鼓勵查大衛辦《校園團契》雜誌，以今天回顧是一件極有眼光與意義的事，因為它讓全省各地的學生事工形成以校園團契為中心，但是《校園》雜誌形成為知識份子的雜誌是 1960 年代後期蘇恩佩加入校園之後的事。查大衛的獻身及其與艾得理的同工，象徵了中國基督徒學聯會在台灣的歷史傳承，也使國際學生福音團契學生工作及英國大學校際團契的信仰傳承成為校園團契的正統，而非趙君影、于力工所代表的具中國本土色彩工作路線。[11]

艾得理對台灣校園另一個非凡的貢獻，就是他在不同的階段引進國際學生福音團契的同工來台，給予早期的校園許多支援，這其中最具影響力的人是黃群健，她在短短一年多的時間，協助艾得理真正落實本地同工與學生主導這兩大方針，以及促成全省校園的合一。[12]

也因為這些中外教會歷史因素的介入，加上第二次世界大戰後民主、自由兩大集團的冷戰以及海峽兩邊的對抗，導致台灣長期戒嚴，形成特殊的時空與條件。從外表看似乎是對校園事工發展不利，事實上卻是提供了有利的發展因素。校園團契與救國團，他們是台灣白色恐怖時期，兩個跨校際學生事工組織，所以 60 年代至 70 年代常被認為是校園發展的黃金時期，因為這是校園形成他們的本色化學生事工的階段，他們不僅從事學生事工，也承擔起培育基督徒知識份子信仰的責任。也奠下了多元化、整合型學生福音事工的初步基礎。

國語禮拜堂第二代在教會界與社會的廣大影響力是校園團契的無形資產與屬靈資源。其中一項很少有人提及，因張明哲與國語禮拜堂在黨政界、教育界的強大的影響力，讓校園也擁有良好的政教關係，這對學生工作的發展是一個極其重要的無形的助力，查大衛時代受到政府情治單位注意的事情很少再發生，這也是在國民政府在台灣實施戒嚴這麼長的時期，校園能成為台灣唯一的全國性基督教學生組織的最重要原因。

---

[11] 有關學聯會的論述，詳參本書劉國偉：〈火熱生命——中國各大學基督徒學生聯合會 1937-1949〉一文。內地會宣教士與中國本地同工之間的微妙關係心結，請參于力工：《夜盡天明》（台北：橄欖基金會，1998）一書。

[12] 黃群健在校園的事工，請參陳鏞：〈校園福音工作與教會增長〉，頁 13-14。又郭明璋：《耕耘青春：校園團契五十年來的歷史軌跡》，頁 103-108。

而且校園的事工涵蓋大學中學，沒有競爭對手，就這點來說，戒嚴反而造就了校園學生事工有利的環境，而校園的政教分離立場，以及各學生團契也能專注在屬靈追求上，而未滋生事端，雖然解嚴之前，各學校團契無法在學校登記成為學生社團，然而並不影響學生團契的聚會與發展。[13]

## 成長期

1965 年以後台灣教會教勢開始進入低迷的時期，校園的學生工作反而一枝獨秀，校園團契不僅滿足了因著台灣社會和教育快速發展，青年學子和知識份子需要的屬靈供應，[14] 也某種程度適時的彌補了 1960 年代以後台灣教會復興的斷層，這段時期學生福音工作的興旺，對台灣教會甚至海外華人教會的發展有相當大的意義與貢獻：一、為教會呼召和訓練了許多獻身全職的工人，大學基督徒畢業生提升了台灣教牧的素質和信仰水平；二、直接間接促成了許多超宗派福音機構的產生，也預備了這些機構的人才，超宗派機構林立是台灣教會界的一個特色；三、校園的眾多畢業生也帶動了台灣的平信徒運動，平信徒領袖的培養帶給教會長執信仰的提升，也為教會青少年事工培養了人才；四、為北美華人查經班和華人教會的建立提供了多方面的資源，北美的華人查經班許多聚會更是校園事工的延續和翻版；五、將福音派信仰落實在校園中、推動了神學院逐漸轉向以招收大學生為重心，提供了神學生的來源，這種神學運動逐漸扭轉了華人過往反神學教育反智的傳統。這些都是校園對台灣教會極其重要的貢獻，過去很少有這方面的研究，最多都是一筆帶過。

[13] 筆者 1971-1978 年在政大基督徒團契期間仍是戒嚴時期，團契之家掛著極大的招牌，從未遇過來自檢警情治單位的騷擾，有筆者極要好的同工在將畢業之際向本者坦承，他在政大團契有一個任務就是受調查局委託留意契友的政治思想或聚會有無問題，筆者和一些同工也都知道，我們團契和個人的一些資料活動都有被記錄留底。

[14] 史文森（Allen J. Swanson），盧樹珠譯：《台灣教會面面觀——1980 的回顧與前瞻》（台北：台灣教會增長促進會，1981），頁 40。

1960 至 1980 年以前是校園團契發展成長期甚至可說是顛峰期，這段時間許多事工與信仰教導校園都是居於領先與領導地位。

從 1963 年開始，學生工作第一代的畢業生蒙召獻身，三年內有十一人加入校園為同工，其中八位曾任大學團契的主席。校園的學生工作和大陸的學聯會一樣，得著國立大學的菁英為主力，所以同工的資質和水準一開始就處於領先的地位，加上他們都有很好的教導恩賜與敬虔追求，這些第一代同工就為往後校園的發展奠下良好的根基。1970 年以前校園已經發展成一個相當具規模的組織，所包括的工作也相當廣泛，除了大專和中學的學生事工，還涵蓋了畢業生工作、文字工作、福音隊工作、僑生工作、工人訓練、海外畢業生聯絡等等。

進入 70 年代校園的三大事工：文字、團契、營會在這段時期具體成形。對學生和知識份子事工強烈的負擔與委身，同時也是因應台灣福音工場的需要，校園的學生團契事工和文字事工、營會事工都同時朝縱向的各級學生事工需要以及橫向的相關事工發展，逐漸邁向整合型的龐大事工體系。例如國中至高中，又至大學與研究生延伸到教師與畢業生等事工，彼此帶動，這是縱向事工的整合與善性循環；橫向方面是這些事工都與各學校團契、各級營會、針對各項事工的文字出版和雜誌，以及 90 年代以後發展出來的網路事工環環相扣。

這是校園事工最大的特色——整合型，筆者稱它為「台灣學生工作的托拉斯」，不只涵蓋了求學生涯各學程，還包括畢業生和教師，只要與學生的信仰有關的活動和事工，校園都全力以赴。事工體系的龐大是優點也是缺點，1980 年代以後興起的其他學生工作團體如學園傳道會、導航會、青年歸主、得勝者、長老會長青團契、聚會所學生工作……都是只專攻某一部分或區塊，而沒有校園全面。

1970 年代校園團契的興旺最具體的指標就是台北羅斯福路總部辦公室因不敷使用而改建成校園大樓，由於沒有固定差會的支持籌款，經費完全需要自籌，1974 年 1 月發包，1 月 27 日馬上遭遇到世界性的石油危機爆發，各項經費大幅上揚，以及各樣政府民間的陋規的問題，校園堅守屬靈原則，一一克服難關，1975 年 3 月 3 日舉行大樓奉獻感恩禮拜，校園書房也以嶄新面貌出現在台灣教會與社會，在金石堂、新學友等連鎖書店成立之前，校園書房一直是台灣指標性書房。校園團契大樓的落成繼續帶動了校園各項團契事工與文字事工的重大突破。

筆者以為校園傳道同工做的最有意義的一件事，就是在改建大樓後，校園書房能賺取大量的盈餘的時候，他們仍然不改初衷持守信心生活，將傳道事工同工生活費完全與營業性質有關的書房文字出版事業分開。[15] 所以校園書房所有的盈餘都得以用在文字出版事業上面，這是校園書房和出版社各樣文字事工得以在很短的時間之內在華人基督教界竄起的重要因素之一。站在信仰的角度，這是校園蒙神祝福的關鍵，也是校園團契精神的彰顯。

這段時期的校園唯一的美中不足是在普世化上稍嫌不足，然而卻達成了中國教會史與台灣教會史中教會與基督教機構最不容易的目標——本色化，成為一個完全自立、自養、自傳的事工團體。

## 轉型期

1980 年代以後可能是校園面對最大與最多挑戰的時期，這段時期是台灣經濟高度發展，本土各種勢力興起，包括宗教、解嚴、社會文化走向開放多元的時期，同樣台灣教會的生態丕變，校園團契的事工不論在學生當中或教會界不再一枝獨秀，尤其 80 年代初期，因為所有事工面都面對發展上瓶頸甚至倒退，這個瓶頸的造成，筆者歸納分析為三個層面：台灣社會多元化與世俗化、教會福音工場，包括機構事工也多元化、學生事工多元化。這三者對校園學生事工影響重大，導致校園的三大事工：各級團契以及營會模式、文字出版都需轉型，同時期也是同工與神學的轉型。甚至校園的國內外教會關係也要面對調整。[16]

這種困局導致不少早期同工離職，改換服事工場，帶來人事上極大

[15] 「多年前顧問會做了一個明智的決定，及文字工作的經費完全獨立。一則是因文字工作的發展需要大筆資金，一切文字經營的利潤完全用於文字，才能使文字工作快速拓展。再則校園團契的傳道事工，應該完全憑信心，不要仰賴文字經營的收入，以免同工信心的學習受到虧損。此一決定使文字工作的預算從一九七五年的七百五十萬躍升到一九八七年的四千六百萬元。而校園傳道的經費也經歷了神豐富的預備。」，詳參饒孝楫：〈校園精神的傳承〉，《薪火相傳——校園團契三十年 1957-1987》（台北：校園書房，1987），頁 91。

[16] 詳參郭明璋：《耕耘青春：校園團契五十年來的歷史軌跡》，頁 199-208。

的震撼，當時校園很可能走上與其他國家的學生工作團體一樣的路——學生工作只是全職事奉者生涯一段時間的服事，而非終生的職志。許多關心校園事工的主內肢體，包括筆者長期以來也都認為校園沒落了，然而事工與人事上的困局，反而帶來了人事、神學與事工的更新與突破。沒有錯，校園的事工不再獨領風騷，他們只是台灣眾多有特色的事工團體的一個，但是經過轉型的陣痛之後，結合著過去累積的巨大資源，他們度過了危機也為校園打下了更深厚的基礎。由於與全球福音派信仰的合流，校園確立了「文化使命」及提出了「專業事奉」來回應學生與知識份子事工的新挑戰。

在校園歷史的前三十年，也就是 80 年代後期，他們的事工與神學成形之前，不少海內基督徒長久以來對校園的有一項誤解：校園走的是倪柝聲小群教會的路線，或認為主導校園背後的神學是聚會所的信仰。筆者一直也是持這個觀點，但多次與一些資深校園同工探討，尤其與饒孝楫幾次的深談，筆者修正過往的這個誤解，從張明哲到饒孝楫前後兩位執委會主席領導的同工團隊，四十多年來他們一直強調且持守福音派信仰路線，雖然同工團隊中，有些人偏愛小群的追求模式，但並未能真正左右校園的神學路線。加上從 1970 年代初期，唐崇榮牧師所帶來的改革宗神學以及唐牧師對知識份子事工的理念與影響力，使校園的路線更為明確。

校園面對著上述的種種困局與事工的待突破，以我們今天作歷史的整個回顧，不能不肯定校園最資深的同工饒孝楫夫婦在這段時間所承擔的角色，以及他所帶領的老同工林芳治、范恩惠夫婦、彭懷冰、臧玉芝夫婦、吳鯤生、黃崇真夫婦所組成的團隊對校園的委身，他們帶領 1980 年以後加入的新同工，經過前後將近十年的努力讓校園轉型成功，同工團隊再次建立起來，而且完成了難度最高的神學轉型。

饒孝楫在 1979 年底卸下了總幹事之後，就挑起了同工訓練的責任以及承接張明哲所扮演的角色，因為執委會主席張明哲在此時已年屆七十高齡面對退休，他已有一段時間退居幕後，甚至不再管事，從執委會功能中斷多年這件事即可得悉，1982 年饒孝楫接任執委會主席，開始重組執委會，積極推動校園事工，他讓校園的決策層也順利過度完成接班。

在饒孝楫的推動下校園成立了訓練部，建立了新同工訓練制度以及同工進修制度，饒孝楫夫婦花長時間投下極大的心力在新同工的訓練，得到了果效，多位在 80 年代初期加入校園，曾在訓練部接受訓練的同工，到了 90 年代已步入資深同工的行列，現在他們也承擔起校園造就和訓練的事工。[17] 更重要的意義是校園中生代的同工團隊成形，老、中、青三代同工一起配搭同心事奉，即使在教會圈都不容易，在機構更是少有。

他所領導的同工團隊：周芬芬自 1980 年投入訓練部後，全心培育同工，歷年來同工們的歸納法查經，都是由她培養訓練出來；林芳治繼饒孝楫擔任總幹事至 1988 年，他和饒孝楫同心合作帶領校園走過最艱困的時期，再造校園，總幹事卸任後他全心全力投入國中生飛颺的事工，開創了國中生事工的新格局，范恩惠從 1977 年起成立音樂科系團契之後，就長期委身在這項服事，為校園的專業事奉與台灣的基督徒藝術工作者走出一條佳美的路也做出美好的見證。彭懷冰自 1988 年接任總幹事至 1994 年，他們夫婦幾乎在校園有需要時承擔起最重要的各項事工，從早年的台南地區事工、中學生工作、畢業生工作、教師事工到青年宣道事工、出版社社長、僑生工作、大陸事工……等等，彭懷冰是一個精通校園十八般武藝，具牧者胸懷與國度眼光的整合型學生工作者。吳鯤生可能是中國教會史與台灣教會史最長時間獻身文字事奉，也是一生獻身文字工作的全職傳道人，他能寫能編也能講，校園出版社無論軟硬體在台灣基督教各方面都處於領導地位，他是最大的功臣，這和他一向低調的作風、博通群籍、對出版具洞見這些特質有關，從校園出版了比台灣各大神學院和出版社都更多的神學書籍就可以證明這一點，校園神學路線的轉變與文化使命的落實，可以從文字工作得到清楚的印證。

1987 年的解嚴帶來各級學生工作新契機以及校園在同時期以持守福音派信仰、承擔文化使命來回應時代，這兩件事是再造校園學生工作新氣象的關鍵。但是成果要到 90 年代才呈現。

---

[17] 編輯小組編：《薪火相傳——校園團契四十年 1957-1997》（台北：校園書房，1997），頁 143-8。

從 1979 年校園開始每隔三年主辦一次青宣，直到如今前後十屆，無論在普世宣教和台灣教牧人才的培養、各行業的專業事奉都帶出重大的貢獻。這段時間因著魯瑞娟、林芳治先後投入國中飛颺事工；范恩慈全力投入五專工作（後來的技職事工）開始慢慢看到這些事工的突破和轉機。

校園 1980 年代的神學反省，他們根據自己的福音派傳統，在普世福音派的信仰潮流中，肯定了文化使命與福音使命，以這二者建立了整全福音觀，[18] 而透過校園本土的事工經驗，他們找到了具體實踐這個福音觀的主要進路，就是專業事奉。所以從福音派信仰肯定文化使命的理念，而且從專業事奉來實踐文化使命和福音使命，對校園神學與往後事工的突破都具有指標性的意義，就這點來說，校園實在走在台灣的教會團體與機構之前。對於神學和屬靈觀深受內地會與國語禮拜堂影響，同時擁有過往成功的經驗以及龐大的事工組織的校園，這種蛻變，實在是一件艱鉅的工程。

校園的神學與事工轉型實在是經過一段不算短時間尋求，以及多方面因素配合才成功的。除了擁有強力的領導中心和同心的團隊能進行改革之外，筆者觀察認為：校園對福音派信仰的持守、校園的文字事工、青宣事工，這三者就是陪伴校園走過 1980 年代的過渡期，而且提供校園國度宏觀視野，使校園能不斷的與普世學生福音工作接軌，而且順利地使校園從他們過往所持守的福音派信仰轉型與普世新福音派信仰合一的三大要因。當然還有其他國內外因素，如前述的洛桑會議與華福會以及中神、華神的成立。[19]

## 整合期

1990 年代就是校園具體實踐文化使命與專業事奉的時期。解嚴以

---

[18] 饒孝楫：〈回顧前瞻又十年〉，編輯小組編：《薪火相傳——校園團契四十年 1957-1997》，頁 24。

[19] 校園確定文化使命與專業事奉的歷程，詳參郭明璋：《耕耘青春：校園團契五十年來的歷史軌跡》，頁 226-251。

後台灣政治社會文化教育等的劇烈變化，以及資訊化電腦化時代的來臨，全球化使全世界變成了地球村，學生福音工作生態也產生重大改變。前述每三年舉辦一次的青年宣道大會、海外校園的成立和海外華人學人事工的參與，以及逐步增強的中國大陸學生福音工作的呼聲，促使校園學生事工邁向全球化，雖然幾乎是以華人世界為重心，但是海外華人事工、網路福音事工都有了良好的開始，建立了穩固的基礎。文化使命的肯定，使校園更加具有國度視野，他們的事工也更有彈性與空間。

本地學生各項事工也都有進一步的成長與發展，1990 年代校園整合性的學生與知識份子事工的龐大體系於焉形成。然而校園在這段時間走的是一條孤單的路，因為靈恩運動及其帶來的敬拜讚美、小組教會幾乎席捲全台國語教會，校園堅守福音派信仰，強調嚴謹的研經來因應，成為中流砥柱。[20]

校園過往三大工作模式自此改變成四大工作模式：「團契」、「文字」、「營會」、「網路」。網路事工是校園這十年來發展的最順利最有成就的事工之一，也代表校園回應時代需要最成功的事工。尤其心靈小憩與哇咧星樂園這兩個極為出色的網站對校園推動文化使命與專業事奉具有相當程度的指標性意義。

然而，1990 年代最艱苦的事是如何突破大學事工的困局。校園五十年來大學事工所占的份量最重，甚至我們可以如此說：校園橫向的四大工作模式以及縱向的各級事工就是以大學及其相關事工為核心。從歷史淵源來說，大學事工也是國際學生福音團契和學聯會的最核心的事工甚至是唯一的事工，大學事工的興旺與否決定了校園存在的價值，相較

---

[20] 校園對靈恩運動最具體的回應，是強調神的道，訓練學生有紮實的聖經根基以及正確的解經，最具體直接的作法就是『歸納法查經』，不管是營會、聚會、小組，都會查經，並且推廣『歸納法查經』。在學期中的團契聚會，校園提供許多讀經的資源與計畫方案，例如 1998 年大學生工作組成立「聖經學苑」，教導聖經以及神學課程。飛躍中心為中學生設計一套名為「飛躍論劍」的讀經計畫；而大學同工更是一起為大學生編寫了一套讀經材料，稱之為「三二一聖經熟讀計畫」，期勉學生三年兩約走一回，三年內至少將聖經仔細讀過一遍。至於假期營會對聖經的研讀最有系統的就是實施三十多年的大專靈修班，大學靈修班的歸納法查經與解經式講道對大學基督徒幫助十分明顯，歷年來都有七、八百人參加。大專靈修班豐碩的成果在台灣教會靈恩派主導的屬靈氛圍下，實在是一個異數，也否定了類似 e 世代的孩子無法接受大量文字的研讀以及沉悶嚴謹的研經之類的說法。校園因為對靈恩運動的不妥協，多少也流失了一些這方面學生和教會的支持。

於大學事工，甚至就終極目標而言，我們可以說其他事工是為大學事工的發展而存在，雖然進入 1990 年代以後文字事工、宣教事工、網路事工、中學生事工……都具有相當的主體性，然而大學事工仍然是校園最重要的事工。

解嚴以後，大學社團百家爭鳴各大學各種宗教社團百花齊放，基督教各學生工作團體與各教會團契如雨後春筍般進入大學，從 1980 年代原本已經有萎縮傾向的各大學團契，如今更是雪上加霜，大學團契的困局，同樣也呈現在為大學基督徒而出版的《校園》雜誌訂單大量的萎縮上面，校園深知這種情勢不容易再逆轉，更難恢復往日榮景，校園一方面根據更新後的神學理念耕耘傳統的大學事工，更重視聖經的教導與系統的研經訓練[21]、更新福音策略、關懷校園文化。另一方面利用自身整合型的優點將各學程飛颺、飛躍、技職、大學事工……等事工緊密連結帶出的善性循環，四大工作模式各單元的轉變與成長，希望逐漸帶給大學事工在進入 21 世紀突破的契機。

各學程事工能帶出果效多少都和多元化的策略以及整合多管道的資源有關，團契的事工不會再落入屬靈觀的討論窠臼中，而且最重要的是切合學生生涯的需要，無論是配合升學或同儕之友情所辦的活動都能將學生需要與信仰結合在一起。大學事工在以黃旭榮、朱惠慈等同工的全力委身之下打下了紮實的根基，這段時間最重要的轉變是外向性：改變過往大多數的學校是在校外設立團契運作之模式，另在校內成立社團，回應校內文化，嘗試透過文字影響校園文化（如作弊、實驗室污染、兩性關係等議題），將專業與信仰結合與同學對話。[22]

所以，從 1987 年解嚴前後至公元 2000 年之前大學與其相關事工，是秉持著文化使命與專業事奉的理念，以多元管道回應校園文化，所以研究生事工、神學與專業團契、心靈小憩網站……因應而生。然而整體而言，大學事工仍需要有更具體的突破，而且這些因應措施是否能帶出

[21] 黃旭榮：〈大學事工再出發〉，《校園簡訊》。224 期 1997 年 3 月，頁 1。饒孝楫：〈回顧前瞻又十年〉，頁 24。

[22] 朱惠慈：〈各組事工回顧〉，《薪火相傳——校園團契四十年 1957-1997》，頁 75。

果效都還有待觀察。此段期間校園的文字部是走整合型的文字事工的型態，涵蓋書房、物流、雜誌書籍出版甚至延伸出的網路事工，雖然走來辛苦，卻是逆勢成長，不能說可以領導或改變台灣的文化事業，但各方面都走出一些成就，雖然也有些錐心刺骨之痛，例如 1992 年《今日校園》與 1999 年中學生刊物《佳音》的停刊，但都在專業事奉的心靈小憩與飛颺少年走出新格局。危機也帶來轉機，校園為因應電子媒體與影音傳播事業導致學生閱讀習慣改變，所採取的對策，使校園的出版與書房反而將觸角伸得更廣。

## 新時代的挑戰

進入 21 世紀校園主要面對的是來自全球化、後現代化、全球華人事工的三大挑戰，以及人才與事工的再更新。因應全球化方面，校園在進入 21 世紀之時，校園成長最快與最成功的還是網路事工，由於心靈小憩的成功，加上校園深知網路事工的未來重要性，心靈小憩之後校園陸續推出其他各種性質的網站。[23]

除了網路之外，總括來說，校園對全球化其他層面的回應不多，也很少討論，校園比較重視的是後現代化對學生工作的衝擊，即使是強調普世宣教的青宣以及宣道部，這幾年似乎也比較沉寂。筆者認為因素有二，一個是台灣大環境的問題，台灣長期戒嚴使得台灣與整個國際長期脫鉤，無法在短期內立刻完全與世界接軌，而且來自中國的打壓與大陸吸收了台灣大量資源，都使台灣國際活動空間受到嚴重壓縮，台灣因為英語等國際語文能力普遍不佳，吸收國外資訊與參加國際性會議與活動難免受限，再加上這些年本土意識高漲，台灣政爭頻繁，以及經濟不

---

[23] 校園推出的網站前後有：1996 網路福音團契成立，並設立「心靈小憩」藝文性質的福音預工網站；1997 年校園資料中心網站成立，分享學生工作經驗與資源；1997 年成立「漾校園」網站，首次嘗試建立與青少年互動的福音預工網站；2000 年為大學基督徒設立「心靈之光」網站，訓練、造就門徒；2000 年正式推出校園全球資源網及網路書房；2000 年推出「哇咧星樂園」青少年福音預工型網站；2006 年規劃「團契網站」、「第六代資源網」。這些各類型的網站，其中一個重要的意義是讓校園過去所建立的許多寶貴學生工作資源可以讓全球的教會與關心學生知識份子事工者分享。參郭明璋：《耕耘青春：校園團契五十年來的歷史軌跡》，頁 312-316。

景氣就耗掉了大部分的注意力，所以在政治、經濟、文化，包括教會走向世界的眼界與步調都不理想。第二是校園本地事工體系相當龐大，也還在尋求突破與整合之中，牽涉到跨國性事工各種費用都極其龐大，很難再分出太多資源投入，這就是海外事工組如此重要的事工，卻常常由饒孝楫夫婦與極少數同工辛苦地支撐在那裡的原因。校園同工對後現代主義極為關懷的原因，是因為後現代對學生最少有兩大影響：一是真理的相對性；二是倫理道德的相對性。校園團契的採取的回應措施有幾方面：固守校園的傳統與成果、更注重由學生主導、在各級團契推動群體、全方位的友誼佈道、關懷校園文化，尤其是一些對基督徒來說是立場比較清楚的倫理或生活性議題。[24]

後現代化是校園學生福音事工面對的另一個嚴峻的挑戰，新世紀帶給校園契機，也帶來危機感，國內外教會與機構事工的蓬勃發展，分散了金錢奉獻的來源以及奉獻加入學生事工的人才，校園有限的人力與物力如何因應未來這個龐大的整合性學生與知識份子事工的發展。

校園海外華人事工尤其是大陸學人事工在八九民運之後有了突破性的發展，促成 1992 年《海外校園》的誕生，[25] 1998 年加拿大校園團契以及 1999 年美國校園團契的成立。面對 21 世紀，如何將台灣學生福音工作與海外學人事工這兩個校園過去豐碩的歷史成果回饋給中國大陸，這是校園責無旁貸的課題。

## 批判與反省

校園五十年來的歷史和事工，我們如何作一個宏觀性的鳥瞰和評估。校園的全名是校園福音團契，英文是 Campus Evangelical Fellowship 可以單純指福音，也可以指福音派信仰。傳福音帶領學生歸主，這是校園從頭到尾的異象，也是我們的第一個切入點，用來反省檢討校園的事

[24] 同上註，頁 316-323。

[25] 蘇文峰：〈海外校園創刊始末〉，編輯小組編：《薪火相傳——校園團契四十年 1957-1997》，頁 121-126。

工；第二個切入點是校園一直高舉及堅守的福音派信仰的陣營。

將 Evangelical 界定為狹義的傳福音，領人歸向基督，以此來回顧校園的事工，校園是成績斐然，校園進入 21 世紀，各級學校團契總計：每一年至少舉行 600 場以上的佈道會或福音聚會，60 多個梯次的假期營會，接觸 40000 多位的學生，帶領至少 5000 位以上的學生決志信主。校園的福音策略從過去到現在基本上都沒有改變，1980 年代以後尤其明顯，就如同團契部所說的：「在校園團契的三大宗旨中，首先便是校園福音廣傳。面對從國中至研究所的學生，這當中所運用的策略是以團契為基礎，陸續發展營會、文字、網路四種工作模式，相輔相成，盼望促成學生福音運動及事工善性循環，以校園同工和團契輔導、福音教師及學生領袖共同推動校園福音運動。」[26] 就傳福音的層面來說，數十年來，校園團契同工的總人數增加不多，但台灣整個學生工作的工場需求卻以十數倍成長，校園團契的各級團契事工，都以極精簡的人力、財力面對眾多的團契與營會、出版文字甚至網路、輔導、教師……，以飛躍為例：「除全職同工生活費外、飛躍事工每月的事工費、人事費需要約 12 萬元……，面對龐大事工需要，目前台北飛躍只有三位全職同工（其中兩位媽媽同工）與三位秘書同工。」[27] 大學事工、技職事工、海外事工組也有同樣的困局，例如全國與校園團契保持密切聯繫的大學團契共有六十多個，有限的全職同工不可能照顧所有的團契，大約一半的團契是由教會傳道人、宣教士、大學老師擔任輔導。

至於持守福音派信仰，就普世學生福音工作的角度，校園是單純的福音派信仰，然而校園也是誕生於台灣國語教會的脈絡中，無論他們所承襲的中國基督徒學聯會，或對校園創立貢獻最多的內地會以及參與校園建立的本地教會同工，和當時的台灣國語教會大環境，多少都帶有一些內地會信仰色彩以及受中國獨立教會並奮興佈道傳統的影響。這些信仰傳統確實影響了校園的事工建立、神學、事奉原則。然而這些並無損於：校園五十年來一直持守的是福音派信仰這個事實。因為無論從校園

---

[26] 王文衍：〈校園福音策略〉，《這些人，那些故事》，頁 46。

[27] 2007 年月採訪飛躍事工主任雷靜如。

與英國大學校際團契以及國際學生福音團契的密切關係、校園五十年來的出版內容、與唐崇榮在改革宗神學上水乳交融、他們長期批判小群的屬靈觀與靈恩運動、同工訓練的內容……等等都是極有力的明證。

然而長久強烈強調生命、生活、工作的事奉次序，是否也造成校園的事工內向性比外向性強，造就性比福音性強的特點？這在某些校園同工或許不是問題，但它的確塑造了校園的文化，校園同工的同質性太高？內向性造成校園同工的風格多半都是溫文儒雅，這是做學生工作應有的特質之一，但不應該是全部，總感覺校園應該多幾個豪邁一點、氣度恢宏的同工。

論到前瞻，筆者提供一些我個人對校園前景的建議和看法：一、神學的更新與普及，神學思想的深度與廣度的充實與吸收，校園還有很大的空間。單是持守一些美好的屬靈原則如生命、生活、工作的原則或事工策略，不足以應付多元化、全球化、後現代化的時代。二、校園人才的發掘與培訓：台灣學生學程和學歷普遍增長，校園同工徵召及訓練制度、實習制度，都可能必須更張。三、宏觀與微觀的調控：進入 21 世紀，前述 90 年代的事工需要繼續往前，校園面對著如同國際學生福音團契東亞區主任翁偉業對他們的期勉：「Thinking globally, Action locally」，如何培養開闊的思想，放眼全球，並從本土化的行動，來落實福音信仰與學生福音事工。四、以相關之資源成全專業事奉：因為校園五十年來擁有得天獨厚的龐大事工體系與人力資源。[28]

神學轉型豐富了校園的信仰，他們繼承了內地會和獨立教會的敬虔追求與重視研讀聖經的傳統，卻擺脫了某些偏狹的屬靈觀，而完全進入普世福音派信仰的洪流，在靈恩運動席捲台灣的風潮中，堅守福音派陣營成為中流砥柱。然而同時普世宣教、全球華人事工、大陸海外學人和學生事工、中國大陸學生知識份子事工的異象和呼召也接踵而來，如何以現有的資源來因應，成為莫大的挑戰。

同時如何在台灣這塊已經是硬土本地學生工作中尋求突破？如何落實文化使命與專業事奉？都還有很長的路要走。面對全球化和在地化的

[28] 以上四點，詳參郭明璋：《耕耘青春：校園團契五十年來的歷史軌跡》，頁 354-374。

需要，以及在後現代思潮中如何提出有力的福音策略，都是進入 21 世紀校園學生福音事工的重要課題。

**郭明璋** 台灣政治大學邊疆行政研究所碩士，香港中國神學研究院道學碩士。現任中國改革宗神學院兼任講師（1995 年至今）（教會歷史、基督教在華史、基督教在臺史、基督教與中國文化）、台灣基督教晨曦會門徒訓練中心講師（2005 年至今）（教會歷史、基督教在華史、基督教在臺史、基督教與中國文化）、中華基督教禮賢會台北堂、有福堂顧問牧師、台灣改革宗長老會信安教會顧問牧師、四季紙品禮品有限公司公關與顧問。學術著作：《耕耘青春：校園團契五十年來的軌跡》。主要文集見《學生福音運動在中國》以及諸多學術論文等。

# 第四卷

# 基督信仰與文化使命

# 宗教改革與基督教文學藝術

施瑋

## 摘要

宗教改革是新教的開端。梳理從中世紀到清教徒、再到現今的基督教文學藝術發展脈絡，來看教會體制和神學的發展與社會經濟文化思潮的變化，如何從兩個方面影響了基督教文學藝術。從而反思目前基督教文學藝術在社會文化中的邊緣化與「失語」狀態的形成始末。

基督教文學藝術得以長久並深刻影響世界的，不是為當時當地的教會及運動來言說，而是超越有形教會和宗派神學的框架，成為聖經和基督教信仰基本信念和生命體驗的傳達者和表述者。

**關鍵詞：基督教文學藝術、中世紀、文藝復興、宗教改革、清教文化**

人們對基督教信仰最初的認識往往是從詩歌、音樂、建築、戲劇、繪畫、小說等文學藝術作品中得到的，是形象化的，含有情感和審美共鳴的，並且這種最初的認識就已經涉及了基督教神學的核心。例如：上帝的創造、罪與救贖、愛與赦免、聖潔、祈禱……只是這種文學藝術的表達有時是相對模糊的，即有顯明的部分，也存在隱密的，可供多重解讀的部分。

這種起初的認知，還需要在神的話語中，聖經裡，被根植和豐滿、被細化和深化、被體驗和引導。人藉著「信」接受聖靈，而成為有靈的活人，使信仰認知成為活化在心思、意念、行為、言語中的信仰生命，教義在這個過程中起到歸正與框架的作用。

由此來看，基督教真正對社會最直接的影響就是文學藝術。即使是今天，一座已經成為觀光景點的教堂，其本身的建築與繪畫，十字架的標誌，都依然可以超越時空和語言，對一個無神論的遊客說話。因為這些基督教的文學藝術本身就是一種人所傳遞的上帝的言說。

但今天的教會過於重視教會內命題式教義字句的精確度，而輕忽以文學藝術為載體，向社會傳達上帝的言說。道，本身就是生命的言說，而非字句的言說。道成肉身就更是生命的顯現，而非一個完整封閉的命題式神學邏輯框架。當受西方理性主義思潮影響的神學，愈來愈代替聖經本身，成為教會的基石與框架後，當代基督教教會對聖經的詮釋和聖經神話語的傳遞，乃至對信仰生命的表達都呈現出教條、割裂、蒼白。這造成了教會內宗派教義紛爭中的「唯我獨正」，和對社會的「失語」狀態。

今天是一個社會大變改時代，五年一「代溝」，人們的世界觀和價值觀都如風浪中的斷枝浮萍，基督教對社會的信仰言說猶為重要。天父的世界並不只在教會四牆中，也不會框架在教意的文句中，面對社會的轉型，基督教多方位多形式的信仰言說，理當與上帝的掌權相對應，盡可能地呈現其豐富的深度與廣度，覆蓋人們當下生活和思想和方方面面。

宗教改革是新教的開端。梳理從中世紀到清教徒、再到現今的基督教文學藝術發展脈絡，來看教會體制和神學的發展與社會經濟文化思潮的變化，如何從兩方面影響了基督教文學藝術。以宗教改革為轉捩點，來反思目前基督教文學藝術在社會文化中的邊緣化與「失語」狀態的形成始末是極為有意義的。本文將就這個話題進行疏淺的框架性的分析與反思。

## 中世紀與基督教文學藝術

聖經是上帝向人類啟示自己的書。上帝選用他忠心的僕人，聖靈感動他們，讓他們以熟悉的語言和適合的文體，把聖靈的啟示忠實地寫下來，寫成了一部人類文字的書。

從文學的定義、載體、內容、體裁、表現等方面來看，聖經作為史學典藉、神學典藉之外，它更是一部文學典藉。聖經既然是一部文學典籍，必然在其詮釋、翻譯、評鑑中涉及到大量文學研究的元素。事實上，西方釋經學的發展，與以西方為主的現代語言文學研究的發展，是相輔相成的。但聖經的形成又有其特殊性，聖經的寫作與形成都是聖靈的作為，是上帝之靈通過人的合作而達成的。因此理解聖經的真意，詮釋聖經同樣也離不開聖靈的作為，也是上帝通過人的合作逐步展開、逐步啟示出來的。聖經釋經學在具有語言文學的研究內容和規律之外，需要基督教神學教義的引導和支持。

聖經文本的文學性和寫作與詮釋中聖靈的角色，決定了基督教文學藝術的重要性與創作的獨特性。在天主教和新教的教會歷史中，我們都不難發現對文字藝術這一載體的重視程度。

從西元 450 年羅馬帝國衰亡到 15 世紀文藝復興之間約一千年的時間，在這個時期裡天主教教會以其基督教神學思想和教會的組織和財力，強勢地影響著社會的文學、美術、音樂等各種藝術形式，而天主教的教堂建築更是成為一種隨處可見的，引導審美和世界觀的神性言說。教堂中的各種壁畫、雕塑等都是以形象來講述聖經中的啟示，是一種圖像化的神學。這原本是針對當時大部分普通民眾不識字的情況，但最終也成為了 15 世紀之前最輝煌的文學藝術作品。我們今天在世界各地大博物館裡都能看見的這些聖畫像，我們仍會驚歎當時教會對這些藝術品的精心和付代價的製作與保存。

從世俗的一般角度來看，認為中世紀文學藝術是古希臘羅馬文學藝術和發端於義大利的文藝復興文學藝術之間的低谷，但中世紀文學藝術其實是最值得基督教文學藝術研究者來重新探討和挖掘的。在這個時期的早期基本上確立了基督教文學的規範。我認為最重要的，一是聖經的編撰、修訂、詮釋，以及翻譯，這本身就是一種文學成就。例如當時的《七十賢士譯本》和《拿西山抄本》。並且聖經的翻譯這項偉大的神學與文學融和的事工，一直不斷地沿續下去，到 16 世紀宗教改革時期，聖經被譯成各種語言，在很大層面上影響著各種語言的文學創作。以中文的多種譯本為例，從馬里遜《神天聖書》到和合本《新舊約全書》，從詞語和概念上與中國文化的對接，到對平民閱讀水準的關顧，從而為中國白話文（書寫的口語話）的創作做出了巨大的貢獻。

另一方面，中世紀的宗教文學藝術中有大量以聖經故事為體裁的文學藝術創作。表面上看，已經被現在的文學藝術研究者認為是價值不大的一個部分，但這一部分文學藝術恰恰成為基督教文學藝術的核心和基石，因為它們在完成了對當時代民眾的福音性和神學性述說之後，也為西方文學藝術創作了一大批經典的文學典故和故事單元的原型，成為聖經中意象母題的最初文學應用，並且這類文學也形成了之後西方文學中的審美傾向，但近代文學批評界對文學母題研究的忽略，也造成了基督教文學創作和研究者對聖經中提供的文學母題的忽略。

在此同時，中世紀基督教文學的一大特色就是眾多神學家的宗教著述也是文學作品，例如聖奧古斯丁的《懺悔錄》和《上帝之城》。聖托馬斯阿奎那的《神學大全》和《反異教大全》不僅具有神學性，也有很多哲學洞見和文學理論上的貢獻。西班牙神學家貢薩洛・德・貝樂塞奧是學士詩的鼻祖，開創了一種有別於冗繁的拉丁語修辭風格，他的代表作是大量的聖母讚歌，例如《聖母顯聖記》。這種神學與文學的結合使得神學思想走入世俗世界，對世俗的生活和哲學道德都產生了深刻而長遠影響，這也是當代中西方教會都極為缺乏的。

在中世紀世俗文學的英雄史詩和騎士文學兩大類型中，天主教教會都還有所作為。在基督教的影響下，英雄史詩中的原始神祇逐漸消失。但我覺得可惜的是，受基督教影響的英雄史詩作品中的英雄們主要表現為反對異教徒的鬥爭，這就大大束縛了文學需要的想像力和多樣性。雖然有些作品仍成為文學價值和地位極高的經典作品，但這種內容上服務於天主教教會的發展方向，註定了最後會喪失英雄史詩特有的審美述求。

騎士文學和英雄史詩受教會影響的時期也是歷時二百年的十字軍東

征時期，這使我想到基督教文學藝術得以長久並深刻影響世界的，不是為當時當地的教會及運動來言說，而是超越有形教會和宗派神學的框架，成為聖經和基督教信仰基本信念和生命體驗的傳達者和表述者。基督教文學藝術的核心表達主題應該是人性和神性，是罪和救贖，是基督和愛，這是聖經啟示的核心，也是文學藝術創作的核心。

中世紀基督教文學藝術有過輝煌的頂峰，甚至是至今也難以企及的，但因為從以聖經為核心的言說漸漸變成為天主教廷而言說，另一方面以聖經為核心的言說漸漸遠離聖經本身的文學模式，走向偶像性的聖化，因而沒有能走出四牆成為「世上的光」，也就失去了生命力，而愈來愈走向僵化的自限。

10 世紀開始，西歐各國因手工業和農業的分工和商業的發展，逐漸形成了城市和從事工商業的市民階層。到 12 世紀後，市民階層力量逐漸強大，開始開辦學校，打破了天主教教會對教育的壟斷。當時的市民階層的思想和信仰仍是基督教信仰為主的，但對封建領主制度和天主教會的權威造成了極大的威脅。聖俗二分、貴族文化、政教一體等，造成了西歐許多國家的教會將市民階層開辦的非教會學校視為異端，並設立宗教裁判所。這種愈加強勢和緊密的壓制，並沒有帶來基督教文學藝術的一統天下，反而讓宗教文學藝術更失去與社會、時代同在的活潑的生命力。

著名的義大利中世紀詩人但丁（Dante Alighieri），是現代義大利語的奠基者，他早在 1300 年就創作了《神曲》，以平民語言出版而沒有用拉丁語。他年輕時當過騎士，在《神曲》這樣宗教性極強的作品中仍有騎士文學的影子。但他反對教皇獨裁，在作品中揶揄嘲諷。他是義大利文藝復興運動的開拓者之一，閱讀他的作品及思考他的人生與宗教和政治的關係，對我們瞭解中世紀至文藝復興過渡時期中，基督教文學藝術的創作狀況和環境會有很大的幫助。

與此同時，世俗的中世紀城市文學的發展卻適應了市民對文化娛樂的要求。城市文學多數是民間創作，有強烈的現實性和樂觀精神，歌頌市民或農民個人的機智和聰敏，反映了萌芽中的資產階級的精神特徵。表現手法多採用譏諷，語言生動樸素，但有時流於粗俗。這種詼諧樂觀生活化的文藝風格，與當時天主教的聖化、肅穆、受苦的神學和文藝風格相背。例如法國的城市文學「韻文故事」，特點是故事性和諷刺性都很強，作品中無情的嘲諷騎士和修士的虛偽醜態，同時也暴露出市民的貪婪和自私。

回頭來看當時的城市文學，不論內容還是形式，都與基督教信仰並非絕不相容，如果當時的教會能夠放下身段，以道成肉身的精神，讓聖經和基督信仰藉著順應時代需求的文藝形式來傳播和言說，就會帶來基督教文藝的一次大復興。但當時的教會並沒有這樣做，最後是上帝藉著教會以外的力量，打開了基督教文學藝術聖化與僵化的瓶頸。

## 文藝復興與基督教文學藝術

14 世紀至 16 世紀的文藝復興（Renaissance）最先在義大利各城市興起，以後擴展到西歐各國，於 16 世紀達到頂峰，是一場發生在歐洲的思想文化運動。當時的作家和學者們認為古希臘和古羅馬時代文學藝術曾高度繁榮，而到中世紀卻衰敗湮沒了，直到 14 世紀後才獲得「再生」與「復興」。

文藝復興帶來一段科學與藝術革命時期，揭開了近代歐洲歷史的序幕，被認為是中古時代和近代的分界。通常將文藝復興、宗教改革與啟蒙運動並稱為西歐近代三大思想解放運動，那麼這三大思想運動中，基督教文學藝術的得失與走向又是如何呢？從歷史中我們可以得到哪些反思和警醒？

上文已經談到 11 世紀後，城市的興起，市民階層的形成。經濟發展導致了文化審美的轉變，以往對現實生活的悲觀絕望態度，逐漸改變為追求人生的「世俗」樂趣，這些傾向與天主教的主張和當時的神學審美導向相違背。而當時的教會並未能順應時代的需要，執著的是天主教當時的文化形式和神學表像，而非真正的神學內核——聖經的啟示。

中世紀的基督教文學藝術從理論到創作和發表，都完全依託於天主教的教會機制，也因此失去了自我更新的能力。而當時義大利的市民和世俗知識份子極度厭惡天主教的神權地位及其虛偽的禁欲主義，但卻沒有成熟的文化體系可以來取代天主教文化，於是就借助復興古代希臘、羅馬文化的形式來表達他們自己的文化主張。但文藝復興是以古典為師的資產階級新文化，而非單純的復興古文化，表面上是要恢復古羅馬的進步思想，實際上是新興資產階級的創新思想。

這次的復興運動其實是一次對知識和精神的，空前解放與創造的訴求與實現。雖然因為反抗當時天主教在思想和文藝上的壟斷和統制，而形成部分反基督教文學藝術的傾向，有因追求人的解放而形成的人本傾向。但回頭來看，也可以看作是恢復上帝創造中賦於每一個個體生命之人的尊嚴。我從一個信仰者角度來看，我相信這也是上帝的心意，將基督信仰從漸漸僵化的宗教形式中釋放出來。

當我們反思文藝復興運動時期，應該要重新思考人文主義和人文精神。早期的人文主義者中大部分都仍保持著基督教信仰，只是希望來改變當時的教會文化和會眾的現實生活。但在今天的教會和社會的概念中，人文主義和人本主義成了同一個範疇。從文藝復興的文化和宗教背景看，起初的這種思想傾向，只是要宣導對個人的尊重，以理性和個人的自由來反抗天主教的神權。

天主教的神權文化，和脫離世俗生活和人性的「聖化」藝術審美，並不是上帝主權的唯一或全部代表。當宗教改革運動在教會構架和神學上否定了天主教的神權權威和聖俗二分的文化後，新教五百年來，在基督教文學藝術方面，並沒有足夠的反思，也未能徹底解開這一宗教捆綁。我認為這是造成基督教文學藝術雖在宗教改革後有一個時期的復興，但最後漸漸衰弱的原因，具體的過程走向會在文中漸漸說明。

人文主義精神最終也就從以上帝的創造為思想背景和基點來肯定人的價值和尊嚴，發展到以人為中心的現世享樂的人生觀；從主張人生追求現實生活幸福的正當性，到認為這是人生的唯一目的；從個性解放到以自己的情欲為自己的主人；從人是現實生活的創造者和主人到「人定勝天」……。

彼特拉克（Francesco Petrarca）和薄伽丘（Giovanni Boccaccio）都深受但丁作品的影響，他們與但丁作為先驅者被後人稱為「文藝復興三巨星」。史詩《阿非利加》使彼特拉克蜚聲詩壇，名揚遐邇，並使他獲得了「桂冠詩人」的榮譽。後來彼特拉克到處演講，把自己的文藝思想和學術思想稱之為「人學」或「人文學」，以此和「神學」相對立。他說：「每一個我所重新發現的古代著名作者，都是上一代的一個新的罪證和又一個不光彩行為的證明。他們不僅不滿足於自己的無恥的無所作為，還任由別人思想的碩果和祖先辛苦的勞作和縝密的觀察寫就的作品因為他們令人不堪容忍的忽視而消亡。」就這樣，他創造了（中世紀是）「黑暗時代」的概念。他被稱為「人文主義之父」，但據說他的晚年卻定居帕多瓦，沉浸於宗教的沉思中。

今天回看他的觀點，雖然我並不贊同他所有的觀點，但中世紀天文教主導的基督教文學確實在彰顯上帝一部分榮光的同時，也忽視甚至刻意掩蔽了另一部分的啟示。也可以說，任何一個時代一個宗派的基督教文藝都只能顯明某一部分上帝的真理與美，人為的宗教性的掌控和壓制，會在一定程度上規範和淨化基督教文藝，但同時也就縮小了創作的天地，以至斷絕聖靈的帶領和信仰生命活潑體驗在基督教文學藝術中顯明。

1348 年，黑死病流行。促使薄伽丘寫出歐洲文學史上第一部現實主義巨著《十日談》，被義大利近代評論家桑克提斯稱為「人曲」。這部作品導致了文藝復興在義大利愈來愈勢不可擋，並在歐洲各國傳播開來。回顧從但丁《神曲》到薄伽丘的《人曲》再到今天的世俗文學，在這過程中教會和神學提供了什麼？或者只是「無語」的旁觀？甚或是「不在現場」？

人文精神中的「確立個人價值，肯定現實生活意義，促進世俗文化發展，」並非一定就形成與宗教神權文化對立的思想。對於人文主義要求文學藝術表現人的思想和感情，科學為人生謀福利，教育發展人的個性的這些主張，教會應當給出從聖經出發的神本主義解讀，而基督教文學藝術各領域也當努力創作出作品成為範例，而不是被動地讓這種人性的訴求、文化的趨勢最終發展成為與上帝主權的對立。人文主義要求把思想、感情、智慧都從神學的束縛中解放出來，這是一個偽命題，因為神學本身不是固化的而是發展的，不是侷限的而是無限的。基督徒的使命就是不斷將上帝話語的啟示傳達到各個時代、各個領域，這才是「認識耶和華的知識要充滿遍地，好像水充滿洋海一般。」

因此，我們不應該被動接受這類似乎已成通識的定義：「人文主義的學者和藝術家提倡人性以反對神性，提倡人權以反對神權，提倡個性自由以反對人身依附。」（見人文主義——維基百科）這種被動接受造成了主動自限，以致於宗教改革五百年後，除了起初的文藝復興運動及餘波中，產生了大量的基督教文學藝術精品之後，基督教文學藝術在整個世界範圍的趨勢都是漸漸走回宗教的四牆，與社會、時代和世俗生活脫離，漸漸喪失活潑有力的自我更新力量，雖然期間也有經典傑出的作品，但總體態勢仍漸疲軟。

當時也有一些神的僕人，基督徒的人文作家、學者，他們的努力會給我們很好的啟迪。創作《理想國》（或稱《烏托邦》）的托瑪斯・摩爾（Thomas More）就是其中的代表人物之一。他曾擔任英國亨利八世國王的宰相，極富風趣，充滿人情味，同時又堅守基督信仰原則。他是位基督徒作家、學者，是位生活中品德良好的父親，同時也是人文主義者中的典範。他在書中風趣地批評當時的政治和宗教狀態。最後，由於堅守自己忠於羅馬天主教的立場，不肯附和亨利八世創立英國國教的行為，遭斬首致命。

另一位同時代的非常傑出的人文主義者，荷蘭鹿特丹的艾拉斯莫，雖然是一位神父的私生子，但他自己也進了奧斯定修會，成為神父。他周遊歐洲列國，尋找並收集手抄本，也因此結識了當時法國、英國、義大利和德國等地的人文主義者、王公貴族以及主教們。他在自己的代表作《歌頌荒唐》一書中，讓那些荒唐的人和事作主角，書中的人物和事情包括社會各階層，他以諷刺尖銳地批評教會中腐敗的人和現象。艾拉斯莫最重要的工作還在於出版事業。他在當時歐洲各主要印刷工廠出版許多古代的作品和教父們的著作，其中就有希臘文本的《新約聖經》。此外，他還寫了許多論著，表達他透過淨化宗教和使文化融在福音中的方法，來改造人的理想。艾拉斯莫提出經由歸回本源的途徑來重建神學，就是直接從聖經的原文和教父的言論來瞭解聖經的真意，認為神學的目的只有一個，就是發現基督。他的這一觀點在當時也代表著一批堅持基督教信仰的人文作家和學者在文藝復興運動中的希望。

我在對建立中國基督教文學藝術之途經的構想中，也持於此相似的觀點，但因為時隔六個世紀，聖經原文基礎上的釋經，和以教父言論為基礎的系統神學教義，都有了相對完善的規模。因此，在我的博士論文《舊約文學的漢語處境化》中，就是在此基礎上努力回到聖經文本文體中，以漢語閱讀路徑來理解聖經的真意，只有這樣才能將所發現的上帝的啟示，在漢語思維和文字中表達出來，進而在文學藝術作品中呈現出來，構架起根基於聖經本身的中國基督教文學藝術，而不是發展一個嫁接在西方基督教文學藝術上的中國基督教文學藝術。因為只有回到上帝的啟示中才能得著「天父世界」之廣闊，基督教文學藝術也才有自由翱翔的天地，和不斷更新的蓬勃發展的生命力。

文藝復興時期的繪畫雖然受古希臘和羅馬的審美影響，以及人文主義思想對人體和世俗生活的新的審美，與中世紀宗教藝術有了很大的不同。但文藝復興時期的很多繪畫作品仍是取材於聖經故事，只是人物形象的表達和畫面構圖更去除聖化。如今欣賞這些畫作，可以看到當時對天主教傳統神學和審美的反思。

文藝復興三傑達文西、米開朗基羅和拉斐爾的作品中有很多都是如此，例如：達文西《最後的晚餐》；米開朗基羅的繪畫以西斯廷禮拜堂的壁畫為代表，屋頂正中的《創世記》和《最後的審判》等都是聖經題材的作品。而拉斐爾的聖母系列是宗教虔誠與世俗審美結合的典型作品，而他所創作的耶穌被解下十字架等也表現出文藝復興時期基督教藝術走下神壇，趨向世俗生活審美的特徵。

但在回看這段歷史時，在藝術家的創作和生活中，我們也會發現希臘神話等異教與基督教的混雜，基督徒藝術家們生活和信仰的混亂。基督教教會藝術在題材上遠離了世俗民眾的生活，但在思想上卻被異教污染，成為天主教當時奢華腐敗的裝飾。從某種角度看，這也是造成清教徒新教文化後來漸漸遠離文學藝術，或說是因懼怕而放棄文學藝術領域的一部分內在原因。

其實，直到今天仍未能解決基督徒文學藝術家，在信仰生命上的純淨與在創作中的豐富自由之間的關係。在華文基督教文學藝術建立和發展的現況中，這個問題更為突出，我認為是有必要以史為鑑進行反思的。以波提切利的繪畫為例，這位後來成為宗教極端者薩佛納羅拉的追隨者，他在畫異教題材的《維納斯的誕生》和《春》時充滿想像力，但在他的另一幅名著《三博士來朝》中藝術想像力明顯受到束縛。這也是基督教文學藝術家創作的困境，並一直沿續至今。並且在宗教改革之後的新教歷史中沒有改善，反而更甚。

## 宗教改革與基督教文學藝術

人文主義思想的傳播，聖經的翻譯，16 世紀已傳遍歐洲各國的文藝復興，都在一定程度上影響和促成了歐洲 16 世紀至 17 世紀的宗教改革運動（Protestant Reformation），也是新教形成的開端。宗教改革運動由馬丁・路德（Martin Luther）、約翰・加爾文（Jean Calvin）、慈運理（Huldrych Zwingli），以及其他早期新教徒發起。大多數人認為宗教改革開始於 1517 年路德發表《九十五條論綱》，結束於 1648 年簽訂威斯特伐利亞和約結束三十年戰爭。

早期一些發生在歐洲的事件（如黑死病的蔓延和天主教會大分裂）侵蝕了人們對天主教會和教宗的信仰，其他一些因素（如文藝復興思想的傳播、印刷術的傳播、東羅馬帝國的滅亡）也都成為政治、思想和文化上的預備，但教義上的歧見才是引發宗教改革的關鍵。改革者反對當時天主教會的教條、儀式、領導和教會組織結構，最終建立起新的國家性的改革派教會。

第一個新教教會是 15 世紀揚・胡斯（Jan Hus）創立的弟兄合一會（Unitas Fratrum）（或波西米亞弟兄會），胡斯最後被天主教視為異端，遭火刑燒死。最大的新教教會是路德會（主要在德國、波羅的海國家和斯堪的納維亞），和加爾文的改革宗教會（主要在德國、法國、瑞士、荷蘭和蘇格蘭），另外還有一些較小的改革團體。

教會歷史上重要的改革都是教義的改革，即便是制度改革，也是基於教義改革的基礎上進行的。可以舉幾個例子來說明當時宗教改革主要反對的是什麼，以及其宣導的神學思想，由此我們才能分析宗教改革對基督教文學藝術的影響。改革家大多是護教士，因為護教家是最直接面對當時代社會思潮和文化的。

12 世紀法國的瓦勒度派就曾對教會中的聖職的神權提出異義，認為教士的言論並非完全無誤，平信徒也可上臺講道，後遭教宗視為異端，予以除名、改職。

1376 年英國的勒得倭得教區長兼英王皇家神學顧問約翰・威克里夫，見當時的教宗格列高利 11 世生活奢靡，教會因爭競逐財而腐化，便在牛津公開指責。提出世俗事務由上帝派政府管理，教宗不應干涉，這應該是較早政教分離的觀點。1377 年他宣稱聖經是信仰唯一的根據，教會唯一的律法，並將聖經譯成英格蘭地方語。他主張教會應以平信徒為中心，而非教宗的「平民主權」。這些也都成了其改革宗神學的主要觀點。

揚・胡斯因閱讀威克里夫的著作，也開始作類似的言論，後因嚴詞指責出售贖罪券是違反聖經的可憎行為，在 1409 年比薩會議被教宗定罪，1414 年赴康斯坦茨大公會議後被拘留，次年七月六日被處以火刑，引起波希米亞反教宗的胡斯戰爭，一直到 15 世紀才結束。

1453 年奧斯曼帝國滅亡拜占庭帝國，逃亡到西歐的學者們帶來了大量的古典，其中包括希臘文原文的聖經。前文所述的伊拉斯謨（Erasmus (Desiderius) von Rotterdam）校訂出版了希臘文原文版《新約聖經》。馬丁路德正是研究此希臘文聖經，認識到聖經裡面講的是「因信稱義」，而不是拉丁文翻譯的「因信成義」，觸動他最後形成新教神學理念的基石。

印刷術帶來的資訊革命推動了宗教改革的發展。之前聖經只能由聖職人員閱讀。一般信徒無法閱讀聖經，只能完全聽信各地神父對經典與教義的解釋。之後更多的人能夠自己閱讀聖經，自己思考，帶來對教會解釋的質疑。馬丁・路德等宗教改革者的文章也是通過印刷發行迅速傳遞到各地，宗教改革的思想迅速傳播。大約在 1500 年，差不多有四萬種書在歐洲十四個國家中發行，而德國和義大利則佔三分之二。

可以說新教從起始的宗教改革就得益，且依靠於文字和傳媒，但與此同時，在教會領域中，文字和傳媒更多地被作為資訊和思想載體，而開始減弱了其作為文學和藝術作品的性質。但人人可以讀聖經和向上帝禱告並懺悔，這一神學上的歸正，必定帶來基督教文學藝術在思想和形式上的釋放，這也成就了後來 19 世紀和 20 世紀的許多基督教文學作品。只是宗教改革以來我們並沒有自覺地來主動探討這一議題，基督教文藝因為是無意識、被動地受此神學改變的影響，造成了與世俗思想潮流相混雜的情況。下文會舉例說明。

中世紀的教會與政治密切聯繫。教宗和教會積極參與政治，與政府在經濟上也有許多糾葛。教宗為神聖羅馬帝國的皇帝加冕，派代表參加議會，親自推動十字軍東征等。而社會的政治領袖也很自然地介入宗教事物，建立教會、修道院，出兵支持十字軍東征。這種密切聯繫的後果是信仰的問題立即演化成為政治，並進而成為軍事的問題。

在宗教改革過程中，各級的世俗政權也紛紛表明立場，並且使用政治、軍事的力量支持自己的立場。羅馬帝國的皇帝查理五世支持羅馬天主教會，發詔書通緝馬丁路德。德國的腓特烈三世則將馬丁路德保護起來。慈運理在日內瓦成立政教合一的新教政府，親自上陣打仗捍衛自己的信仰。英國亨利八世宣佈脫離羅馬教會而成立英國國教會，但沒有進行信仰上的宗教改革。慈運理改教的主題是教會內道德的重整，攻擊贖罪券，並對聖禮有自己的主張。慈運理針對聖餐的問題和馬丁・路得彼此意見不同，致使 1529 年在瑪律堡會議中與信義宗分道揚鑣，新教各宗派再度分裂。由此也可見當時宗教改革主要關心的問題是教會內的教義與宗教形式。

這些引發了其後的反思，使新教漸漸走向政教分離，而政教分離從起初的機構事務上的分離，演變成思想文化上的分離。客觀實際上也造成了基督教文學藝術從主流文化中漸漸被邊緣化或是自我邊緣化。今天無論是中國還是西方國家，政府的力量（包括話語權和財力）仍是文學藝術中不可否認的主要力量，但基督教文學藝術已難在其中獲得，那怕是最平均程度的資源。這與新教教會對政教分離之詮釋和理念有關。值得思考的是，今天的這種結果是宗教改革時期，身處於天主教文化一統天下的改革者們無法預想的，而新教五百年來，新教教會鮮有反思及解決的行動。

在宗教改革之前，教會不僅控制了普通民眾的思想，還高高凌駕於世俗王權之上。宗教改革打破了羅馬天主教會的獨大局面，衍生了許多不同的新教教派，並和不同民族的國家相結合，使各個王國迅速發展壯大。這場改革無形中給歐洲帶來了自由、寬容的新氣息，從最初對不同信仰的包容到後來對不同政見的包容，這場宗教改革促進了歐洲政治、經濟等方面的進步，但在文學藝術上並無太多建樹。我認為其原因，一是隨即而來的理性主義（歐洲理性主義），二是清教徒文化。

理性主義（Rationalism）的哲學方法是建立在承認人的理性可以作為知識來源的理論基礎上，認為理性高於並獨立於感官感知。理性主義最早的發源地是在英國，也是歐洲啟蒙運動的一部分。同時代相對的另一種哲學方法稱為經驗主義，它認為人類的想法來源於經驗。相信現代科學方法，相信證據，著重認為理論應建立於對於事物的觀察，而不是直覺或迷信。意即通過實驗研究而後進行理論歸納優於單純的邏輯推理。

理性主義通過論點與具有說服力的論據發現真理，通過符合邏輯的推理而獲得結論的認知和研究方法，以及經驗主義的所有理論和假設都必須被實驗來檢驗，而不是單純且唯一地依賴於先驗推理、直覺和啟示的方法論，這兩者都對宗教改革之後釋經學的發展，以及新教神學的發展有極深的影響。

我認為理性主義和經驗主義影響了教會釋經學的發展，更影響了教會的文化氛圍，對寓意解經和靈意解經的完全棄絕，也造成了早期基督教文學中靈修文學和寓言文學的涸竭。

## 清教文化與基督教文學藝術

馬丁・路德最重要的神學觀是「義人必因信得生」（羅 1:17），由此本當引發一場基督教文學藝術，圍繞「信」這樣一個生命實踐議題而產生的釋放與復興。但當時的改革主要侷限在神學和教會模式中，後來改革宗神學主要也是從邏輯命題性教義上來闡述「信」，而被宗教改革突出甚至是獨尊的新約《羅馬書》，是一卷希臘化的邏輯與理性嚴密的文體，從而也就忽視了猶太文化中對「信」的感性和生活實踐性的闡述，以致沒能真正為宗教改革後的基督教文學藝術提供啟示性的生命力和思想支撐。

約翰・加爾文於 1536 年出版了《基督教要義》，隨即到日內瓦。但他的改革教會提案未被接納，且被驅逐出境。經數年潛心研究，1541 年他再返日內瓦，得到歡迎，並治理當地教會二十三年，使它成為新教的中心。加爾文主張預定論：人得救與否完全是神所預定的，但又不贊同宿命論；相反的，他認為虔誠的信仰與完美的德行是每一個基督徒的義務，他們應該在世間努力工作以榮神益人。加爾文的教義受到許多工商業者歡迎，成為新教主流，其中以長老會的發展最為蓬勃。

宗教改革後，對西方特別是美國影響最深遠的是加爾文神學，我認為加爾文教義中對德行的重視，極大影響了清教徒文化和之後的基督教文學藝術。

在 17 世紀的清教徒作家中，約翰・彌爾頓（John Milton）和約翰・班揚（John Bunyan）是代表。晚年雙目失明後的彌爾頓口述創作了《失樂園》、《複樂園》和《力士參孫》，內容都取材於聖經，師法中世紀文學的夢幻、寓意、象徵的表現手法，表現出對信仰和理想的追求，是非常典型的清教徒早期文學，至今也是基督教文學的一個高峰。

而班揚作為一個佈道家，一個「唯讀一本書」（聖經）的作家，英文欽定本聖經對他的影響是極深的，不僅是信仰也包括英文文體。但當我們讀同是寓言體的班揚的《天路歷程》時，就會看到與彌爾頓的不同是，清教徒的道德倫理和教義更抽象、圖解化地呈現在作品中，想像力相對減弱。雖然，毋庸置疑《天路歷程》是一本基督教文學名著，但在《天路歷程》中其實開始孕育出一種完全為宣講教義而服務的基督教「福音文學」（文字事工）。這極大地影響，甚至壟斷了之後幾個世紀基於教會的基督教文字。

最後形成了新教基督教文學狀況：一方面教會只有「文字事工」，只強調文學藝術的功用性，而最終失去文學藝術；另一方面，基督教文學藝術成為在教會以外的，基督徒個人性的創作，而使得基督徒作家在神學和靈性上失去基督身體的保護，也使得基督教文學藝術無法形成整體的力量，更不可能形成復興和潮流。

從奧古斯丁的《懺悔錄》到盧梭的《懺悔錄》，我們可以明顯看到神本向人本的漸變，從宗教信仰的救贖向道德倫理的悔改轉變。即便例舉近代著名的有基督教元素的經典文學作品，我們都能看出道德倫理已經替代了聖經中「以人為神」的原罪觀。基督教信仰在基督教文學作品中的呈現，不再是顯明人的無法自救，而呈現為一道虛假的宗教梯子，來幫助犯了罪的人得以自我救贖。這大大偏離了基督教信仰中的罪與救贖。

以人道主義思想為主導的法國作家維克多・雨果（Victor Hugo），他的《巴黎聖母院》和《悲慘世界》是非常感人的小說，但其中的宗教情懷仍主要是在基督教新教的道德倫理方面。有人認為霍桑（Hawthorne.N.）的《紅字》是對基督教倫理的解構，但小說中無論是牧師七年的痛苦自責，還是白蘭仍帶著那個紅色的 A 字，以自己「崇高的道德和助人精神」，把恥辱的紅字變成了道德與光榮的象徵。作品中的贖罪都是轉繞道德作為的。

另外 19 世紀俄國作家陀思妥耶夫斯基和托爾斯泰的小說也大都是以道德和罪行，愛和救贖為關注點，而其中描述的救贖方式本質上也是一種借助宗教的自救。這些近代的基督教文學經典都因為幾乎是只關注道德和人道，形成了人性剖析深刻，神性表達模糊，以至於無法和世俗文學分離。神性也就成了人本寫作中的一道添彩的光輝。

這種以人本出發的道德、倫理、愛、救贖形成的基督教文學，雖然仍然傳遞出部分基督信仰的道的生命之光，但已經非常有限，不足以支撐起基督教文學藝術的核心架構。而上述的這些經典名著在文學上的價值也遠大於其在基督信仰上的載道的意義，只不過是基督教在西方文化中的影響，而這種光芒的餘輝到 21 世紀後也漸黯淡。

今天的後現代主義文化，反對權威，解構一切固化的道德倫理觀，文學藝術更是崇尚自由和解構，建立在基督教道德倫理觀上的近代新教文學藝術必然面臨無以為繼的處境，如果堅持固有模式寫作，其邊緣化是難以逆轉的。

但如果我們反思文藝復興時期天主教的態度；如果我們可以真正回到聖經全備的資訊中，回到神本的視角中；如果教會不再將文字僅當作工具，而是主動地孕育產生基督教文學藝術，那麼現在這個時代其實也是基督教文學藝術歸正和復興的時代。缺乏文學素養，我們的神學就變得枯燥乏味，成為邏輯遊戲，和死的標本；缺乏神學，我們的文學就變成了語詞的遊戲、感情的宣洩、任性的表達。

宗教改革提出的「因信稱義」的救贖觀，其實還沒有能在基督教文學藝術中呈現出來。而「信」是神本的，「道德」是人本的；「信」是超越時代和種族的，「道德」是具有社會和時代侷限的；「信」是生命本質的狀態，「道德」是生活的規範。因此，建基於「信」上的基督教文學藝術，才更具永恆性，才更具有不可缺失性。

如果基督教文學藝術能為這個世代人的思想和文學藝術審美，提供不可缺的一種生命狀態範例，和一條走出人類困境的道路，那麼它必然從邊緣走向主流。我不認為基督教文學藝術將重新「一統天下」，但它應當如耶穌基督般，道成了肉身，住在人中間，充充滿滿的有恩典有真理，讓人看見上帝天父的榮光。

施瑋完稿於 2017 年 7 月 28 號洛杉磯東穀

**施瑋**詩人、作家、畫家、學者。曾在北京魯迅文學院、上海復旦大學中文系作家班學習。1996 年底移居美國，獲華神教牧博士學位，研究舊約文學的漢語處境化。華人基督徒文學藝術者協會主席，曾任《海外校園》主編等。出版作品十五部。主編《靈性文學》等叢書。與音樂家合作交響詩《基督頌》等。在中美及歐洲降雪，倡導並推動「靈性文學」創作。2016 年出版教會歷史長篇小說《叛教者》，是靈性文學的代表作品。

參考書目：

施瑋《在大觀園遇見夏娃——聖經舊約的漢語處境化研讀》。香港：浸信會出版社，2014。
陳召榮、李春霞編著《基督教與西方文學》，甘肅人民出版社，2007/6。
劉建軍《基督教文化與西方文學傳統》。北京：北京大學出版社，2005/8。
任光宜《俄羅斯文學的神性傳統：20 世紀俄羅斯文學與基督教》。北京：北京大學出版社，2010/1。
梁工、盧龍光編選《聖經與文學闡釋》。北京：人民文學出版社，2003。
梁工主編《聖經與歐美作家作品》。北京：宗教文化出版社，2000/11。
克勞治《基督教教義史》。胡加恩譯。台北：華神，2002 年。
帕利坎《讀經的大歷史》。吳蔓玲等譯。台北：校園，2010。
德佈雷《100 名畫：《新約》。張延鳳譯。桂林：廣西師範大學出版社，2007/8。
德佈雷《100 名畫：《舊約》。張延鳳譯。桂林：廣西師範大學出版社，2007/8。
塔納斯《西方思想史》。吳象嬰等譯。上海：上海社會科學院出版社，2011/8。

# 基督教藝術的復活
# 與現當代藝術史重寫
## ——兼論宗教改革對藝術史的持續影響

郝青松

19 世紀末至今的現當代藝術史，其思想轉折卻與五百年前 16 世紀的宗教改革有著莫大的關係。之後藝術在人文主義的旗幟下大踏步向前，逐漸遺棄了中世紀長達一千多年的基督教傳統，並且形成宗教改革之後社會史和藝術史的一個悖論：一方面宗教改革推動了社會變革，直至英美這些新教國家的建立，世界由此進入現代文明；另一方面，除了聖樂繼續在新教教堂中響起，視覺藝術在反偶像崇拜的名義下幾乎被完全驅離出新教教堂，現代藝術因此完全開始了一條藝術自義的道路。

宗教改革五百周年之際，歐洲深陷於伊斯蘭難民危機，其實質是歐洲左派自由主義的思想危機。在挽救這場以人文主義為根源的歷史危機中，英美保守主義正在逐漸復甦，政教分離也在再闡釋中被反思和修正。宗教改革的意義也正在被重新認識，並在當代社會問題的分析與介入中去加以紀念。

當代藝術也正在陷入同樣的人權至上的思想危機，以及中國語境的國家主義威脅之中。曾經拋棄了宗教改革精神的藝術史，而今能否重新從宗教改革中獲得啟示，喚醒靈性，開啟新路呢？對於中國當代藝術來說，眺望宗教改革也與盼望社會轉型密不可分。

## 作為人文主義的現當代藝術史

人文主義，被看作是文藝復興以來現代世界的精神基礎，進而也成為藝術的現代信條。德國圖像學家潘諾夫斯基有言：「作為人文學科的美術史」。相比西方人文主義的歷史背景，我們依然身在「未完成的現代性」的中國。縱然早在《易・賁》中已有「觀乎天文以察時變，觀乎人文以化成天下」的論說，但現代意義的人文主義（Humanism）的觀念在中國的實踐直到 20 世紀才開始。即便如此，當代思想界在某種意義上甚至已經言必稱人文，似乎人文主義代表了古今之變當然的現代和未來視野。

相對於荒蠻和極權來說，人文主義極大地解放了人類的思想力。雖然在更深的層次上，基督教同人文主義精神是可以相融的，[1] 但在歷史趨勢中人文主義依然像是一個弒父的突圍者。人文主義宣導人的理性從神性啟示和感性經驗中獨立出來，從而能夠「我思故我在」，如康德所言「勇敢地運用你的理智」，而理智便是脫離他強加於自身的那種不成熟。神性和感性都被人文主義認為是不成熟的根源，因為二者的原因，人不能獲得獨立和自由。祛除神性之後，人成為自己的主人，也成為世界的主宰者，幾乎征服了地球上所有的地方和領域，為世界劃疆立界。人文主義對理性的宣導，同時對應了文藝復興以來的古典藝術，形為古典實則已經是現代思想實踐的範疇了。

另一方面，當理性偏執強大到以唯一真理自居，人文主義就自設了一個囚禁自己的牢籠。啟蒙理性異化為工具理性，人逐漸成為一個計算系統中被計算的程式。人文主義的原義幾乎喪失殆盡，理性大廈岌岌可危。因此，文藝復興之後古典藝術的每一次復興都不再是理性的榮耀而更是理性的抵抗和掙扎。

人性需要突破，藝術也需要再次定義。康德為此重新劃分了世界的

[1] 《基督宗教與人文主義》，載何光滬著《月映萬川》，北京：中國社會科學出版社，2003 年版。

疆域，為上帝退隱之後的人間世界重新立法，在自然－科學和社會－道德領域之外，特別開闢了心靈－藝術的領域。心靈和藝術的聯結當然不是康德的創造，卻為他理性的定義而確定。他理性地發現了藝術非理性的本質，因此為心靈域單獨立法。這是藝術之為藝術的感性的本質、直覺的本質。現代藝術的理論本源即在此處：「無目的的目的性」。藝術的目的就是藝術自身，藝術「自有永有」。而在基督教世界觀中，自有永有者，唯有上帝。[2] 當藝術被理性地認為如上帝一樣超驗的存在，一方面藝術填補了世界超驗部分的屬性，另一方面藝術以真理之名成為偶像。由此，藝術「真理」成為個人抵抗工具理性「真理」的武器，這是現代藝術外在的社會性的一面。

繼而，尼采赤裸裸揭開了康德的遮羞布，宣稱「上帝死了」的現實，真理唯有「酒神精神」，就是呈現在藝術上的浪漫主義，對應著人性中感性一面的張揚，以及對人性中靈性和理性的完全棄絕。

現代藝術由此走上一條藝術稱義的形式主義的道路，以藝術為本體，在藝術內部極盡創造力，從抽象主義和表現主義兩個方向上發展，直至合併為抽象表現主義，最終成為極簡主義。極簡主義抵達了形式主義的頂點，也是現代主義死亡與重生之地。而形式主義可以看作是人文主義在藝術本體中內在追求的結果。

當代藝術給予藝術新的闡釋邏輯——觀念形態。當現代藝術的形式主義發展到極簡主義的時候，意味著形式創造的所有可能性都已失效，藝術又需要新的突破——從能指進入到所指——從形式主義到觀念藝術。如果只在觀念形態的方法論層面，觀念形態還是一種形式，因此重要的更在於觀念內容。當代藝術走出藝術本體重新進入藝術之外的世界，特別是社會領域。這是當代藝術與現代藝術區別之處，但是當代藝術並未走出人文主義的輻射。

當代藝術本質上是一種文化政治，一方面以消費文化和民主政治的普世價值作為觀念主體，另一方面又把多元文化和人權政治的世界關懷作為觀念問題。人文主義依然是當代藝術的內核，這一點與現代藝術以

---

[2] 《聖經》出埃及記 3:14：神對摩西說「我是自有永有的」。

及文藝復興以來的古典藝術沒有區別，都走在祛除神魅的平面世界中。

但是在基督教世界觀看來，無論在平面的世俗之城的藝術探索有多遠，如果沒有從世俗之城跨越到垂直維度的上帝之城，就依然在沒有希望的困境中。這是人文主義的天然侷限，貌似在現代社會政治正確的人文主義，自這一概念生成伊始對世界的理解就是不完整的，甚至是絕對錯誤的，如果它堅持世俗之城就是全部世界的話。

即便中國語境下的人文主義理想依然未竟，它也不能因此就拒絕自我批判。西方現當代歷史經驗也是普世價值的一部分，人文主義內在包含了對自身的反思和批評。如果不能認識到這一點，中國至多成為法國大革命式的現代文明，而絕不可能是英美文明。兩者貌似同為憲政民主的現代國家，其實有著極大的分別。英美文明是不同於法國啟蒙的蘇格蘭啟蒙的結果，源自宗教改革之後的清教精神。事實上，中國 20 世紀的社會主義革命與法國大革命一脈相承，都背離了宗教改革的偉大傳統。

如此看來，中國語境下的文明和藝術，不僅要補人文主義的課，更要補宗教改革的課，後者更為根本。

## 現代藝術與宗教改革精神的缺席

人文主義視界之下的現代藝術史，忽略了宗教改革的重要作用，而與康德美學、尼采哲學、攝影技術的發展有關。康德美學奠定了現代藝術本體自治的理論基礎，尼采哲學明確了藝術本體的感性特質，攝影則以逼真的再現技術給寫實藝術以前所未有的歷史壓力。面對攝影給繪畫帶來的歷史危機，康德美學和尼采哲學給繪畫開出了一條新路，從此不再摹仿現實而再現內心。攝影技術的出現確實是一個理性主義的技術壓力，在方法論上幾乎完全消解了古典寫實繪畫的存在基礎。之後的現成品藝術如杜尚的《小便池》具有同樣的消解力量，但現成品同時帶來了觀念形態的新方法論的生產，攝影卻不具有同等的生產效力。事實上，在藝術危機的問題上也高估了攝影的作用。更為重要的因素，乃是宗教改革。

宗教改革乃是面對天主教會神權世俗化的異化現實而興起的思想變

革和社會運動。關鍵在於，針對天主教的「因行稱義」新教提出「因信稱義」，回到聖經的權威依據。「因行稱義」，即人通過善行可以在上帝面前稱義，善行包括朝聖、立誓、禁食、饋贈、購買贖罪券等行為，以獲得靈魂救贖。教會對事工世俗化的鼓吹不可避免地導致了教會的腐化。「當善功和金錢被認為可以贖買人們的罪惡時，它們也就成了人們恣意縱欲的憑證。不以信仰，僅以人的外在善功為拯救之本，必然引起普遍的道德崩潰。」[3] 天主教會的信任瀕臨破產，宗教改革勢在必行。1517 年 10 月 31 日，路德發表著名的《九十五條論綱》，拉開了宗教改革的序幕，基督新教也由此生成。新教「因信稱義」的觀點出於使徒保羅：「義人必因信得生」。[4] 路德由此得出「因信稱義」的核心觀念，認為人的得救全在乎對上帝的信仰，而與因行的善功無關，得到救贖完全是上帝的恩典。依據在於聖經本身，至高無上的聖經高於教皇和教會。繼而加爾文新教的核心又強調了「預定論」，認為一個人的得救是上帝預先確定的，同時認為善行是得救的標誌，[5] 激勵了信徒的世俗工作。作為天職的日常工作，謙遜、節儉、利他的人生態度，呈現為清教精神，進而推動了現代資本主義社會的建構。可以認為，沒有宗教改革就沒有今日的現代社會。

事實上就概念而論，新教乃是原始的歸正的基督教，天主教則是傳統演化而成中古式的基督教。新教教義反而比舊教更為古老。但在對社會歷史的推動上，新教解放了被世俗神權捆綁的政權和人權，建構了新的社會意義。「新」的根本在於復古，重新確立了神權的終極基礎作用。但作用於藝術領域，宗教改革的復古精神卻主要是負面的。

新教強調靈性與信心，排斥感官色相與功德形式，擔心這些藝術的形式會干擾信仰的虔敬和敬拜的專一。偶像崇拜的問題被特別提出，摩西十誡第二誡這樣說：「不可為自己雕刻偶像，也不可做什麼形象彷彿上天、下地，和地底下、水中的百物。不可跪拜那些像，也不可事奉

---

[3] 李平曄著《人的發現——馬丁・路德與宗教改革》，成都：四川人民出版社，1984 年版，頁 87。

[4] 羅馬書 1:17

[5] 天主教認為，善行是得救的原因；在路德眼裡，信仰是得救的確證；在加爾文看來，善行是得救的標誌。參見馬深著《英格蘭精神與基督教文化》，北京：智慧財產權出版社，2013 年版，75 頁。

它，因為我耶和華－你的神是忌邪的神。」[6] 偶像是一種摹本的存在形態，可能是神的摹本，也可能是別的神或者人的摹本。摩西十誡的第一誡明確宣告：「除了我以外，你不可有別的神。」這別的神或人自義的神，在歷史上極其廣泛地存在著。或者是萬物有靈論，或者人把自己當成神，如萬民擁戴的神的代理人——教皇和極權國家的統治者。進而，即便是上帝的偶像——上千年基督教藝術中的寫實圖像也是新教所明確反對的。因此，從形式到內容、從教堂到圖像、從繪畫到雕塑，新教與天主教、東正教大有不同。一方面新教信仰觀念著重於抽象靈感，具象寫實被其反對並從教堂中驅除出去。另一方面，藝術、裝飾不被提倡，新教教堂規模一般不如天主教教堂，造型和裝飾也相對樸實和簡單。在藝術題材上，因為新教獨重耶穌的訓示與早期教會的典範，故其能夠接納的藝術課題亦極為有限，如「最後的晚餐」一類的作品尚受青睞，但《舊約》典故或有關聖母之創作則不為所喜，更遑論教皇與聖徒之類的主題。而在天主教方面，因為抵制新教的原因，反而更為提倡傳統的基督教藝術。1545-1563 年召開的特蘭特會議（Council of Trent）為了振興天主教的舊有權威，尤其支援主題明晰而說理有力的基督教藝術，17 世紀的巴洛克藝術某種程度上即是這項宗教政策下的產物。舊教基於傳教策略而擁護藝術，新教則基於信仰觀念而反對藝術。[7]

當寫實的藝術不被新教教堂所接納，在歐美被新教精神深度影響的社會空間裡，寫實藝術也註定會被看作是藝術史的化石，被新的藝術趣味所代替。新教立場頗不利於藝術創作，不僅僅針對舊有的有著明確聖經典故和教會歷史情節的基督教藝術，而且在於新教教義對聖經歸正精神的理解抽象而複雜，不易入畫。或者說，從抽象觀念如何轉化為藝術形式，是一個新的藝術課題。現代藝術因此以抽象的形式主義作為方向發展起來，但是其內在的抽象觀念卻遠離了上帝的抽象觀念，而只是以人為中心的抽象觀念，如笛卡兒主張的「我思故我在」。

即是說，宗教改革之後因為反偶像崇拜的原因，促使藝術史轉向了

---

[6] 出埃及記 20:4-5

[7] 王世宗著《歷史與圖像——文明發展軌跡的尋思》，台北：三民書局，2007 年版，頁 305-306。

以抽象為主要形式的現代藝術，但是宗教改革只是製造了藝術史的危機，而並沒有作為一種思想的力量直接促進為現代藝術重生所用。

在「上帝死了」的觀念之下，基督教觀念基本上從現代藝術史中退隱。但它在世界關聯式結構中的超驗身分還是找到了一個替代者——藝術。從奧古斯丁《上帝之城》到海德格爾「天地人神」都建構了一種對世界關聯式結構的完整理解，其中人與神的超驗關係是這一結構中的基礎，制約了其他的人與自然、人與心靈、人與社會的關係。康德在隱晦上帝之城的前提下為世俗之城立法，最重要的是在自然界－科學和社會界－道德之外獨立出心靈界－藝術，以藝術代宗教。雖然上帝之城隱晦，但藝術代替了宗教的超驗身分，因此似乎世界關聯式結構還是完整的。

但這種完整註定是脆弱的，只是假像而已。人本主義的藝術超驗只是心理學意義上的情感、直覺的碎片，在現代主義這個「靈光消逝」的年代，任何以替代者取代靈光的企圖都將會以失敗告終。「靈光」（aura）是本雅明在《攝影小史》與《迎向靈光消逝的年代》中的核心概念。本雅明定義「靈光」為：「遙遠之物的獨一顯現，雖遠，但仍如近在眼前。靜歇在夏日正午，延個地平線那方山的弧線，或順著投影在觀者身上的一節樹枝，這就是呼吸那遠山、那樹枝的『靈光』。」[8] 本雅明認為這遙遠的靈光結合在獨一的藝術創作中，是一種傳達神的旨意，能夠投射與顯現靈光的藝術品。但是本雅明又過於樂觀地接受了技術複製的藝術趨勢，並不為獨一作品中「靈光」的消逝而悲傷。

現代藝術理所當然地走向了它的末路，即便出現過梵谷、高更、馬蒂斯、畢卡索、羅斯科等等諸多現代藝術大師。梵谷、高更、羅斯科還都是基督徒藝術家，但是藝術史的書寫幾乎忽略了他們的基督徒身分，對他們的肯定只在人的現代觀念的形式創造方面。當藝術本體的形式創造力抵達極簡主義的時候，再也無法延續形式主義的藝術史，必須要開始一個新的藝術邏輯——當代藝術方法論。

---

[8] 本雅明〈攝影小史〉與〈機械複製時代的藝術作品〉，《迎向靈光消逝的年代》，許綺玲譯，台北：台灣攝影工作室，1999 年版，頁 65-66。

當代藝術從形式主義出走，尋求形式的所指，成為一種觀念的藝術。觀念形態就是當代藝術的方法論，觀念內容則指向了文化政治——人與社會領域關於政治哲學的當代藝術。現代藝術本質上是以審美現代性抵抗已經工具理性化的社會現代性，但是最終侷限在藝術內部的形式自娛自樂。當代藝術依然要面對現代性的困境——未完成的現代性，這是現代藝術未竟的事業。當代藝術的文化政治主要體現在兩個方向：其一消費文化，消費自由中的欲望狂歡，以沃霍爾為代表；其二人權藝術，民主自由中的人權抵抗，以博伊斯為代表。兩者充分體現在晚期資本主義的文化邏輯中，當代藝術成為資本和權力的戰場。後現代語境下，自由主義充當了當代藝術的思想基礎，無論抵抗權力還是消費狂歡，都強調了人本主義價值觀。如果說現代主義凸顯了一個人的上帝，後現代主義則呈現了無數個人的上帝，在人本主義的層面兩者沒有本質區別。當代藝術所追求的文化多元主義必然淪為虛無主義，主體的意義在無數主體的政治正確中耗散，藝術的意義也隨之飄散。

如果只從人權與政權的關係去理解，當代藝術的人權主張具有現實的正義性，這也是多元主義和解構主義的勝利。但問題在於，人權－政權的藝術思想解構缺失了更為根本的神權的基礎環節。正確的結構應該是：神權＞人權＞政權。神權指唯獨上帝的掌權，而不是泛神論的崇拜。即便現代社會驕傲地遺棄神權，神權也會隱性地存在，被人權和政權替代，成為它們德不配位的秩序錯亂問題。由此隱含了極權藝術和當代人權藝術共有的致命盲點——對神權絕對性的忽略以及各自對神權的篡奪。

可以反向推論，如果重建藝術史的神聖敘事，以基督世界觀重新觀照藝術史，歷史將從墮落回到拯救狀態，如同聖經敘事預定的那樣。

而以基督世界觀觀照藝術史，首先意味著重寫現當代藝術史，一條從未消失的神聖脈絡將浮現出來，為被誤讀為「作為人文主義的藝術史」提供另一種內在的精神原動力。

## 現代藝術史的自然神學敘事

藝術與宗教都具有超驗的性質，因此有著以審美代宗教的可能。這也構成現代藝術的身分政治，以替代的超驗身分虛擬地參與建構了一個相對完整的世界結構。但在現實中，宗教因素不可能在某一個確定的時間突然中止，普遍的宗教情懷、悠久的信仰傳統、依舊人數眾多的信徒以及藝術家的信仰，都會繼續介入現代藝術史，雖然很被人文主義盲視。

轉換到基督世界觀的視角，現代藝術並非只是形式主義的藝術史，形式的生產並非出於為藝術而藝術的形式自義，而是一種意義生產——基督精神的現代嬗變。

宗教改革帶來的歸正神學思考，對真理和世界的認識更為抽象複雜，因此作為殘存神聖敘事的現代藝術首先要解決的就是如何將抽象意義轉化為非偶像的形式。借用羅斯金在《現代畫家》中的著名說法「情感誤置」（patheticfallacy），[9] 可以將這種轉化稱為「神性誤置」。「情感誤置」指的是，將人的情感投射在非人類形象和行為的自然物件之上，如山川、河流、建築、靜物等等能夠引起情感生髮的自然媒介。「神性誤置」投射的則是高於人類情感的基督精神，神自有永有，而神性被理解、被轉換的時候出現了誤置。但要明確的是，誤置並非否定，而是肯定之上的某種轉化之中的偏離，由此形成現代藝術史的自然神學敘事。自然神學指的是不依賴於信仰或特殊啟示，而僅僅憑藉理性與經驗來建構關於上帝的教義。[10] 顯然這與宗教改革之後以特殊啟示為基礎的新教教義不同，但在藝術領域憑藉自然神學去探索的卻是那些北方的新教藝術家。

天主教的歐洲南部譬如法國，革命和帝國時期的政治事件要求將基督教中的殉道者和聖者轉變成當今的歷史經驗。把神聖的基督教形象轉譯成現代半神——新的殉道者，新的英雄，新的國家領導者——的世俗語言，此類轉換可在浪漫主義時代的整個西方藝術，在大衛、安格爾、

---

[9] 羅斯金《現代畫家》，III，12 章，載《約翰・羅斯金的作品》，庫克、亞歷山大・韋德伯恩編，第 5 卷，倫敦 1904 年版，頁 201-220。轉載自羅伯特・羅森布魯姆著《現代繪畫與北方浪漫主義傳統》，劉雲卿譯，桂林：廣西師範大學出版社，2003 年版，頁 30。

[10] 安希孟《從自然神學到關於自然的神學》，載《啟示與哲學的政治衝突》，道風基督教文化評論第十四期，2001 年春，頁 213。

戈雅那裡找到。然而，另一種從神聖朝向世俗的轉換更多地發生在新教的北方浪漫主義，我們於其中感受到神的力量已經多少脫離了基督教藝術「血與肉」的戲劇敘事，而代之以風景的領地。[11]

卡斯帕・大衛・弗裡德里希（Caspar David Friedrich）的《海邊修道士》（The Monk by the Sea）於1810年秋季首展於柏林學院時，其畫面上顯見的空寂曾讓觀眾感到困惑；另一幅羅斯科（Mark Rothko）1950年代的作品《藍上之綠》，那幾近空無的意象同樣令人不知所措。兩者可以看作是「神性誤置」現代藝術的起訖點上的代表作。《海邊修道士》中，藝術家似乎將其自身投射到一個孤獨的修道士身上，以此探尋自己與偉大未知的關係。儘管與公認的宗教素材並不一致，根據前現代的標準，它絕不會被視為宗教繪畫，但對許多現代的觀察者來說，弗裡德里希甚至已經滿足了宗教藝術的超驗渴望。他希望在傳統基督教聖像學的神聖範圍之外，在世俗世界中重新啟動神之體驗。這不獨是弗裡德里希的個人困境，也為許多同時代人所共有，他們對18世紀針對傳統基督教的反覆攻擊作出了反應，並希望復活或取代陳腐的儀式及教會的形象。

弗裡德里希的同時代人德國新教徒施賴爾馬赫有著同樣的意圖，他希望以一種極端的新形式復興基督教信仰。1798年，他匿名發表論文《論宗教：致有修養的輕蔑者》，籲求通過拒斥其外在儀式，借助培育一種可延伸到基督教教義以外區域的、某種個人的虔誠體驗來保護基督教的精神內核。這也是對「神聖誤置」的解釋。在教會的繁文縟節之外追求上帝，施賴爾馬赫的這種神學探尋也是許多浪漫派藝術家兩難困境的核心：如何表達精神的、超驗的體驗，而無需求助於諸如讚頌、十字架上的受難、復活以及耶穌升天這類傳統主題——在啟蒙的時代，它們不斷被削弱。

與那種最不可捉摸的自然現象，像光、色及空氣等進行深刻交流的氛圍在弗裡德里希的早期繪畫中更加明顯。進而，弗裡德里希又在風景中加入基督教藝術的人工象徵物及基督教建築，如在朝聖路上遇到的十

[11]《現代繪畫與北方浪漫主義傳統》，頁9-11。

字架，而不是十字架上受難的基督血肉之軀。以至幾乎所有世俗繪畫因為超自然象徵意義的賦予都可以被轉化為宗教繪畫的新範疇。由傳統基督教題材轉換至自然現象以及虔誠信仰的標誌的替代，弗裡德里希對後來的藝術產生了不可估量的影響。[12]

不需要明確宗教主題，自然本身就可以揭示出超驗的神秘。19 世紀末期，出自新教的北歐和美國藝術家們始終如一地拓展傳統基督教藝術家之外的宗教經驗。梵谷、蒙克均以不同方式探尋風景中的神聖意識，借助太陽、月亮和星辰，無邊無際的荒原和海洋，山巔望去的無垠虛空。他們發明全新的象徵主題連接人與自然力共有的生命規律，試圖創造更為獨特的宗教藝術。

20 世紀的新教藝術家繼續推進這種模糊風景與宗教繪畫、自然與超自然界限的藝術能力。現代藝術一般被認為有兩個方向：偏向情感的表現主義和偏向形式的抽象主義。表現主義藝術家馬克和諾爾德在研究花卉、風景、動物時將自然世界轉化為顯明的宗教象徵。抽象主義藝術家康定斯基和蒙德里安，將有神智學與唯靈論等秘密來源的秘傳宗教聖像學和風景意象，視為徹底抽象的繪畫語言的母體。[13]

及至美國抽象表現主義群體，出現在第二次世界大戰這個有著啟示錄般末世喻義的重大歷史事件之後。二戰之後，出現了兩種歷史反思，一種是針對極權主義的現實反思，另一種則是對人類原罪歷史的超驗反思。二戰的發動者德國同時也是二戰受害者，德國人註定了無法超脫奧斯維辛這樣的現實悲劇，博伊斯和基弗都直面歷史情境，因此引導了戰後當代藝術的文化政治方向，影響至今不絕。遠在北美的美國，本身就是一個二戰時期的避戰所，吸引了無數歐洲難民，包括很多藝術家。現代藝術高潮階段的抽象表現主義，代表了迴避現實的超驗反思方式，這也是現代藝術以審美帶宗教的藝術超驗邏輯的延續。二戰苦難的觸痛遠勝過現代藝術初始時面對的工具理性的壓力，人類在原罪中的墮落幾乎不可救藥，悔改之路遙遙無期。更為強烈的對人類自身的不自信伴隨了

[12]《現代繪畫與北方浪漫主義傳統》，頁 3-9、22。

[13]《現代繪畫與北方浪漫主義傳統》，頁 204-205。

更為超越的精神需求，對原初神話和自然的這種尋求構成了許多抽象表現主義作品的特徵。如波洛克作品中無處不在的自然奇觀——對星系或核爆炸的驚鴻一瞥和創世想像，或對大地、空氣、水、火等自然抽象元素的洪荒之力的直覺把握。

紐曼在這一主題上特別關注了創世的意象，他的猶太人身分對於反偶像崇拜的思考，與宗教改革之後新教的歸正立場趨同，而與天主教傳統不同。紐曼在 1967 年曾談及二戰之後圈內藝術家的創作動機：「二十年前的世界是一片廢墟，經濟大蕭條和殘暴的世界大戰讓一切變得滿目瘡痍，我們面臨著嚴重的道德危機，那時怎麼可能畫出當時的那種風格——鮮花、半躺的裸體女人以及大提琴演奏者（現代主義畫家常用這些主題，如塞尚、畢卡索和馬蒂斯）。同時，我們也無法進入一個由雜亂無章的形狀和形式或是混亂的色彩關係所構成的純粹世界。我必須要說的是，對於我們中的一些人，決定畫什麼才是我們的道德危機。因此，讓我們真正地開始吧，或者恕我直言，一切從零開始吧，就好像繪畫不僅消亡了，甚至從未存在過。」[14] 享樂主義和形式主義都不能應對二戰之後的精神需要。當一切都是廢墟，唯有重新開始，那就是對創世記的迴響。紐曼在超乎某個特定教派之上的多樣的宗教來源中找尋宇宙的來源，他不僅探尋了原始部落及希臘人的神話製造問題，還探尋了從「猶太－基督教」傳統、猶太神秘主義「喀巴拉」、舊約到「苦路祈禱」傳統系列敘事中的受難故事。紐曼在其中尋找崇高與幻象，直面有關創造、神明、死亡與再生的終極神秘。

另一位被認為屬於鬆散的抽象表現主義畫派的猶太人羅斯科，代表了北方浪漫主義在現代藝術「神性誤置」方向頂峰的代表。從弗裡德里希的自然神性開始，到羅斯科的時候已經完全遠離了現實的形象，他的畫面不僅沒有人物甚至也不再是風景或者任何可辨識的物象。如果一定要在弗裡德里希開始的自然神性脈絡中理解羅斯科，可以認為他的抽象繪畫形成於神話或宇宙的風景意象，是神的觀看。天際線的區分讓人想

[14] 費恩伯格著《藝術史：1940 年至今天》，陳穎、姚嵐、鄭念堤譯，上海：上海科學院出版社，2015 年版，頁 108。

起大地或海洋與雲彩及天空最初的分離，稠密並且靜靜閃爍的色彩構成的明亮區域似乎正在產生自然之光的最初能量。[15] 看似平面實則立體的厚重而耀眼的色塊和黑暗，深不可測，無邊無際，人的眼睛只能被吸引進去，像黑洞一樣，但其中有光。羅斯科抽象繪畫的基本構型的淵源貫穿北方浪漫主義的歷史，一直到新教美國的抽象表現主義。弗裡德里希無疑是這個「神性誤置」現代藝術方向的開端，而羅斯科是頂峰時結束的那一個。

但是羅斯科乃至弗裡德里希以來的繪畫能夠被基督教堂接受懸掛其中嗎？傳統天主教堂顯然是不可能的，新教的教堂呢？新教其實是歸正神學，實質上比天主教的教義更保守，因此才在宗教改革時從教堂裡驅除了太多偶像崇拜的藝術。但是在「神性誤置」現代藝術中的這一條脈絡，顯然並沒有建立在新教歸正神學的基礎之上，而是開放為泛神論的自然神學。浪漫派一直有一個被公共教堂接納的夢想，這個公共教堂應該能在現代世界中傳達某種普世宗教的體驗而毋須認同某種特定的信仰，但是這個問題的尖銳性至今依然如故。當 1971 年「羅斯科祈禱堂」在美國德克薩斯州休斯頓落成之際，猶太教、伊斯蘭教、新教、東正教、天主教等眾多東西方宗教領袖會聚於此。[16]

這能夠看作是上帝在藝術中復活的方式和成就嗎？縱然從弗裡德里希到羅斯科，很多著名藝術家都努力在世俗化的現代世界中尋求神聖，但是這樣一個普世宗教的藝術體驗回應宗教改革精神了嗎？可以認為，北方浪漫主義藝術家的努力，只是在藝術上回應了宗教改革對藝術的提問，一定意義上從上帝依然在場的視角重新書寫了現代藝術史，但在真理上卻並未持守宗教改革的保守精神，而是以普世宗教的名義強調了超越現實的一面。宗教精神固然有普世的一面，但真理、道路、生命只有唯一，只在耶穌基督。

現代藝術神聖敘事的重新書寫，發現了上帝並未完全退隱的事實，但也揭示了其中存在的新問題。泛神論的自然神學和宗教寬容似乎較好

---

[15]《現代繪畫與北方浪漫主義傳統》，頁 223。

[16]《現代繪畫與北方浪漫主義傳統》，頁 225。

地解決了如何在世俗化的現代世界追求神聖性的問題，但是宗教改革所持守的上帝主權的絕對本體卻在藝術的名義下有所失陷。「審美代宗教」的意圖是以藝術的超驗身分代替宗教角色，那是被公認的「作為人文主義的現代藝術」的部分，而這一部分泛神論的現代藝術也只是以另一種藝術象徵代替了教會的世俗權力，依然稀釋了上帝的唯一主權。

從宗教改革的視角看，在「道成肉身」的整全意義上，「因信稱義」不僅要重建人與上帝直接的超驗關係，更要以現實世界的善行作為得救的標誌，這是路德－加爾文的進路。由此澄明了自然神學的現代藝術的侷限和偏離所在，進而啟示了政治神學的當代藝術的進路。

## 當代藝術與改革宗政治神學

當代藝術是一種文化政治，包括消費文化和人權藝術，以自由主義作為思想基礎。如果說，現代藝術是以審美代宗教，當代藝術則是以多元代極權，無論消費文化還是人權藝術都強調多元文化的政治正確。當極權篡奪神權以真理的名義自居，反極權的人權藝術尚具有多元主義的解構正義，但解構極權的同時也拒絕神權以至拒絕了終極真理——後現代情境中當代藝術的精神虛無問題，最大的精神虛無不是正能量虛無，也不是人性虛無，而是信仰虛無——上帝虛無。

上帝虛無意味著真理虛無，多元主義的價值觀只能帶來莫衷一是的價值判斷，藝術乃至社會歷史發展的茫然失措。無論當代藝術中有過多麼駭人的視覺奇觀，即使已經被公認為藝術名作，也不能絕對肯定它的價值。藝術自由並非可以無所不為，價值裁判權只在於上帝的審判。

人文主義的現代藝術呈現為心靈界的形式主義，人文主義的當代藝術呈現為社會界的文化政治。重寫的上帝視角的現代藝術侷限在自然神學，上帝觀照的當代藝術的希望則在政治神學——基督教政治神學——改革宗政治神學。

人是宗教性的，所以人活著不僅要有衣食住行，還要追問人生的本源、意義、目的和價值。人是政治性的，人一出生就生活在一定的政治、社會環境中。所以我們既與社會有著橫向的關係，就是政治性；也與上帝有著縱向的關係，就是宗教性。基督教政治神學所闡明的，就是我們如何正確地處理這種縱向與橫向的關係，尤其是根基聖經的啟示來闡明上帝所喜悅的基督徒在公共領域中當有的使命和見證。[17]

作為政治神學的當代藝術回應了關於現當代藝術史的兩個不足：其一，經過自然神學重新闡釋的現代藝術，偏重於普世宗教的超越性，但有泛神論的問題，又缺乏道成肉身式的現實關注；其二，作為文化政治的當代藝術，把人權至上當作價值依據，事實上在抵抗以自己為上帝的極權時，又把人自己樹立成了上帝，依然沒有走出啟蒙辯證法的困境。當代藝術有現實關注，卻沒有超越意識。由此，對現代藝術史的神性書寫，維繫了一條沒有中斷的藝術靈性脈絡，即便有所偏離，進而能夠推進到當代藝術的神性之維，拯救極權泥沼與人權政治正確中的當代藝術。

作為當代藝術思想基礎的自由主義，很多概念來自於基督教，並非斷裂而生，如自由、民主、平等、博愛等等。但自由主義的概念闡釋與基督教相比已很不完整，生出很多歧義。如自由主義信奉天賦自由，卻不去追問誰造天地；民主並非最好的卻是最不壞的制度，但它絕不是出於工具和利益計算使然，而是因為人人都有原罪；平等不是財富上的均貧富，而是身分、尊嚴、權利上的平等和正義，出於上帝恩典。博愛至愛人如己，愛你的仇敵，但亦有公義作為原則，公義與愛不可偏廢。若不從基督教的根源去探尋，自由主義對世界的理解和解釋只在平面的世俗之城，至多符合政治哲學的邏輯，卻沒有政治神學的終極追問。因此，只是建立在自由主義、政治哲學之上的當代藝術，就其藝術方法本身而言也許可圈可點，但在價值和意義層面必然是不完整、有偏差的。

茲舉例論之。中國當代藝術界最具國際聲名的藝術家艾未未，他以一系列與人權事件相關的藝術作品引導了一個文化政治、人權藝術的方向，如《老媽蹄花》、「汶川地震公民調查活動」、《一億顆葵花籽》等等，勇氣與智慧兼具。在中國國內的語境，艾未未的藝術無疑具有強烈的現實針對性，意義不止於藝術，更與推進中國的社會轉型聯繫在一

[17] 王志勇著《公義與慈愛彼此相親：寫給華人教會的公共神學》，台北：橄欖出版有限公司，2014 年版，頁 43-44。

起。可是在國際語境下，人權至上的政治正確卻存在很大問題。在多元文化中心論者看來，各文明之間具有平等的地位，應該彼此尊重和平共處。但若以基督而論，唯有耶穌是道路、真理和生命，唯有聖經和耶穌道成肉身帶來特殊啟示，其他文化中的各類經典至多是普遍啟示。歷史已經顯示，由上帝啟示的猶太教－基督教文明的範式，指引了人類歷史的方向，特別是宗教改革以來，加爾文引導的清教精神將人類社會帶入到現代文明。相比之下，沒有一種其他文明能夠靠自己成功完成現代轉型。歷史見證了上帝對世界主權的掌管，都在祂的預定之中。神權＞人權＞政權，是為理性而和諧的世界秩序。但是，艾未未出國之後的近作，2017 年 3 月 17 日在捷克布拉格國家美術館展出的《難民船——旅行法則》（Law of the Journey）在歐洲難民的立場上引來諸多批評。艾未未以作品紀念逃亡歐洲遇難的伊斯蘭難民，批評西方政府沒有及時接收和救助。有批評者認為他遠離了中國事務，更重要的問題則在於，大量伊斯蘭難民駐留歐洲卻並不認同現代文明價值觀，而是對西方固有的基督教文明價值體系造成了很大衝擊。艾未未回覆稱，「不存在孤立的人權，人權具有普遍性和絕對性，如果你只關心局部，你的價值觀是狹隘的，也是絕望的」。人權是至上的嗎？人權具有絕對性嗎？人權不能超越上帝主權，博愛、寬容不能失去公義與原則。歐洲今日的難民危機就是活生生的現實教訓，任其發展，難民將轉化為恐襲中的歐洲原住民。如果不能在上帝的整全世界觀中審視，任何正義的主張都可能成為不義。

再舉一例。著名藝術家徐冰於「9・11」之後的 2004 年在英國威爾士國家博物館的「ArtesMundi 藝術獎」項目上，將在「9・11」事件中收集到的塵埃吹到展廳中，經過 24 小時落定後，展廳的地面上由灰白色的粉塵顯示出兩行中國七世紀的禪語：「As there is nothing from the first, Where Does the dust itself collect?（本來無一物，何處惹塵埃）。」「9・11」事件震驚世界，3000 多個生命逝去，是人類歷史上迄今最為嚴重的恐怖襲擊，也被認為是冷戰結束後對國際格局影響最大的事件之一，也許將被認為是新的世界歷史轉捩點。徐冰說：「實際上這件作品並非談 9・11 事件本身，而是在探討精神空間與物質空間的關係。到底什麼是更永恆，更強大的。今天的人類需要認真、平靜地重新思考那些已經變得生疏但卻是最基本且重要的問題——什麼是需要崇尚和追求的？什麼是真正的力量？宗教在哪？不同教義、族群共存和相互尊重的原點在哪？這不是抽象的玄奧的學者式的命題，而是與每一個人活著相關聯的、最基本的事情，否則人類就會出問題。」他的闡述像作品一樣充滿禪機，但始終沒有回答更永恆和更強大的是什麼。如果認為「9・11」只是一場文明之間的衝突，而禪宗具有化解衝突的東方智慧，就太高估了東方智慧的能量。東方智慧一直迴避終極存在，迴避生與死的重要時刻，因此並不能直面和體會如此重大的生命悲劇的苦難意義。縱觀聖經以及之後的歷史，人類遇到了太多來自自然、道德、身體和精神的苦難，以及對苦難的困惑。基督教「神正論」將苦難問題聯繫到上帝的正義，認為「上帝是正義的，儘管罪惡依然存在」。神正論的問題最早由古羅馬早期的基督教父奧古斯丁系統提出。奧古斯丁認為，苦難的出現和惡的產生是人類自由意志的結果，是人類濫用了上帝賦予的自由意志，因而也是人類應付的代價，事實上人才應該為苦難和惡的存在負責。[18] 一次又一次苦難的發生，是人類原罪的衍生，也是懲戒的提醒。如此深重的生命災難，遠不是一句「本來無一物」就可以消解的。多元主義與虛無主義是當代的痼疾，而絕不是藥方。唯有回到神正論立場，以上帝的正義視之，方能看清世間這些原罪的衍生品。

世界觀決定藝術觀，無論是自由主義還是東方智慧，都懸置了終極追問，這是當代藝術的侷限，更是中國當代藝術的問題。基督教來到中國，對固有的中國文化和藝術來說是一個霹靂事件，不是改良，不是補充，而是脫胎換骨地重生。此外還要反思，為什麼基督教入華自唐代景教始至今一千五百餘年，中國社會依然在黑格爾所稱的「中國沒有歷史」的邏輯裡。黑格爾在《歷史哲學》中聲稱：「中國的歷史從本質上看是沒有歷史的，它只是君主覆滅的一再重複而已。任何進步都不可能從中產生。」一個最重要的原因在於，宗教改革的新教精神未能真正影響中國。

改革宗神學強調回歸聖經，也強調對社會公共領域的介入和影響，本質上也是政治神學。改革宗政治神學強調上帝主權，也強調人的自由

[18] 周海金著《苦難及其神學問題研究》，杭州：浙江人民出版社，2014 年版，頁 79。

和責任。所謂政教分離，是在政教機制分離的憲政體制中對上帝之城和世俗之城兩個國度之間關係的描述。政教分離並不是宗教不能影響政治，事實上憲政精神本身就來自基督教，兩者無法切割。強調政教分離更重要的是，信仰已經重要到必須拒絕政治強權的染指。所以政治領域也是上帝掌權的領域，公義來自上帝。奧古斯丁憎恨不義的專制政權：「缺乏公義的國家，不過是有組織的匪幫。」加爾文指出：「再沒有任何行為比把自己的國家從專制的束縛下解救出來更為高貴了。」[19] 這也是人權藝術的意義，但卻是它完不成的使命，如果沒有把自己放在神權＞人權＞政權的整全秩序中的話。因為今天在中國面對的是處於晚期社會主義階段的超極權政權，20 世紀 90 年代以來的市場經濟改革曾一度促進了思想自由和藝術自由，但國家主義和強權資本最終控制了所有的藝術活力。無論是娛樂至上、文化產業還是暴力拆遷，隔絕基督信仰的人權藝術只能行進在西西弗斯式的抵抗或苟合之路上。沒有神權秩序，人權以及人權藝術只是一個烏托邦。

當然，藝術史有偏離思想史之處，但失去真理的藝術能指的漂浮，不是當代藝術的方法論。當代藝術是一種觀念形態——思想史形態，更重要的在於觀念思想的具體內容是什麼。作為文化政治的當代藝術的問題就在於，人權藝術無論如何努力也無法在超極權政治中爭得自由，而唯有上帝的正義能高於世上的國，並且為人權的尊嚴確立其高貴的地位，這就是在當代藝術中以政治神學帶動文化政治的必要性。現代藝術是以審美代宗教，當代藝術應以信仰帶藝術。

中國的處境是如此苦難，如此複雜。中國需要人文主義，更需要信仰——基督信仰——改革宗加爾文主義的清教精神。由此，基督精神觀照中的當代藝術，方能夠面對人性原罪，能夠大無畏地介入現實，能夠充滿盼望。

如同二戰之後德國藝術家對奧斯維辛的懺悔，中國有太多需要懺悔的地方，都是 20 世紀中國的現代性廢墟——土改、反右、大饑荒、文

[19] 奧古斯丁著《上帝之城》4 卷 4 章 2 節，加爾文著《基督徒敬虔學》3 卷 10 章 6 節。引自王志勇著《公義與慈愛彼此相親：寫給華人教會的公共神學》，台北：橄欖出版有限公司，2014 年版，頁 58。

革、六四。中國社會的轉型，需要先在這些廢墟上認罪悔改，中國當代藝術同樣如此。文革之後有過傷痕美術，但是未及深入就被匆匆叫停。八九後有過「後八九」藝術展覽，但只是時間上的後八九而已，藝術觀念則走向了與八九精神完全相反的玩世現實主義。未直面廢墟的藝術只是藝術廢墟，在廢墟上悔改重生的藝術是廢墟藝術，如同二戰之後德國的博伊斯和基弗的藝術，是道成肉身的藝術，是復活的藝術。

「藝術介入現實」似乎正在成為一個流行的藝術口號，但社會主義現實主義和玩世現實主義的偽現實主義教訓不可忽視。在晚期社會主義的文化邏輯中，超極權的力量之大幾乎可以吞噬掉一切異見的聲音，甚至原生的庫爾貝式的現實主義也會淪為風情采風。唯有「天上的父」的旨意能夠行在地上，如同行在天上，唯有祂，能讓不義的極權膽怯。

面對重重苦難，有苟合者如玩世現實主義，有逍遙者如老莊禪宗，有絕望自殺者如王國維，也有抵抗者如魯迅與黑暗同歸於盡。魯迅在《吶喊》自序中描述了一個中國歷史的鐵屋子：「假如一間鐵屋子，是絕無窗戶而萬難破毀的，裡面有許多熟睡的人們，不久都要悶死了，然而是從昏睡入死滅，並不感到就死的悲哀。現在你大嚷起來，驚起了較為清醒的幾個人，使這不幸的少數者來受無可挽救的臨終的苦楚，你倒以為對得起他們麼？」但有一個希望是中國歷史中沒有過的，可惜「光照在黑暗裡，黑暗卻不接受光」，[20] 這才是黑屋子的真正原因。希望唯在基督。

目下的中國，有一些藝術家已經身在基督的恩典和啟示之中，創作出充溢靈性的作品，驚心動魄。

清華大學美術學院島子教授是一位著名的藝術批評家、詩人，更是一位基督徒藝術家。他以水墨創作，曰「聖水墨」。島子曾創作一幅丈二尺幅的《苦竹》，竹子居然長成了十字架。竹子在中國傳統花鳥畫中代表了一種剛正不阿的氣節，但也成為一種陳腐不變的程式。島子對竹子形態的劃時代更新，不僅是從具象到抽象，更是對中國文化更新的盼望。島子另一件作品《上帝・黃金》2014 年獲得德國米蘇爾社會發展基

---

[20] 約翰福音 1:5

金會 2014-2015 年度藝術創作基金，這是全球徵稿的唯一入選者。《上帝・黃金》以基督精神觀照和反思消費社會的肉身物欲，作品被印刷和製作成三千多件巨幅幕布，於 2015 年五旬大齋期懸掛於德語國家及歐洲三千多個教堂的祭壇，用以禱思冥想。這件作品在德國獲得巨大的迴響和關注，產生了特別的社會和藝術意義。黃金乃為上帝恩典，但若為私欲所縱，它的降臨就不是祝福而如隕石異動，懲戒不義。從天而降的黃金與橫亙畫布的黑色帶構成莊嚴的十字架，黃金準確地呈現了當代社會的真實處境，黑色的威嚴則如上帝之城的異象，以祂的旨意觀照世界。「沒有異象，民就放肆」，[21] 人類世界的真正異象不是由人自己來決定，而是由創造世界的上帝來提供方向。人類世界最終應有的走向，與世界存在的本質相呼應。唯有人體認自己不是世界的統治者，而是謙卑的共生者時，理想與異象才能形成並顯現。島子的聖水墨在此彰顯了上帝話語的絕對主體意識，而這正是時代處境的呼召。

高氏兄弟的雕塑《槍決基督》以超現實的方式再現了一個魔幻歷史場景，六個毛澤東正向耶穌瞄準開槍。這必定是劃時代意義的作品，正是其中呈現的「敵基督」造成今天中國的潰敗現狀。這種廢墟的狀態，一般認為有一個直接原因，如李澤厚所說：「中國的問題是救亡壓倒了啟蒙。」救亡與啟蒙都很重要，我們贏得了救亡的勝利，卻放棄了啟蒙的責任，但最內在的原因與「敵基督」有關。我們應該突破「救亡」的話語障礙，更要突破固有的思維系統，進入到另外一個系統中去解讀和認識歷史事件的真正原因是什麼。關於「敵基督」的分析研究，學術界的研究侷限在民國期間。當時蔡元培、胡適、張東蓀、陳獨秀、李大釗等人都參與了敵基督運動，以至最後毀掉了中國的民主和自由。1949 年之後的「敵基督」研究在中國大陸基本上是空白，對於 1949 年之後中國大陸地區「敵基督」的研究在大陸的體制內基本上也是空白，大多數研究在港臺地區。我們在自身命運關鍵之處的研究，做得遠遠不夠，而高氏兄弟的《槍決基督》就是關於 1949 年之後中國大陸敵基督問題的藝術關注。

[21] 箴言 29:18

導演胡傑曾以過人的膽識拍攝了 32 部紀錄片，包括《尋找林昭的靈魂》、《我歲死去》、《糧食關紀念碑》等重要作品，被稱為「中國的良心」。近年他又開始了黑白版畫的創作，繼續在繪畫中重建 20 世紀後半葉中國苦難史的公共記憶。歷史本質上是一種歷史敘事，被任意塗抹，也被時間修正。關於歷史事實的書寫爭戰是真理之戰、公義之戰、血淚之戰、生死之戰。值得關注的是，林昭基督徒的身分被胡傑在繪畫中特別關注，寄予了永生的祝福，和來自天國對地上罪惡的正義審判。這塊土地上衰弱的人，承受了太多歷史苦難和現實逼迫，在胡傑重建的公共記憶中，歷史真相觸目驚心。壓迫者和被淩辱的人，都是非人的處境，前者沒有人性，後者被剝奪了尊嚴。黑暗，罪惡，罪。只有「罪」能夠解釋這一切墮落的源頭，只有悔改能拯救罪惡，只有光能帶來盼望。「要有光」，正是胡傑一個展覽的主題。

旺忘望的油畫《擦肩而過》，意指當代社會的信仰缺失。在一個汽車的後視鏡裡，耶穌與路人擦肩而過。如此戲劇性的場面，其實是生活中最常見的情景。太多人忙於生意和權力，向前奔跑不止，卻從未想過靈魂空虛的問題。耶穌曾於兩千年前降生在巴勒斯坦，開啟了偉大的嶄新的歷史。在旺忘望眼中，如果耶穌今天來到中國，啟示以至警示也會來到嗎？時空交錯，真理卻永恆不變。

朱久洋的作品《等到和好的那一天》，因藥家鑫事件而作。藥家鑫殺人、自首後被判死刑，牽涉到法律、倫理問題的諸多社會爭議。但是關於正義，法律能夠給予公正的實現嗎？朱久洋以基督精神給正義帶來新的闡釋希望，以愛成全律法。愛人如己，更要愛你的仇敵。朱久洋希望把事件雙方父母約到一起，勸其和好，消弭罪惡。但最後只有一方的父親到場，另一張是個空椅子。等到和好的那一天，也許在現實中遙遙無期，但希望就在那裡。藝術在這裡成為推動社會進程的力量，同時也展現了基督精神的偉大救贖。

基督教對藝術的影響，並不侷限在基督教藝術領域，而是針對整體當代藝術觀念。一方面因為當代藝術的思想基礎自由主義的很多概念源自基督教，更重要的是，基督教是上帝啟示的整全世界觀，能夠完整解釋從開始到結束的整個歷史過程。即使面對非基督教藝術，基督教世界觀依然能夠做出後設的合理闡釋。

歐洲正陷入左派政治正確導致的難民危機，英美保守主義的反思已經開始。中國則正在以民族主義的情懷意淫一個世界大國的雄起，完全無視內在的虛空和恐慌。但字面意義相似的保守主義和民族主義的真正意義又何其不同？保守主義保守的是上帝的恩典，民族主義保守的是文化的虛榮和權貴的掠奪。事實上，西方和中國都在面對同一個問題：真正的西方究竟是什麼？由此，西方可以保守自己的傳統，中國可以學習西方帶來的真理。

上帝啟示人類，並在宗教改革中再次確認聖經的真理唯一，又以加爾文主義引領的現代文明作為見證。西方的自由主義者需要追溯自身與基督教的內在淵源，特別是明瞭宗教改革的真正意義在於歸正而非斷裂。神學、文化和政治的緊密推進關係如漢斯・昆在《基督教大思想家》中所言，無疑通過將信仰與科學、神學與哲學結合起來，古羅馬教父奧利金已經達到了神學轉捩點，這使文化轉捩點（結合基督教與文化）得以可能，從而又使政治轉捩點（教會與國家的聯合）成為可能。信仰－文化－政治，這是中國唯一的希望所在。中國當下最重要的是傳播基督福音，突破民族主義、激進主義和虛無主義的障礙，以基督世界觀重新書寫歷史，體察處境，更要在古今之變中明晰宗教改革的意義，以宗教改革精神引領中國社會轉型。中國社會的轉型，自然也包括了當代藝術的轉型，都需要由虛無主義的「不是而是」轉向上帝主權的「是其所是」。

身在現當代藝術的廢墟，上帝完全的恩典依然在這裡。人類和藝術史遺棄了上帝，上帝卻一直沒有離開，並且發揮著持續的影響，直至重寫現代藝術史，啟示並拯救當代藝術。宗教改革距今五百周年，但無論中西，對藝術界真正的影響才剛剛開始。

荷蘭新教神學家凱波爾是加爾文主義的兩位核心人物之一，一百多年前他在論述「普遍恩典」時曾提及中國，他這樣說道，中國是普遍恩典的領域未經歷特殊恩典的任何影響的例子，「在那裡，普遍恩典運行、產生影響的規模並不小，但特殊恩典並未影響到那個巨大的帝國那裡變化著的中國人的生活的範圍。」[22] 相比之下，中國更為任重道遠，但上帝不會忘記中國。「基督教－宗教改革－改革宗－加爾文主義－政治神學－社會轉型－轉型正義－道成肉身－十字架」的信仰與公共觀念成為藝術和社會通識之日，就是藝術異象顯現之時。

---

[22] Abraham Kuyper, *Abraham Kuyper: A Centennial Reader*, ed. James D. Bratt; Grand Rapids, MI:Eerdmans，1988 年版，頁 199。引自謝志斌《從加爾文主義文化觀看漢語基督教研究的發展》，載《加爾文與漢語神學》，陳佐人、孫毅編，漢語基督教文化研究所叢刊 37，2010 年版，頁 199。

**郝青松** 藝術批評家，策展人。清華大學藝術學博士，任教於天津美術學院美術史論系，兼任北京師範大學基督教文藝研究中心研究員。研究方向：藝術社會學，藝術批評與策展，當代基督教藝術。近年策劃多項基督教藝術展，如 2015 年 10 月「雙重建構：島子詩歌與聖水墨藝術展」（北京師範大學京師美術館）、2015 年 11 月「處境與關懷——愛德第五屆中國基督教藝術展」（南京藝術學院美術館）、2016 年 11 月「但丁在中國」當代藝術展（北京師範大學四季廳）等。

# 新教傳入與
# 中國近代活字印刷術的發展

阿信

今年是宗教改革500周年，和新教傳入中國210周年。1807年，馬禮遜來到中國被史學界公認是新教入華的開始。新教入華之後，對中國現代活字印刷的興起和發展，影響至大至巨。然而學界在這方面的關注不多，社會大眾，包括基督教內，更是全無所知。

2013年夏，我的好友、心和公益基金會秘書長伍松先生給「立人研修班」學生講授《道德經在說什麼》期間，齒及「閱讀的歷史」，我第一次聽說宋畢昇發明活字印刷之後，其技術從未在中國大規模的投入使用。而直到清末鴉片戰爭前後，中國流行的一直是雕版印刷。

我初中學歷史，就以中國四大發明及《夢溪筆談》中記載的活字印刷為榮。聽伍松先生一席話，猶如當頭一棒，或冬天冷水澆背，從此一問題引發我極大的興趣：伍松先生所說是否屬實？如屬實，緣由何在？中國現代活字印刷術源流，又何在？

此一問題橫亙心間，遂時時留意。2015年，我購得美國傳教士、哥倫比亞大學中國語言系教授卡德博士所著《中國印刷術源流史》，其後又閱讀《馬禮遜回憶錄》、《以至於死——台約爾傳》等書，遂對畢昇發明的活字印刷為何沒有在中國大規模使用之原因，及 1807 年新教傳入對中國現代印刷業產生的革命性影響，其源流和脈絡有大致清晰的理解。

今年新教改革 500 周年紀念，和新教入中國 210 周年，感謝大會的邀請，我這裡舉其大略，就「新教傳入與中國現代活字印刷術的發展」說明如下，請與會各位學者指正：

## 活字印刷從未在中國大規模使用的原因

宋畢昇發明活字印刷，中國是活字印刷術的最早發明國，對此學術界沒有異議；然而，畢昇發明活字印刷之後，一直到 1840 年以前，活字印刷從未在中國大規模的使用過，對此學術界也沒有異議。

最先研究中國印刷源流史的卡德博士，早年是來中國的傳教士，後在哥倫比亞大學授課，在其《中國印刷術源流史》中說。

**活字印刷，創自中國之畢昇，此 11 世紀事也。元代以木刻字，進步多多。15 世紀，高麗推行之，不遺餘力，宣揚文化，獲益匪輕，而後傳至中國日本，然民間用之絕少。**

**至 19 世紀中，複告終止，盛行雕版印書。至最近始採用西方鉛字排印。**

**遠東各國之文字，頗不宜於活字印刷，而首先使用活字印刷者，乃為遠東各國，亦奇談也。**[1]

出生於江蘇泰州，畢業于金陵大學，後來去芝加哥大學進修和教書，並受李約瑟教授邀請，編著《中國科技史》系列中《紙和印刷》分冊的錢存訓教授，在其著作《中國紙與印刷源流史》中有論證：

**雕版印刷一直是中國傳統印刷使用的主要方法，直至西方現代印刷**

---

[1] 見《中國印刷術源流史》頁 192。

術在中國流傳，才被替代。活字印刷既然早在 11 世紀中葉既已發明，為什麼在中國未能更廣泛的應用？其最重要而明顯的理由，是由於中國文字由表意符號組成，以中國文字進行任何一種篇幅較長的寫作，必須使用數以千計且各個不同的漢字。印刷時每字需要幾個活字，較常用的字甚至需要二十個以上。一套漢文活字中至少要製備二十萬個活字，並不罕見。由於需要的活字數量過多，遂使利用活字印刷中文的實際可能性大受影響。

另一重要的因素，活字印書對於一部書只印兩三本時既不簡單，又不容易，而在刷印成百上千本時則非常迅速。刷墨及覆紙並在紙背刷印，只佔使用活字印刷全部工力的較小部分，而其主要工力則用於檢字排字，以及印畢後拆版，將活字歸還原處以備再用的程式。因此活字印刷只適用于大量印刷時，才能顯出其特色。

過去中國的印書每次僅刷印數十部，即將書版擱存，若有需求，可隨時將書版取出重印，極為方便。這種方法可免將印就的大量成書積壓，造成資金的凍結。所以，在中國的傳統書業中，雕版印刷一向佔有優勢。

在資金方面，活字印刷的不利條件，在於初始投資更為巨大，需要製造大量的活字，較諸雕版印刷只需以少量投資購買木板及雇傭刻工，顯然處於劣勢地位。

更有甚者，學者要求印本文字正確無訛，書法嫻雅不俗。活字印刷常不能滿足這種需求。雕版印刷常能創造書籍的字體及格式上的多種不同風格及效果，印成的書頁因而可以超逸脫俗，以具有獨特的風格與美感，這是單調一致的成套活字所不能及。

金屬活字更有另一大缺點是不易著上中國的水墨。陶泥及瓷活字更因在焙燒過程中產生膨脹收縮，造成字體大小不一，因此排出的版面不齊。凡此種種，都造成活字印本在美感上的缺陷，使活字印刷不為讀者喜愛。

綜合上述各種原因，活字印刷的發展與改進在中國處於極為不利的地位。中國的文字創造了活字印刷，而中國文化的特點又使活字印刷難

**以在本國取得長足的發展。**[2]

明末天主教傳入中國後，天主教傳教士也是採用雕版印刷方式印刷書籍。1807 年新教第一位傳教士馬禮遜來中國，直到 1815 年前，他也是採用雕版印刷的方法印刷聖經。

但他後來慢慢認識到發展中文活字印刷的重要性，終於在 1815 年印刷《英華詞典》時，採用活字印刷。

## 馬禮遜採用活字印刷的緣由和實踐

米憐（William Milne）是倫敦會繼馬禮遜之後派往中國的第二位宣教士，是馬禮遜最重要的同工。在《新教在華傳教前十年回顧》中專門用第十七章整整一章的篇幅論述：「中國印刷術的概況；對於傳道事業的適用性；其優點和不足」等等。各位有興趣的可以看看。該書第 106 頁說：

**在我們開創傳教工作的 100 多年以前，天主教傳教士就已經採用這種方式（指雕版印刷）印刷出版書籍了；因此，不必懷疑使用與中國普通書籍同樣的方式來印刷傳播基督教書籍的可行性。但是，傳教工作初期階段面臨的主要困難是中國政府的提防、迫害和嫉妒，以及（傳教士）缺乏當地生活經驗。前一困難使得印刷基督教書籍非常危險，而後者則大大增加了印刷的成本。**[3]

由於當時中國對外封閉，因此倫敦會給馬禮遜的「書面指令」中並沒有要求他直接傳福音，而是：「一是你可編纂一部中文詞典，要超過以前任何這類詞典；二是你可把聖經翻譯成中文，好使世界三分之一的人口，能夠直接閱讀中文聖經。」（《馬禮遜回憶錄》第 025 頁。）

---

[2] 《中國紙和印刷文化史》頁 203。

[3] 《新教在華傳教前十年回顧》，大象出版社。

由於當時清廷不允許商人之外的任何外國人留居中國，馬禮遜來到中國之後，為設法留下來，在東印度公司做了一名職員。他默默學習中文，編寫《英華詞典》，翻譯聖經，盡可能地謹慎，不與中國人交往。

他當時必須交往的中國人主要是印刷工人，因為他希望把翻譯出來的中文聖經印刷出來。他來中國發現，中國民族非常尊重知識、尊重圖書，固然外國人不能公開地傳福音，但可以利用圖書這個媒介，把福音傳往整個中國。

這就是新教傳入中國之後，第一個受洗歸主的中國人蔡高，第一位華人牧師梁發都是印刷工的原因。

一方面，為外國人印刷聖經當時風險極大，隨時面臨官府的搜捕，而雕版體大沉重，不便攜帶和隱藏。為馬禮遜印刷聖經的工人就發生過因躲避官府逮捕，匆匆毀版的情況。工人把刻制好的雕版私藏在暗處，還發生過被白蟻蟲蛀，無法再用的情況，這樣高風險的工作，加之中國人的欺詐和不守信，使得印刷聖經的工作不僅成本奇高，而且屢屢受挫。

因為這些原因，馬禮遜甚至想出自己學習中國式印刷的主意。《新教來華傳教前十年回顧》第 107 頁記述說：

**1809 年，當《使徒行傳》準備付梓時，他取得一套雕刻工具並開始自己刻版。但他很快就發現，他無法兼顧這項工作與其他更重要的任務。單單一本《使徒行傳》也許就需要一名熟練工人大約 200 個工作日來完成，而且其間不做任何事情……。**

**因此他別無選擇，只有雇傭中國工人，儘管他知道這樣一來對工人和他自己都會帶來巨大的風險。**

馬禮遜嘗試中文活字印刷的另一個原因是中國雕版印刷不能很好地與西方活字印刷相配合，不僅工序非常麻煩，而且印刷效果很糟糕。1814 年，《英華詞典》編纂完成。為了印刷這本書，這年 7 月，英國東印度公司專門派印工湯姆司（Peter Perring Thomas）來華，成立東印度公司澳門印刷所。由於這本書需採用中英文夾排，他們在印刷工藝上遇到了一個極大的困難，即如何將漢字和羅馬字母結合在一起印刷。

用雕版和西方字母活字結合印刷出來的東西品質太差。這時，馬禮遜已經看到印度的塞蘭坡（Serampore）[4] 浸禮會佈道站用鑄模澆鑄的漢字印成的書，這給他很大的啟發，決心開始嘗試中文活字印刷。

馬士曼（Joshua Marshman），又譯為馬希曼，英國浸信會傳教士。1799 年，受有「近代宣教士之父」之稱的威廉・卡瑞（William Carey）的影響，和威廉・華爾德（William Ward）來到印度，組成新教宣教史上非常知名的塞蘭坡三人組。

大約在 1806 年左右，馬士曼和出生在澳門的亞美尼亞籍傳教士，曾在澳門居住，熟悉中文的拉沙（Joannes Lassar）合作，開始把聖經翻譯成中文。馬士曼、拉沙的《聖經》翻譯，肇始于 19 世紀初新設立的英印學院和英國浸禮會差會的一項雄心勃勃的《聖經》翻譯計畫：該計畫準備將《聖經》翻譯成全部東方語言及印度的所有土著語言。

他們最早翻譯《馬太福音》，1810 年在塞蘭坡用中國雕版印製。1811 年出版的《馬可福音》也採用雕版印刷。

1813 年，兩人翻譯出《約翰福音》，取中文名《若翰所書之福音》。《約翰福音》採用鉛字活版印刷。

從現在的史料來看，馬希曼和拉沙的這本《若翰所書之福音》，實際上是近代應用鉛字活版印刷技術印出的第一本中文書籍。

估計馬禮遜當時看到的就是馬士曼印刷出的《約翰福音》。通過對比，他發現用鉛字活版印刷出來的聖經，不僅字型美觀、清晰，持久耐用，而且省卻了傳統雕版印刷的諸多不便，可以隨時根據需要增刪字詞，並可多次和大量地進行印刷。而且據馬士曼介紹，成本也大約只有雕版印刷的三分之一。

馬禮遜和湯姆司大受啟發，最終決定採用鋼鑄模來澆鑄活字柱體，再僱用當地工人在表面刻字。他們這種方式出乎意外地獲得了成功。

1815 年夏天，在中國，一名為《英華字典》製作金屬活字的中國人處事不慎，在臨近官府衙門的地方召集了大量工人。這件事一度引起了緊張……也招致了 500 西班牙銀元的損失。負責保管《新約》12 開本

[4] 塞蘭坡，現譯塞蘭布林，是加爾各答市所轄的一個小鎮，位於印度西孟加拉邦胡格利區。

印版的人一聽到迫近的危險，害怕會殃及自身，在一陣恐懼中銷毀了大部分的版片。

為了躲避清政府的逼迫，1815 年，米憐在馬來西亞的檳城建立麻六甲傳教站和英華書院。不久，他們就從中國購買了用上述方法製作的約 10000 個活字，並按照《康熙字典》的原則，將活字排放在字盤中。但是由於數量少，而且需要熟悉漢語的人來揀字排字，他們發現用這種方式印刷需要大量不同漢字的書籍時，過於耗費時間。但用於印刷零星雜件和及時性的印刷品，如報紙、傳單等時，非常便捷。米憐編輯的《察世俗每月統計傳》中的新聞專欄有時就用活字印刷。

1817 年受倫敦會派遣，印刷工出身的麥都思（Medhurst Walter Henry）來到麻六甲，協助米憐負責英華書院的印刷事業。

歷時九年之後，1822 年《華英字典》印製完畢。這時馬禮遜已經認識到，中國印刷的解決之道，在於活字印刷，而且工藝必須改進：由工人一個一個地刻制活字，改為鑄造活字。

1824 年馬禮遜利用回國休假的機會，呼籲必須改善中文印刷，研究中國活字鑄造。1825 年他在倫敦會教三個學生漢語，並成功地把從根本上解決中國活字印刷難題的呼召傳遞給自己的學生台約爾。

## 台約爾：中國現代活字印刷業的奠基人

現代中文活字印刷必須攻克的關鍵難題是鑄造活字的工藝，這一難題由馬禮遜的學生、倫敦會傳教士台約爾（Samuel Dyer）攻克。關於台約爾攻克「中文活字鑄造」難題的過程，美國獨立學者、波士頓郊區華人聖經教會師母陳一萍所寫《以至於死：台約爾傳》，及論文《台約爾與中文活字鑄造》，[5] 已有詳盡的表述，我下面簡單介紹：

台約爾，是繼馬禮遜、米憐、麥都思之後，倫敦會差派的第十四名傳教士，他也是中國內地會創始人戴德生的岳父。1804 年生於倫敦格林威治皇家海軍醫院，父親台約翰是軍醫院的秘書長，及倫敦會理事。

---

[5] 該論文收入《跨越三個世紀的傳教運動——內地會來華 150 年宣教論文集》。

1822 年，希望成為律師的台約爾考入劍橋三一學院學習法律。

1823 年，讀倫敦會單張《追思小冊》「全為基督，全為中國的靈魂得益」，他想起《啟示錄》十二章十一節「弟兄勝過它，是因羔羊的血和自己所見證的道。他們雖至於死，也不愛惜生命」，大受震動，決定放棄法律學習，獻身海外宣教。

1824 年，台約爾從劍橋三一學院退學，加入倫敦會。同年夏進入高士坡神學院學習神學和中文。

1825 年，前往倫敦市奧法（Austin Friars）的倫敦會總部隨馬禮遜博士學習中文，還到巴氏印刷廠（Bagster's Printing office），觀摩從打造字模，到鑄造活字的方法。

期間，他與同學算出馬禮遜與米憐合譯的中文聖經《神天聖書》，從創世記到啟示錄的 987300 個字中，有 3600 個不同的常用字，以此估算鑄造一套中文字所需的費用。

他按西方活字鑄字的方法，向倫敦廠商詢問了價格，並兩度在《傳教雜誌》上投稿：「論中文金屬活字」與「中文金屬鑄字之費用」，並呼籲奉獻。

因此，當台約爾住在倫敦期間，學習中文與改進中文印刷已經成為他的兩大目標。

1827 年 8 月 8 日，台約爾與新婚妻子譚瑪麗（Maria Tam）抵達馬來西亞檳城。隨即將他在英國曾眼見，但未親手操作的木刻鉛鑄活版技術，與中國文字特色相結合，進行木刻鉛活字的鑄造。

1828 年 2 月，台約爾按照 1826 年他在英國所計算的聖經 3600 個中文字，請他的中文老師在檳城寫好其中 700 個字樣，又算好每一個字樣應刻的個數，寄到麻六甲，以便刻工在木板上刻字。然後送回檳城檢查後，再寄往英國，由木刻雕版製成字範，經泥土製成字模，再澆鉛鑄版，最後鋸成鉛活字。待英國倫敦會將鑄好的木刻鉛活字寄回檳城，台約爾再以《康熙字典》為藍本修整字形，使之對稱均勻。

與此同時，台約爾認為木刻鉛活字只能是暫時性的，要從根本上解決問題，必須打造字範以鑄造鉛活字。1832 年 11 月 6 日，他在給倫敦會理事會的信中，附了一篇「On Chinese Metal Types」的手稿，後經馬禮遜隆重推薦，裨治文（E.C. Bridgman）做編輯，以《台約爾牧師論中文金屬活字》的題目，發表於 1833 年 2 月份的《中華叢報》。台約爾在文中指出：

**當時從事中文金屬活字生產的，有三處——廣州、麻六甲及雪蘭莪，[6] 都以手雕方式進行；但是，每次印刷新的出版品，都需要在堅硬的金屬面上重新雕刻不足的字，這是一件十分困難的事，效果也不理想，刻出的字既不美觀，也不像中文，因此，無論印聖經或小冊都不可取；還不如採用木刻鉛鑄活字的方式。**

**然而，從倫敦寄來的實驗性木刻鉛活字，雖然相當成功，缺點是：這些活字僅能使用大約五至七年……。**

**因此惟有按照正規的活字製作方法，由打造鋼質字範開始，經翻印銅質字模，最後再鑄成鉛活字，才是一勞永逸的做法。他肯定地說：「字範是永久性的基礎；只要造出一個『之』字的字範，就可以無限地造出這個字的活字，以供應麻六甲、廣州、英國或任何地方的任何活字需要，其他不同的字也是如此……」。[7]**

1833 年 7 月，馬來西亞檳城酷暑難當，台約爾雇了幾個工人，在自家的院子裡，屋外牆邊，搭起一個簡陋的棚子。他揮汗如雨，從打造鋼質字範，到翻制銅質字模、到鑄造鉛活字，都親力親為。台約爾的繼任者戴伊文（Evan Davies），曾眼見他鑄字的過程，寫道：

**每一個字範，都是他用手放入火中鍛煉的；每一個字模，都是在他眼前打造、由他監督完成的；甚至金屬活字的合金成分也是他親手調製的。**

**他所造的中文活字，完全是中國風格的，這方面無人能與他相比。**

---

[6] 雪蘭莪（é）（又譯雪蘭峩，簡稱雪州），馬來西亞十三州之一，位於馬來半島西海岸中部，現首府莎阿南是一個新興城市。吉隆玻和布城兩個聯邦直轄區就在雪蘭莪境內。雪蘭莪和吉隆玻常合稱為雪隆。

[7] 見《跨越三個世紀的傳教運動》，頁 122。

1835 年 9 月，台約爾搬家到麻六甲，負責英華書院的印刷出版。木刻鉛活字在檳城已經完成，他在麻六甲的事工重點，就是鑄造中文金屬活字。因鑄字工作十分精細，工作進展緩慢，為了取得倫敦會的理解，台約爾寫信說：

**因為製作字範的過程非常精細，一個人一天只能打造出一個字範；目前，只有四個人的技術能造出完美的字來，這是必須的。**

1338 年 3 月，他給倫敦會寫信彙報：

**惟願活字事工帶給中國三億靈魂莫大的祝福，能在印刷上，省下不少花費和時間，我們花兩三天功夫排版，木刻雕版卻要花去一個月時間。**

**我從未懷疑神對中國美好的旨意，但能眼見這美意一步一步地展現，仍是極大的喜樂。**

倫敦會宣教士麥都思，宣教前就是資深印刷工。1838 年 6 月，他去法國參觀巴黎鑄字專家勒格朗（Marcellin Le Grand）的印刷所。參觀結束後，他大力支持台約爾的工作，建議倫敦會再支援台約爾打造一套小字體中文活字。這樣，倫敦會就能擁有三種不同大小的中文活字，使得所印的書有不同的變化，也可在正文之外，穿插注解與注釋。

1842 年 2 月 26 日，台約爾一家抵達新加坡，負責新加坡印刷所出版事宜。他把所有鑄造活字的設備攜往新加坡，與施敦力・約翰兄弟（John Stronach）等一起從事鑄字印刷，且以鑄造中文小字模為主。

麥都思看見台約爾鑄造的中文活字，異常讚賞，說：「我所見過的中文活字，還從來沒有能超過你的。」

鴉片戰爭之後，中國開放門戶。台約爾終於踏入中國的土地。1843 年 7 月，台約爾與施敦力兄弟前往香港，參加兩個歷史性會議：一、來華宣教士聯合大會；二、倫敦會宣教士會議。由於麥都思和台約爾是當時來華宣教士中資歷最深的兩位，因此分別獲選為兩個大會的主席和書記。

未料，因體力嚴重透支，台約爾突發熱病，以三十九歲的英年，在澳門與世長辭。臨終，他重複好幾次：「寶貝耶穌！讚美耶穌」，終於實現了他獻身中國宣教，「雖至於死，也不愛惜生命的誓言。」

自 1828 年初抵檳城，到 1843 年病逝前，台約爾自檳城、麻六甲至新加坡，積 16 年艱苦卓絕的努力，以常人難以想像的辛苦與堅忍不拔，累積的大小活字字範，分別為 1540 個與 305 個，共 1845 個。

1843 年 11 月 17 日，距離台約爾去世不到一個月，上海正式對外開埠。12 月 23 日，麥都思使用從巴達維亞（今印尼首都雅加達）運去的印刷機，與台約爾所製造的鉛活字，於老上海東門外，成立倫敦會印刷所「墨海書館」。

「墨海書館」是中國近代第一個現代化的印刷廠。其最早所印的《馬太福音書》用的明朝體一號字，即是台約爾所鑄造的大字體鉛活字，不足之字補以木刻。

1847 年，被尊稱為清末中國第一報人、第一位報刊政論家，在中國歷史上最早提出變法圖強、最早提倡廢除封建專制，建立君主立憲，「與眾民共政事，並治天下」的王韜先生到上海探望父親，順便走訪當時文明十里洋場的「墨海書館」。麥都思攜其兩個女兒親自接待來客，並用葡萄酒招待。王韜後來寫道：

**時西士麥都思主持墨海書館，以活字版機器印書，競為創見。餘特往訪之。**

**後導觀印書，車床以牛曳之，車床旋轉如飛，雲一日可印數千番，誠巧而捷矣。書樓俱以玻璃做作窗牖，光明而纖翳，洵屬玻璃世界。字架東西排列，位置悉以字典，不容紊亂分毫。**

在墨海書館，王韜還結識美魏茶、慕維廉、艾約瑟等倫敦會傳教士。

1848 年，王韜父親病故。他受麥都思邀請來上海，到墨海書館工作，協助麥都思翻譯聖經。1854 年 8 月 26 日，王韜由倫敦會傳教士施洗，正式成為基督教徒。

與此同時，施敦力・亞歷山大（Alexander Stronach）全家於 1844

年 6 月遷新加坡，由他監督台約爾所雇傭的葡萄牙工人，繼續打造字範的工作；1845 年完成的大小字範，累積到 3041 個。

1846 年 5 月，倫敦會結束新加坡宣教站中文事工，英華書院遷往香港。他攜帶印刷機和已經完成的字範 3891 個，到香港繼續活字鑄造。

胡國祥先生在《近代傳教士出版研究》第 59 頁說：

**戴爾（台約爾）在中文活字製造史上具有重要歷史地位。他第一個對漢字的使用進行了研究，從使用頻率入手解決了減少漢字字模的問題；他也是第一個完全使用歐洲活字印刷的原理和正統工藝鑄造中文活字的人。可以說他的工作結束了從馬士曼開始的各種中文活字製造試驗，這也是與他的長期不懈努力分不開的。**

**從 1826 年研究馬禮遜的中文聖經開始，到 1843 年去世，戴爾整整用了 17 年的時間，如果到 1846 施敦力兄弟完成他的未竟事業，則是整整 20 年。施敦力兄弟後來的工作主要是在香港完成的，人們因此把按戴爾的方法造出的活字稱為「香港字」。香港字一出，其他活字都相形見絀，從 1850 年代初開始，香港字一直成為中文印刷市場上最主要的活字。**

## 從美華書館到商務印書館

### （一）寧波「花華聖經書房」到上海「美華書館」

1844 年 1 月 1 日，寧波對外開埠。

1845 年 7 月 19 日，美國長老會傳教士柯理（Richard Cole）攜帶印刷機，從澳門抵達寧波。

1845 年 9 月 1 日，「花華聖經書房」（「花」指美國，「華」指中國）印刷所在寧波江北岸盧氏宗祠內投入使用。「花華聖經書房」的出版業務由出版委員會管理。第一屆委員會由柯理、婁理華（Walter Macon Lowrie）、克陛存（Cu Bertson M.C）三人組成。三人均為美國長老會傳教士。

1848 年，柯理離開長老會，到香港加入英華書院，負責中文活字字模鑄造和印刷工作。在完成兩種字體的全部字模和第三種字體部分子模的鑄造後，柯理於 1852 年回到美國，英華書院由倫敦會傳教士湛約翰接任（John Chalmers），和容閎一起留學的中國人黃勝做助手，印刷的同時製造活字。

《近代滬港雙城記》第 120 頁中說：**「英華書院在印刷事業上的一個重要貢獻就是鑄造中文鉛活字，英華書院供應活字給各地各類出版機構，遠比其印刷品影響的範圍更加廣闊和深遠。」**

英華書院對中國近代新聞報刊業的發展也影響巨大。1853 年，英華書院出版香港近代史上最早的一份中文報刊《遐邇貫珍》。1873 年，王韜和黃寬買下英華書院的印刷廠，在香港創立中華印刷總局，1874 年創辦世界上第一家華資中文日報：《迴圈日報》。

話題再回到寧波的「花華聖經書房」，柯理辭職之後，1853-1857 年，書房由美國長老會傳教士偉理哲（Richard Quarterman Way）負責。

1858 年，美國長老會差派薑別利（William Gamble）來華主持「花華聖經書房」印刷事務。姜別利早年曾在美國費城學習印刷，來華後，鑒於漢字字體複雜，字數繁多，且雕刻陰文字模，字體細小，鐫刻困難，乃於 1859 年在寧波創制電鍍字模。此法不僅大大減少了鐫刻工時，而且品質甚佳，即使蠅頭小字，也能雕刻。此後，薑氏將漢字按照西文活字規格，製成七種不同大小的漢文活字，由於這七種漢文鉛字的大小分別等同于西文的七種鉛字，從而根本上解決了中西文的混排問題。

「花華聖經書房」在寧波開辦十四年零四個月之後，1860 年，遷移到上海，更名「美華書館」。

1861 年秋，「墨海書院」因為發現美華書館已完全可以勝任和替代「墨海書館」的印刷工作，於是把印刷設備出售給英國商人康普東（Charles Spencer Compton），其在 1861 年 11 月，創辦了上海最早的中文新聞報《上海新報》。直到 1872 年《申報》創刊，《上海新報》都是上海灘唯一的中文報紙。

第二次鴉片戰爭期間，1858 年簽訂了《天津條約》，1960 年簽訂了《北京條約》。1861 年 1 月，咸豐帝下旨同意成立「總理各國事務衙門」。

1862 年 8 月 24 日，「總理各國事務衙門」下設京師同文館，專門為朝廷培養外交人才。

1865 年 3 月，經美國駐華公使蒲安臣（Anson Burlingame）和英國使館參贊威妥瑪（Thomas Wade）推薦，美國長老會傳教士丁韙良（William A.P.Martin）受聘擔任京師同文館教習，教授英文。1869 年起擔任京師同文館總教習。

丁韙良曾任寧波「花華聖經書房」經理，任職同文館教習後，薑別利從上海送給他一批中文鉛活字。在《花甲回憶》第 208 頁，丁韙良博士回憶說：

**目前金屬活字在中國已經得到廣泛的運用，但所有的鉛活字都是出自外國人生產的字模，主要是由傳教士們製作的。在同文館開辦之前，北京已經有了一個屬於美國公理會傳教使團的印刷所，我們的試卷就是在那裡印刷的。**

**由於大學士文祥對於活字印刷的精美和工序的簡便讚不絕口，我就把上海一位傳教使團印刷師薑別利製作並送給我的一些鉛活字轉贈給了他。這便是同文館印刷所的萌芽。**

1873 年，京師同文館設立印刷處，使得京師同文館成為較早採用西方近代印刷術的官辦翻譯、印刷出版機構。各地紛紛仿效京師同文館設立印刷所，活字印刷取代中國傳統雕版印刷，終於蔚然成風。

1902 年，京師同文館併入京師大學堂。1912 年，京師大學堂改稱「北京大學」。

## (二)「美華書館」到「商務印書館」

1844 年 1 月 1 日，寧波開埠。同年 7 月初，美國長老會傳教士麥嘉締（Divie Bethune McCartee）夫婦抵達寧波。1845 年，寧波「崇信義塾」(之江大學的前身）成立。這是一所男子寄宿學校，為吸引中國人進校讀書，寄宿費、書本費、膳食費全免。

十多歲的寧波貧民子弟鮑哲才進「崇信義塾」讀書。鮑哲才在學校信主，畢業後進入寧波「花華聖經書房」做了一名排字工人。

1861 年，薑別利帶領鮑哲才等幾名同工，將「花華聖經書房」遷往上海。鮑哲才對傳教的熱情高於印刷，後來在上海清心堂（亦稱「上海長老會第一會堂」）做了一名牧師。

鮑哲才牧師有三子三女，全部就讀於清心堂所辦的「清心學校」。畢業後，三個兒子都進了「美華書館」：長子鮑咸恩學刻字，老二鮑鹹昌學排字，老三鹹亨學印刷。鹹恩、鹹昌、咸亨三兄弟在「清心學校」還交了兩個好朋友：夏瑞芳、高鳳池。

夏瑞芳後來娶了三兄弟的妹妹鮑翠玉為妻。夏瑞芳別字萃芳，祖籍青浦，父親是攤販，在「清心學校」讀書至初中就不得不輟學養家。當時「清心學校」的校長薛思培（John Alfred Silsby）介紹他到」文匯報》學英文值字，及後轉到《字林西報》當值字部主任。

1897 年 2 月 17 日，夏瑞芳、鮑咸昌、鮑咸恩、高鳳池等人集資 3750 元，每股 500 元，創辦商務印書館，館址設在上海江西路德昌裡一個小作坊裡。由於公司最初的業務主要是印刷商務檔，如簿記及傳單等，鮑家大姐建議取名「商務印書館」，英文「Commercial Press」。

商務印書館創立時，美華書館的負責人是美國長老會傳教士費啟鴻（George F. Fitch），他不僅沒有干涉和阻礙幾個學生的創業，反而對他們大力支持。

1912 年，商務印書館出版部部長陸費逵離職，創建中華書局。

1917 年，原就職於商務印書館，夏瑞芳心腹，後被中華書局挖去擔任副局長的沈知方從中華書局出走，創建世界書局。

1927 年，美華書館停業，印刷設備全部盤給商務印書館。

自 1807 年馬禮遜來中國，鼓吹和試驗西方現代活字印刷，幾一百年過去，中國現代活字印刷業遂成燎原之勢。

（此文為紀念宗教改革 500 周年「宗教改革與社會轉型」論壇而作）。

阿信，2017 年 8 月 27 日於蓉城。

附：本文主要參考資料：

1. 《馬禮遜回憶錄》，馬禮遜夫人編，廣西省師大出版社，2004 年 6 月出版。
2. 《新教在華參加前十年回顧》，米憐著，大象出版社，2008 年 5 月出版。
3. 《以至於死：台約爾傳》，張陳一萍、戴紹曾著，廣西師大出版社，2015 年 8 月出版。
4. 《基督教新教傳教士在華名錄》，（英）偉烈亞力著，大象出版社 2013 年 7 月出版。
5. 《近代滬港雙城記》，俞強著，宗教文化出版社，2008 年 10 月出版。
6. 《花甲記憶》，丁韙良著，廣西師範大學出版社，2004 年 5 月出版。
7. 《跨越三個時代的傳教運動》，林治平、吳昶星主編，宇宙光全人關懷機構，2016 年 12 月初版。
8. 《東成西就》，羅元旭著，三聯書店，2014 年 5 月出版。
9. 《中國印刷術源流史》，（美）卡德著，山西人民出版社，2015 年 9 月出版。
10. 《中國紙與印刷文化史》，錢存訓著，廣西師大出版社，2004 年 5 月出版。
11. 《中華印刷通史》，張樹棟等著，（台灣）財團法人印刷傳播興才文教基金會出版。
12. 《近代傳教士出版研究》，胡國祥著，華中師範大學出版社 2013 年 12 月版。

阿信 主後 1967 年生於陝西渭南，1989 年畢業於四川大學化學系。1996 年受洗歸入基督。
2005 年到貴州，受感動寫作《用生命愛中國：柏格理傳》。2008 年汶川大地震爆發後，熱心投入災區事工，並完成《有一種愛叫堅持：汶川地震志願者真實見證》一書。2013 年，合譯作品《山雨：富能仁傳》及《客旅：瑞典宣教士在中國西部的生死傳奇》。2014 年，創建「路加翻譯事工小組」，專注於翻譯外國傳教士傳記與教會歷史書籍。目前正在翻譯的有《戴德生的青少年時代》、《戴德生與中國內地會》、《蓋士利傳》、《席勝魔傳》、《雲南昭通第一位宣教士：湯瑪斯 ‧ 索恩傳》等。

# Notes

# Notes

# Notes

# Notes

# Notes

## 心靈勵志系列

信心，是一把梯子（平裝）／施以諾／定價 210 元
WIN TEN 穩得勝的 10 種態度／黃友玲著、林東生攝影／定價 230 元
「信心，是一把梯子」有聲書：輯 1 ／施以諾著、裴健智朗讀／定價 199 元
內在三圍（軟精裝）／施以諾／定價 220 元
屬靈雞湯：68 篇豐富靈性的精彩好文／王樵一／定價 220 元
信仰，是最好的金湯匙／施以諾／定價 220 元
詩歌，是一種抗憂鬱劑／施以諾／定價 210 元
一切從信心開始／黎詩彥／定價 240 元
打開天堂學校的密碼／張輝道／定價 230 元
品格，是一把鑰匙／施以諾／定價 250 元
喜樂，是一帖良藥／施以諾／定價 250 元

## TOUCH 系列

靈感無限／黃友玲／定價 160 元
寫作驚豔／施以諾／定價 160 元
望梅小史／陳詠／定價 220 元
映像蘭嶼：謝震隆攝影作品集／謝震隆／定價 360 元
打開奇蹟的一扇窗（中英對照繪本）／楊偉珊／定價 350 元
在團契裡／謝宇棻／定價 300 元
將夕陽載在杯中給我／陳詠／定價 220 元
螢火蟲的反抗／余杰／定價 390 元
你為什麼不睡覺：「挪亞方舟」繪本／盧崇真（圖）、鄭欣挺（文）／定價 300 元
刀尖上的中國／余杰／定價 420 元
我也走你的路：台灣民主地圖第二卷／余杰／定價 420 元
起初，是黑夜／梁家瑜／定價 220 元

太陽長腳了嗎？給寶貝的第一本童詩繪本／黃友玲（文）、黃崑育（圖）／定價 320 元
拆下肋骨當火炬：台灣民主地圖第三卷／余杰／定價 450 元
時間小史／陳詠／定價 220 元
正義的追尋：台灣民主地圖第四卷／余杰／定價 420 元
宋朝最美的戀歌—晏小山和他的詞／余杰／定價 280 元

## LOGOS 系列

耶穌門徒生平的省思／施達雄／定價 180 元
大信若盲／殷穎／定價 230 元
活出天國八福／施達雄／定價 160 元
邁向成熟／施達雄／定價 220 元
活出信仰／施達雄／定價 200 元
耶穌就是福音／盧雲／定價 280 元
基督教文明論／王志勇／定價 420 元

## 主流人物系列

以愛領導的實踐家（絕版）／王樵一／定價 200 元
李提摩太的雄心報紙膽／施以諾／定價 150 元
以愛領導的德蕾莎修女／王樵一／定價 250 元
以愛制暴的人權鬥士：馬丁路德金恩博士／王樵一／定價 250 元
廉能政治的實踐家：陳定南傳／黃增添／定價 320 元

## 生命記錄系列

新造的人：從流淚谷到喜樂泉／藍復春口述，何曉東整理／定價 200 元
鹿溪的部落格：如鹿切慕溪水／鹿溪／定價 190 元
人是被光照的微塵：基督與生命系列訪談錄／余杰、阿信／定價 300 元
幸福到老／鹿溪／定價 250 元
從今時直到永遠／余杰、阿信／定價 300 元

## 經典系列

天路歷程（平裝）／約翰．班揚／定價 180 元

## 生活叢書

陪孩子一起成長（絕版）／翁麗玉／定價 200 元

好好愛她：已婚男士的性親密指南／ Penner 博士夫婦／定價 260 元

教子有方／ Sam and Geri Laing ／定價 300 元

情人知己：合神心意的愛情與婚姻／ Sam and Geri Laing ／定價 260 元

## 學院叢書

愛、希望、生命／鄒國英策劃／定價 250 元

論太陽花的向陽性／莊信德、謝木水等／定價 300 元

淡水文化地景重構與博物館的誕生／殷寶寧／定價 320 元

## 中國研究叢書

統一就是奴役／劉曉波／定價 350 元

從六四到零八：劉曉波的人權路／劉曉波／定價 400 元

混世魔王毛澤東／劉曉波／定價 350 元

鐵窗後的自由／劉曉波／定價 350 元

卑賤的中國人／余杰／定價 400 元

納粹中國／余杰／定價 450 元

今生不做中國人／余杰／定價 480 元

## 公民社會系列

蒂瑪小姐咖啡館／蒂瑪小姐咖啡館小編著／定價 250 元

青年入陣：十二位政治工作者群像錄／楊盛安等著／定價 280 元

主流網站 http://www.lordway.com.tw

LOGOS 系列 8

# 黑暗之後是光明

## 紀念宗教改革五百週年與華人教會前瞻學術研討會論文集

主　　編：王志勇、余杰
策　　劃：美國長老會主恩基督教會　雅和博傳道會
作　　者：（按目錄順序）陳佐人、劉仲敬、余杰、王志勇、楊鳳崗、孫毅、
徐頌贊、戴耀廷、邢福增、郭明璋、施瑋、郝青松、阿信

社長暨總編輯：鄭超睿
編　　輯：曾雪蘋、鄭惠文
封面設計：張凌綺
排　　版：旭豐數位排版有限公司

出版發行：主流出版有限公司 Lordway Publishing Co. Ltd.
出 版 部：台北市南京東路五段 123 巷 4 弄 24 號 2 樓
電　　話：(0981) 302376
傳　　真：(02) 2761-3113
電子信箱：lord.way@msa.hinet.net
郵撥帳號：50027271
網　　址：www.lordway.com.tw

經　　銷：
紅螞蟻圖書有限公司
台北市內湖區舊宗路二段 121 巷 19 號
電話：(02) 2795-3656　傳真：(02) 2795-4100

華宣出版有限公司
新北市中和區連城路 236 號 3 樓
電話：(02) 8228-1318　傳真：(02) 2221-9445

以琳發展有限公司
香港九龍灣啓祥道 22 號開達大廈 7 樓 A 室
電話：(852) 2838-6652　傳真：(852) 2838-7970

2019 年 7 月　初版 1 刷
書號：L1903

ISBN：978-986-96653-4-6（平裝）
Printed in Taiwan

**國家圖書館出版品預行編目資料**

黑暗之後是光明：紀念宗教改革五百週年與華人教會前瞻學術研討會論文集 / 王志勇, 余杰主編. -- 初版. -- 台北市：主流, 2019.07
面； 公分. -- （LOGOS系列；8）

ISBN 978-986-96653-4-6（平裝）

1.基督教 2.宗教改革 3.文集

240.7 108002720